300개의 패턴으로 정리한 일본어 일상회화사전

일본어회화 패턴으로 정복하기

박재욱 지음

土江美香子 · 정지은 · 이예슬 감수

정진출판사

머리말

　오늘날 일본어 교육은 다양한 방식으로 이루어지고 있습니다. 외국어를 공부하는데에 있어, 어휘를 암기하고 문법을 공부하는 것도 중요하지만 간과하지 말아야 할점이 한 가지 있습니다. 현실과 괴리가 없는 학습이어야 한다는 사실입니다. 일반적인 외국어 학습의 목표는 그 언어를 원어민 수준으로 구사하는 것, 일상생활에서막힘없이 사용하는 것이라고 볼 수 있기에 현실성에 바탕을 둔 일본어 교육은 무엇보다도 중요한 과제입니다.

　따라서 학습의 실용성을 살리는 데 중점을 두어, 일본어 학습자들이 실제 생활에서 사용되는 일본어를 접하고 흥미를 느낄 수 있도록 하자는 취지에서 이 책을 출간하게 되었습니다. 이를 위해 일상생활에서 쉽게 접할 수 있는 문장을 중심으로책을 구성하였습니다. 또한 다양한 문법 사항을 패턴으로 정리하였다는 것이 이 책의 가장 큰 특징입니다. 자칫 복잡하고 어렵게 느껴질 수 있는 문법을 독자들이 쉽게 이해할 수 있도록 체계적으로 정리하기 위해 노력하였습니다.

　이 책은 크게 18개의 챕터, 총 300개의 패턴으로 구성되어 있습니다. 각 패턴의문법 설명을 통해 기초 문법을 익히고, 기본 표현과 더불어 다이얼로그를 추가하여간단한 대화를 통해 실감 나는 일본어를 접할 수 있도록 하였습니다. 또한 독자들은 '나도 해보기'를 활용하여 각 문법 패턴을 실제로 적용해 보고, 자신의 학습을 점검해 볼 수 있을 것입니다.

　아무쪼록 이 책이 독자들에게 일본어에 흥미를 느끼고 꾸준히 학습하는 계기가되었으면 하는 바람입니다. 공부에는 왕도가 존재하지 않기에, 끈기를 가지고 지속하는 공부만이 여러분이 목표하는 바를 이루는 길이 될 것입니다. 마지막까지 도움을 준 정지은님, 이예슬님, 도에미카코 선생님 그리고 항상 믿고 따라주는 아내에게 이 책을 바칩니다.

2014. 6월
저자 박재욱

목 차

목 차

Chapter 06 동사기본형 패턴

Chapter 08 동사부정형 패턴

Chapter 09 동사 て형 패턴

Chapter 10 동사과거형 패턴

Chapter 11 동사의지형 패턴

Chapter 12 가정법 패턴

Chapter 15 조사 패턴

목 차

chapter 01

명사 패턴

姉は大学生です。
누나는 대학생입니다.

▶▶▶ ~は~です　~은 ~입니다

일본어는 기본적으로 우리말과 어순이 같고 조사의 쓰임이 비슷합니다. 따라서 명사에 우리말의 '~은/는'으로 해석되는 주격 조사 「は」와 '~입니다'로 해석되는 단정의 조동사 「です」를 붙이면 '~은/는 ~입니다'라는 명사긍정문의 정중한 표현이 됩니다.

기본 표현

❶ 私は韓国人です。
나는 한국인입니다.

❷ 父は会社員です。
아버지는 회사원입니다.

❸ 先生は32歳です。
선생님은 32살입니다.

❹ 私の実家は大阪です。
나의 고향은 오사카입니다.

❺ 母の誕生日は5月17日です。
어머니의 생신은 5월 17일입니다.

Tip

姉 언니, 누나
大学生 대학생
韓国人 한국인
会社員 회사원
歳 ~살
実家 고향
誕生日 생일

Dialogue

A : 李さん、お国はどちらですか。
이 씨, 고향은 어디예요?

B : 韓国です。
한국이에요.

A : ご結婚は?
결혼은요?

B : 結婚はまだです。
결혼은 아직이에요.

お国 고향
どちら 어디(방향을 나타
내는 지시대명사나
「どこ(어디)」의 정중한
표현으로도 쓰임.)
結婚 결혼
まだ 아직
それ 그것
さいふ 지갑
これ 이것
かばん 가방

나도 해보기

A : それはさいふですか。

B : いいえ、_____。

A : 그것은 지갑입니까?

B : 아니요, 이것은 가방입니다.

답

これはかばんです

お父さんは会社員ですか。

아버지는 회사원입니까?

▶▶▶ **〜は〜ですか** 〜은 〜입니까?

명사의문문 또한 명사긍정문 「〜は〜です(〜은 〜입니다)」에 의문조사 「か」를 붙여 「〜は〜ですか(〜은 〜입니까?)」의 형태로 표현합니다.

기본 표현

❶ 奥さんは主婦ですか。
부인은 주부입니까?

❷ 子供さんは小学生ですか。
자녀분은 초등학생입니까?

❸ 本社はソウルですか。
본사는 서울입니까?

❹ 通勤はバスですか。
통근은 버스로 합니까?

❺ 日曜日は休みですか。
일요일은 휴무입니까?

Dialogue

A : 山田さん、今月は残業が多いですね。来月は出張ですか。
야마다 씨, 이번 달은 잔업이 많네요. 다음 달은 출장이에요?

B : そうなんですよ。ニューヨーク支店です。
그렇습니다. 뉴욕지점이에요.

A : そうですか。今週末は出勤ですか。
그래요? 이번 주말은 출근해요?

B : そうですね。
그렇습니다.

나도 해보기

A : もしもし、_____。

B : はい、そうです。

　　A : 여보세요, 지금 영업 중입니까?
　　B : 네, 그렇습니다.

답

今営業中ですか

兄は大学生ではありません。

형은 대학생이 아닙니다.

▶▶▶ ~は~では[じゃ]ない ~은 ~이 아니다

~は~では[じゃ]ないです = ~は~では[じゃ]ありません ~은 ~이 아닙니다

명사부정문은 명사에 '~이 아니다'라는 의미의 「~は~では[じゃ]ない」를 붙여 표현하고 '~이 아닙니다'라는 의미의 「では[じゃ]ないです」나 「では[じゃ]ありません」을 붙이면 정중한 부정표현이 됩니다. 여기서 「じゃ」는 「では」의 축약표현으로 주로 회화체에서 사용합니다.

기본 표현

❶ 私は会社員ではない。
나는 회사원이 아니다.

❷ 私の子供は中学生ではないです。
내 아이는 중학생이 아닙니다.

❸ このカメラは日本製じゃない。
이 카메라는 일본제품이 아니다.

❹ 私の家は都会じゃないです。
나의 집은 도시가 아닙니다.

❺ これは英語の本ではありません。
이것은 영어 책이 아닙니다.

Dialogue

A : これはパソコンですか。
이것은 컴퓨터입니까?

B : いいえ、パソコンではありません。スマートフォンです。
아니요, 컴퓨터가 아닙니다. 스마트폰입니다.

* * * * *

A : これ、パン？
이거, 빵?

B : ううん、パンじゃないよ、ケーキだよ。
아니, 빵이 아니야, 케이크야.

나도 해보기

A : ご自宅はマンションですか。

B : いいえ、＿＿＿＿＿＿＿＿＿＿。一戸建てです。

A : 집은 아파트입니까?

B : 아니요, 아파트가 아닙니다. 단독주택입니다.

ここは昔、アパートじゃなかった。

여기는 옛날, 아파트가 아니었다.

▶▶▶ ～は～では[じゃ]なかった　～은 ～이 아니었다

　　　～は～では[じゃ]なかったです　～은 ～이 아니었습니다

　　＝～は～では[じゃ]ありませんでした

명사부정문을 과거형으로 표현할 때에는 명사에 '～은/는 ～이 아니었다'라는 의미의 「～は～では[じゃ]なかった」를 붙이고, 정중한 표현으로는 '～이 아니었습니다'라는 의미의 「では[じゃ]なかったです」나 「では[じゃ]ありませんでした」가 있습니다. 【주의】'～이었다'라는 의미를 나타내는 「でした」는 「ありません」에만 붙여 쓸 수 있으며, 「ない」에는 붙여 쓸 수 없습니다.

기본 표현

❶ 昨日は雨じゃなかった。　어제는 비가 오지 않았다.

❷ 東京は昔は首都じゃなかった。　도쿄는 옛날에는 수도가 아니었다.

❸ 私の母は、昔から主婦じゃなかったです。
나의 어머니는 예전부터 주부가 아니었습니다.

❹ 私の彼はプロのサッカー選手じゃなかったです。
나의 애인은 프로축구 선수가 아니었습니다.

❺ 前はここは教室じゃありませんでした。
예전에 여기는 교실이 아니었습니다.

Dialogue

A : 日本語学科の教授は山田教授だった？
일본어학과 교수님은 야마다 교수님이었어?

B : ううん、山田教授じゃなかったよ。田中教授だったよ。
아니, 야마다 교수님이 아니었어. 다나카 교수님이었어.

＊＊＊＊＊

A : 海外営業部の日本担当は鈴木さんでしたか。
해외영업부의 일본 담당은 스즈키 씨였습니까?

B : いいえ、鈴木さんではありませんでした。田中さんでしたよ。
아니요, 스즈키 씨는 아니었습니다. 다나카 씨였어요.

나도 해보기

A : 昨日は雨でしたか。

B : いいえ、＿＿＿＿＿＿＿＿＿＿。くもりでした。

A : 어제는 비가 왔어요?
B : 아니요, 비가 오지 않았어요. 흐렸어요.

明日は雨だろう。
내일은 비가 내리겠지.

▶▶▶ ～は～だろう　～은/는 ～이겠지 / ～は～でしょう　～은/는 ～이겠지요

「～だろう(～이겠지/～일 것이다)」와 「～でしょう(～이겠지요/～일 것입니다)」는 각각 단정을 나타내는 조동사 「だ(～이다)」와 「です(～입니다)」의 추측을 나타내는 표현으로, 상대방의 의사 확인 및 자신의 말에 동의를 구할 때 사용합니다. 이때, 문장 끝의 억양에 따라 의미가 달라지는데, 끝을 내려 발음하면 자신의 추측을 나타내는 표현이 되고 끝을 올려 발음하면 자신의 생각이 옳은가에 대한 상대방의 의견을 확인하는 표현이 됩니다.

기본 표현

❶ 鈴木さんは元気だろう。
스즈키 씨는 건강하겠지.

❷ 社長は今外出中だろう。
사장은 지금 외출 중이겠지.

❸ 木村さんは今日は休みだろう。
기무라 씨는 오늘은 쉬겠지.

❹ 来週月曜日の午前中は会議でしょう。
다음 주 월요일의 오전 중은 회의이겠지요.

❺ そのかばんはたぶん日本製でしょう。
그 가방은 아마 일본제품이겠지요.

Tip

明日 내일
元気だ 건강하다
外出中 외출 중
休み 휴일, 휴무
来週 다음 주
午前中 오전 중
会議 회의
かばん 가방
たぶん 아마
日本製 일본제품

Dialogue

A : あれ? 佐々木さんは?
어? 사사키 씨는?

B : 今日はたぶん遅刻だろうね。昨日お酒をたくさん飲んだから。
오늘은 아마 지각이겠지. 어제 술을 많이 마셨으니까.

＊＊＊＊＊

A : 取引先の担当者、日本語が上手ですね。
거래처의 담당자, 일본어를 잘해요.

B : ええ、たぶん韓国の人でしょう。
네, 아마 한국 사람일 거예요.

今日 오늘
遅刻 지각
酒 술
飲む 마시다
取引先 거래처
担当者 담당자
～が上手だ ～을 잘하다
薬 약

나도 해보기

A : これは何ですか。
B : 私もよくわかりませんが、たぶん ＿＿＿＿＿＿＿＿＿＿。

　　A : 이것은 무엇입니까?
　　B : 나도 잘 모르겠습니다만, 아마 약이겠죠.

답

薬でしょう

今日は休みでしょうか。

오늘은 휴무일까요?

▶▶▶ **～は～でしょうか** ～은 ～일까요?

「～でしょうか」는 말하는 사람이 자신이 추측한 사실에 대한 의문을 나타내는 표현으로, 우리말의 '～일까요'에 해당됩니다.
「～でしょうか」는 상대방의 대답을 요구할 때뿐만 아니라 단순히 자신의 추측에 대한 의문을 나타내고자 할 경우에도 쓰이며,
의문조사 「か」가 붙더라도 문장 끝의 억양은 올려 말하지 않습니다.

기본 표현

❶ 彼は中国人でしょうか。
그는 중국인일까요?

❷ あそこはフランス料理のお店でしょうか。
저곳은 프랑스요리 가게일까요?

❸ 明日は雨天決行でしょうか。
내일은 비가 와도 그대로 진행할까요?

❹ 田中部長、今晩は残業でしょうか。
다나카 부장님, 오늘밤은 잔업을 하는 걸까요?

❺ 今回の期末試験はレポート提出でしょうか。
이번 기말시험은 리포트 제출일까요?

Dialogue

A : 今日のおすすめの料理は何ですか。
오늘의 추천 요리는 무엇입니까?

B : 焼き魚です。
생선구이입니다.

A : (別のものを指して)これはお昼のメニューでしょうか。
(다른 것을 가리키며) 이것은 점심메뉴일까요?

B : いいえ、こちらは夜のコースメニューです。
아니요, 이쪽은 저녁 코스메뉴입니다.

나도 해보기

A : マイケルさんは、＿＿＿＿＿＿＿＿＿＿＿＿＿＿＿。

B : いいえ、イギリス人です。

A : 마이클 씨는 미국인일까요?
B : 아니요, 영국인입니다.

Tip

休み 휴무, 휴식
中国人 중국인
料理 요리
店 가게
雨天決行 비가 와도 실행함.
今晩 오늘 밤
残業 잔업
今回 이번
期末試験 기말시험
提出 제출

おすすめ 추천
焼き魚 생선구이
別 다름
指す 가르키다
お昼 점심
夜 저녁, 밤
アメリカ人 미국인

답

アメリカ人でしょうか

父は会社員で、母は主婦です。

아버지는 회사원이고, 어머니는 주부입니다.

▶▶▶ **～は～で、～です** ～은 ～이고, ～입니다

문장과 문장을 연결하여 한 문장으로 만들 때 쓰는 표현입니다.

기본 표현

❶ 彼は会社員で、サッカー選手です。
그는 회사원이고 축구선수입니다.

❷ 彼女は歌手で、作曲家です。
그녀는 가수이고 작곡가입니다.

❸ 私の弟は30歳で、独身です。
내 동생은 서른 살이고 독신입니다.

❹ 兄は警察官で、妹は教師です。
형은 경찰관이고, 여동생은 교사입니다.

❺ これは携帯電話で、それはMP3です。
이것은 휴대전화이고, 그것은 MP3입니다.

歌手 가수
彼女 그녀
作曲家 작곡가
歳 ～살
独身 독신
警察官 경찰관
教師 교사
携帯電話 휴대전화

Dialogue

A : お兄さんのお仕事は何ですか。
오빠의 직업은 무엇이에요?

B : インテリアデザイナーで、建築設計士です。
인테리어 디자이너이자 건축설계사입니다.

* * * * *

A : こちらは鈴木さんです。
이쪽은 스즈키 씨입니다.

B : 鈴木です。シナリオ作家で、漫画家です。
스즈키입니다. 시나리오 작가이자 만화가입니다.

仕事 일
建築 건축
設計士 설계사
作家 작가
漫画家 만화가
部屋 방
かぎ 열쇠
台所 부엌
玄関 현관

나도 해보기

A : これはこの部屋のかぎです。
台所の_____、玄関の_____。

B : はい、わかりました。

　　A : 이것은 이 방의 열쇠입니다. 부엌 열쇠는 이것이고, 현관 열쇠는 이것입니다.
　　B : 네, 알겠습니다.

ここは会社でも学校でもありません。

여기는 회사도 학교도 아닙니다.

▶▶▶ ~でも~でもありません　~도 ~도 아닙니다

> 「でも」는 우리말의 '~도'에 해당하는 접속조사로, 명사나 な형용사에 접속되며, 뒤 문장에는 앞의 내용으로부터 예상되는 것과는 반대의 내용이 오는 역접 표현입니다.

기본 표현

❶ **マイケルはアメリカ人でもイギリス人でもありません。**
마이클은 미국인도 영국인도 아닙니다.

❷ **これはパソコンでもカメラでもありません。携帯電話です。**
이것은 컴퓨터도 카메라도 아닙니다. 휴대전화입니다.

❸ **彼は大学生でも会社員でもありません。高校生です。**
그는 대학생도 회사원도 아닙니다. 고등학생입니다.

❹ **ジャジャンメンは中国料理でも日本料理でもありません。**
자장면은 중국요리도 일본요리도 아닙니다.

❺ **BMWはフランスのでもスイスのでもありません。**
BMW는 프랑스 제품도 스위스 제품도 아닙니다.

Dialogue

A : **山田くん、昨日かわいい女の子といっしょにいましたね。**
야마다 군, 어제 귀여운 여자아이와 함께 있던데요.

B : **え?**
네?

A : **本屋で見ましたよ。彼女? それとも妹さんかな?**
서점에서 봤어요. 애인? 아니면 여동생일까?

B : **あ、あれは彼女でも妹でもありませんよ。いとこです。**
아, 그 사람은 여자 친구도 여동생도 아닙니다. 사촌입니다.

나도 해보기

A : **これ、おいしいですね。**

B : **そうでしょう。これはね、_____。**

　　アイスクリームです。

　　A : 이거, 맛있네요.
　　B : 그렇죠? 이건요, 케이크도 초콜릿도 아닙니다. 아이스크림입니다.

雨なので、かさを持っていきましょう。

비가 오니까, 우산을 가지고 갑시다.

▶▶▶ **명사 + なので** ~이므로, ~이어서

「ので」는 객관적인 사실이나 근거를 바탕으로 하여 누가 보아도 그 타당성을 인정할 수 있는 명백한 이유나 원인을 설명할 때 쓰이는 표현입니다. 우리말의 '~이므로, ~이어서'로 해석되고, 명사나 な형용사에는 「なので」의 형태로 접속됩니다.

기본 표현

❶ 明日は会議なので、今日準備します。
내일은 회의니까 오늘 준비하겠습니다.

❷ 友達が病気なので、お見舞いに行きます。
친구가 아파서 병문안하러 갑니다.

❸ 車が故障なので、バスで来ました。
차가 고장 나서 버스로 왔습니다.

❹ この食堂は日曜日は休みなので、月曜日に行きましょう。
이 식당은 일요일은 휴업이기 때문에 월요일에 갑시다.

❺ 遠距離恋愛なので、電話代がかかります。
장거리 연애라서 전화비가 듭니다.

Dialogue

A : もしもし、山下先生ですか。
여보세요, 야마시타 선생님입니까?

B : はい、そうです。
네, 그렇습니다.

A : 田中まきこの母です。子供がかぜなので、今日は学校を休みたいのですが。
다나카 마키코 엄마입니다. 아이가 감기에 걸려서 오늘은 학교를 쉬고 싶습니다만.

B : わかりました。おだいじに。
알겠습니다. 몸조리 잘하라고 전해 주세요.

나도 해보기

A : _____、散歩しましょうか。

B : いいですね。そうしましょう。

A : 날씨가 좋으니까, 산책할까요?
B : 좋아요, 그렇게 합시다.

Tip

会議 회의
準備 준비
病気 병
お見舞い 병문안
故障 고장
食堂 식당
遠距離恋愛 장거리 연애
電話代 전화비

もしもし 여보세요(전화할 때)
かぜ[風邪] 감기
いい 좋다
天気 날씨

답
いい天気なので

雨<ruby>あめ</ruby>なのに、かさがありません。
비가 오는데, 우산이 없습니다.

▶▶▶ **명사 + なのに** ~인데, ~인데도 불구하고

「のに」는 사실적인 역접을 나타내는 표현으로 우리말의 '~인데, ~인데도 불구하고'라는 의미로 쓰입니다. 명사나 な형용사에는 「なのに」의 형태로 접속되며 뒤 문장에는 앞 문장의 내용에서 예상되는 것과는 반대되는 사실이 쓰입니다.

기본 표현

❶ 春<ruby>はる</ruby>なのに、まだ寒<ruby>さむ</ruby>いです。
봄인데 아직 춥습니다.

❷ 夜<ruby>よる</ruby>の8時<ruby>じ</ruby>なのに、まだお母<ruby>かあ</ruby>さんが帰<ruby>かえ</ruby>ってこない。
밤 8시인데 아직 어머니가 돌아오지 않으신다.

❸ 日曜日<ruby>にちようび</ruby>なのに、出勤<ruby>しゅっきん</ruby>します。
일요일인데 출근합니다.

❹ お金持<ruby>かねも</ruby>ちなのに、ケチです。
부자인데도 불구하고 구두쇠입니다.

❺ 歌手<ruby>かしゅ</ruby>なのに、歌<ruby>うた</ruby>が下手<ruby>へた</ruby>です。
가수인데 노래를 못합니다.

Dialogue

A : あら、田中<ruby>たなか</ruby>さん。日曜日<ruby>にちようび</ruby>なのに、出勤<ruby>しゅっきん</ruby>ですか。
어머, 다나카 씨. 일요일인데 출근해요?

B : ええ。月曜日<ruby>げつようび</ruby>の会議<ruby>かいぎ</ruby>の資料作<ruby>しりょうづく</ruby>りです。
네, 월요일의 회의 자료를 만들 거예요.

A : そうですか。がんばってくださいね。
그래요? 힘내세요.

B : ありがとうございます。
고마워요.

나도 해보기

A : 花<ruby>はな</ruby>ちゃん、_____、英語<ruby>えいご</ruby>がぺらぺらですね。
B : 3年<ruby>ねん</ruby>ぐらい、アメリカにいましたから。

　　A : 하나! 초등학생인데 영어를 잘하네요.
　　B : 3년 정도 미국에 있었으니까요.

晴れなら行きましょう。
날씨가 맑으면 갑시다.

▶▶▶ **명사 + なら** ~라면

일본어의 대표적인 가정·조건 표현 중의 하나인 「なら」는 다양한 쓰임을 가지고 있습니다. 우선, 「AならB : A라면 B」의 형태로 쓰여 B가 성립하기 위해서는 A가 전제조건이 되어야 한다는 내용을 나타냅니다. 뿐만 아니라, 화제를 한정할 때도 쓰이며, 상대방의 말을 받아 제시할 때 쓰이기도 합니다. 또한, 「なら」 뒤에 이어지는 문장에는 충고 및 조언, 요구나 판단 등의 내용이 오는 경우가 많습니다.

기본 표현

❶ 明日いい天気なら、山に登りましょう。
내일 날씨가 좋다면 등산합시다.

❷ 雨なら、ピクニックは中止です。
비가 온다면, 소풍은 가지 않습니다.

❸ 東京駅なら、すぐ近くですよ。
도쿄역이라면 바로 근처입니다.

❹ 電気製品なら、あのお店が安いですよ。
전기제품이라면 저 가게가 싸요.

❺ 田中さんなら きっとできますよ。
다나카 씨라면 분명히 할 수 있어요.

Dialogue

A : このジャケット、いくらですか。
이 재킷, 얼마예요?

B : 3000円です。今なら30%オフですよ。
3000엔입니다. 지금이라면 30% 세일이에요.

A : そうですか。じゃ、これください。
그래요? 그럼, 이거 주세요.

B : ありがとうございます。
감사합니다.

나도 해보기

A : 明日の 山登り、どうしますか。

B : _____ やめましょう。

　　A : 내일 등산, 어떻게 할까요?
　　B : 눈이 온다면 그만둡시다.

仕事中 / 世界中
일하는 중 / 전 세계

▶▶▶ 명사 + 中 ~도중, 사이, ~안 / 명사 + 中 온~, ~동안 내내, 온통, 도처에

「中(ちゅう)」는 시간이나 기간을 나타내는 말이나, 일정 시간 동안 지속하는 동작을 나타내는 명사 등에 붙어 동작이 이루어지는 시간의 한때를 나타내거나, 동작이 계속 이루어지고 있음을 나타내는 표현으로 쓰입니다. 예를 들어 会議中(회의 도중), 勉強中(공부하는 도중) 등이 있습니다. 「中(じゅう)」는 시간이나 장소를 나타내는 말에 붙어 '그 시간 내내' 또는 '그 장소 전체'라는 의미로 한정된 시간이나 범위의 전체를 나타내는 표현으로 쓰입니다. 예를 들어 一日中(하루 종일), 一年中(일 년 내내), 家中(온 집안), 体中(몸 전체) 등이 있습니다.

기본 표현

❶ 授業中は静かにしましょう。
수업 중에는 조용히 합시다.

❷ 運転中は話しかけないでください。
운전 중에는 말을 걸지 마세요.

❸ 映画上映中は携帯電話をマナーモードにしてください。
영화상영 중에는 핸드폰을 매너모드로 해 주세요.

❹ 彼は学校中の人気者だ。 그는 학교에서 인기 있는 사람이다.

❺ 今年中に引っ越ししようと思っています。
올해 중으로 이사할 생각입니다.

Tip

仕事 일
授業 수업
静かだ 조용하다
運転 운전
話しかける 말을 걸다
上映 상영
マナーモード 매너모드
人気者 인기 있는 사람
引っ越す 이사하다

Dialogue

A : いつもお世話になっております。第一商事の田中です。社長はいらっしゃいますか。
항상 신세를 지고 있습니다. 제일상사의 다나카입니다. 사장님 계십니까?

B : こちらこそお世話になっております。社長はただいま会議中で席を外しております。
저희야말로 신세를 지고 있습니다. 사장님은 지금 회의 중으로 자리에 안 계십니다.

A : そうですか、それでは後程お電話さしあげます。
그렇습니까? 그러면 나중에 전화하겠습니다.

B : はい、よろしくお願いいたします。 네, 잘 부탁드립니다.

お世話になる 신세를 지다
商事~ 상사
ただいま 지금
席を外す 자리를 뜨다
後程 나중에
願う 부탁하다
夕べ 어젯밤
実家 생가, 친정
用事 볼일, 용건

나도 해보기

A : 夕べ電話したんだけど、誰かと_____の？
B : うん、昨日は実家に用事があって、母に電話したのよ。

A : 어젯밤에 전화했었는데, 누구랑 이야기 중이었어?
B : 응, 어제는 친정에 일이 있어서, 엄마에게 전화했어.

답

話し中だった

패턴 13

本の説明書どおりに組み立てればいいんです。

책의 설명서대로 조립하면 됩니다.

▶▶▶ **명사 + どおりに** ~대로, ~와 같이

「どおりに/とおりに」는 앞 문장과 뒤 문장의 내용이 공통되게 연결됨을 나타내고, '~대로, ~와 같이'로 해석됩니다. 동사의 기본형이나 진행형, 과거형에는 「とおりに」의 형태로 접속되어 쓰이나, 명사의 경우는 접속 형태에 따라 탁음이 붙거나 떨어져 발음됩니다.

기본 표현

❶ レシピどおりに作ったのにおいしくない。
레시피대로 만들었는데 맛이 없다.

❷ 地図に書いてあるとおりに行ったら、すぐにわかります。
지도에 써 있는 대로 가면, 금방 알 수 있습니다.

❸ 私が言ったとおりに書いてください。
제가 말한 대로 써 주세요.

❹ 放送の指示どおりに避難してください。
방송의 지시대로 대피해 주세요.

❺ さっき見たとおりにすればいいんです。
아까 본 것처럼 하면 됩니다.

Tip
説明書 설명서
組み立てる 조립하다
レシピ 레시피
作る 만들다
地図 지도
書く 쓰다
すぐに 곧, 금방
言う 말하다
放送 방송
指示 지시
避難 피난
さっき 아까, 앞서

Dialogue

A : **初めて司会をするから緊張する。**
처음으로 사회를 하니까 긴장돼.

B : **練習したとおりにすればいいんだよ。**
연습한 대로 하면 돼.

A : **失敗したら、どうしよう。**
실패하면 어쩌지?

B : **大丈夫。リラックスしなよ。**
괜찮아. 긴장 풀어.

初めて 처음으로
司会 사회
緊張 긴장
練習 연습
失敗 실패
リラックス 릴랙스, 긴장을 풂
英語 영어
発音 발음
難しい 어렵다
なかなか 좀처럼, 꽤

나도 해보기

A : **英語の発音は難しいよね。**

B : ＿＿＿＿＿＿＿＿言えばいいだけなんだけれど、それがなか

なかうまくいかないよね。

　A : 영어 발음은 어려워.

　B : 들은 대로 말하면 그만이라지만, 그게 좀처럼 잘 되지 않아.

답

聞いたとおりに

5年ぶりに転勤で九州に行くことになった。

5년 만에 전근으로 규슈에 가게 되었다.

▶▶▶ **명사 + ぶり** ~만에

「ぶり」는 동작을 나타내는 명사나 동사 ます형에 접속되어 '~모습, 태도' 등의 의미를 갖지만, 시간의 경과를 나타내는 말과 함께 쓰일 경우에는 '~만에'라는 의미로 해석됩니다.

기본 표현

❶ 幼なじみと15年ぶりに再会した。
소꿉친구와 15년 만에 재회했다.

❷ 久しぶりに釣りをした。
오랜만에 낚시를 했다.

❸ 事故で不通だった列車も、5時間ぶりに開通されました。
사고로 불통되었던 열차도 5시간 만에 개통되었습니다.

❹ 手術をして2ヶ月ぶりの外出です。
수술하고 2개월 만의 외출입니다.

❺ アメリカの地を9年ぶりに踏みました。
미국 땅을 9년 만에 밟았습니다.

幼なじみ 소꿉친구
ぶりに ~만에
再会 재회
釣り 낚시
事故 사고
不通 불통
列車 열차
開通 개통
手術 수술
外出 외출
地 땅
踏む 밟다

Dialogue

A : みんな、なつかしいね。何年ぶりだろう。
모두 반가워. 몇 년 만이지?

B : 高校を卒業してからだから、8年ぶりだね。
고등학교를 졸업하고 난 후 처음이니까, 8년 만이네.

A : もう、そんなに経ったの?
벌써 그렇게 됐어?

B : 結婚して、子供もいる人もいるんだよ。
결혼해서 아이가 있는 사람도 있어.

なつかしい 그립다, 반갑다
経つ (시간) 지나다, 경과하다

나도 해보기

A : _____。お変りありませんでしたか。

B : おかげさまで、元気にしております。

　　A : 오랜만입니다. 별고 없으십니까?
　　B : 덕분에 잘 지내고 있습니다.

답
お久しぶりです

彼は日本語が話せるばかりかフランス語まで話せる。

그는 일본어를 할 수 있을 뿐만 아니라 프랑스어까지 할 수 있다.

▶▶▶ **명사 + ばかりか** ～뿐만 아니라

「ばかりか」는 명사 및 い형용사, な형용사, 동사의 명사수식형에 접속되고, 주로 「ばかりか～も/まで」의 형태로 쓰여, 앞서 제시한 상황보다 정도가 더 심한 어떤 것이 추가된다는 의미를 나타내는 표현으로 '～뿐만 아니라'라고 해석합니다.

기본 표현

❶ 雨ばかりか雷まで鳴り始めた。
비가 내릴 뿐만 아니라 천둥까지 치기 시작했다.

❷ 料理ばかりか絵も上手なんだね。
요리를 잘할 뿐만 아니라 그림도 잘 그리는구나.

❸ 私たち夫婦は、家事ばかりか育児まで全て分担しています。
우리 부부는 가사뿐만 아니라 육아까지 전부 분담하고 있습니다.

❹ のどが痛くて、ごはんが食べられないばかりか水さえも飲めない。
목이 아파서 밥을 먹을 수 없을 뿐만 아니라 물조차 마실 수 없다.

❺ 日本でも石油が出るが、量が少ないばかりか質も悪い。
일본에서도 석유가 나오지만 양이 적을 뿐만 아니라 질도 나쁘다.

Tip

雷 천둥
鳴り始める 울리기 시작하다
家事 가사
育児 육아
全て 전부
分担 분담
のど 목
ごはん 밥
食べる 먹다
さえ ～조차, ～마저
飲む 마시다
痛い 아프다
少ない 적다

Dialogue

A : 山田さんが交通事故に遭ったって本当ですか。
야마다 씨가 교통사고를 당했다는 게 정말이에요?

B : そうよ。昨日お見舞いに行ってきたんですけど…。
그래요, 어제 병문안 갔다왔습니다만….

A : 様態はどうなんですか。
상태는 어때요?

B : 歩けないばかりか、一人で食事もできないんですよ。
걷지 못할 뿐만 아니라 혼자서 식사도 못해요.

交通事故に遭う 교통사고를 당하다
本当 정말, 사실
お見舞い 병문안
様態 상태, 상황
歩ける 걸을 수 있다(歩く의 가능형)
大人 어른, 성인
終わる 끝나다

나도 해보기

A : お父さん、またゲーム。最近は＿＿＿＿＿＿＿、大人まで ゲームに夢中ね。

B : もうすぐ終わるから。

　A : 아빠, 또 게임이야? 요즘엔 아이들뿐만 아니라 어른들까지 게임에 빠져 있네.
　B : 이제 곧 끝나.

답

子供ばかりか

패턴 016

鈴木さんはアメリカばかりでなく中国へも留学に行きました。

스즈키 씨는 미국뿐만 아니라 중국으로도 유학 갔습니다.

▶▶▶ **명사 + ばかりでなく** ~뿐만 아니라

「ばかりでなく」는 앞서 제시한 것보다 그 범위가 널리 미친다는 내용의 표현으로 「だけではなく」와 치환하여 사용할 수 있으나 「ばかりでなく」가 보다 더 딱딱한 표현입니다. 주로 「ばかりでなく~も」의 형태로 쓰입니다.

기본 표현

❶ 彼は日本語ばかりでなく、英語も上手に話せる。
그는 일본어뿐만 아니라 영어도 능숙하게 말할 수 있다.

❷ 彼は飲食店ばかりでなく、靴屋も経営している。
그는 음식점뿐만 아니라 신발가게도 경영하고 있다.

❸ 最近は美容室を女性ばかりでなく、男性も利用しています。
최근에는 미용실을 여성뿐만 아니라 남성도 이용하고 있습니다.

❹ この市場では国内産ばかりでなく、輸入品も売っています。
이 시장에서는 국내산뿐만 아니라 수입품도 팔고 있습니다.

❺ 失業問題は韓国ばかりでなく、全世界の問題になっている。
실업문제는 한국뿐만 아니라 전세계의 문제가 되고 있다.

Tip
留学 유학
上手 잘 함, 능숙함
話せる 말할 수 있다
飲食店 음식점
靴屋 신발가게
経営 경영
最近 최근
美容室 미용실
国内産 국내산
輸入品 수입품
売る 팔다
失業 실업

Dialogue

A : 李さんの奥さん、すごいわね。
이 씨의 부인, 대단하네.

B : そうそう、お料理ばかりじゃ(で)なく、お裁縫も上手なんだって。
그래그래, 요리뿐만 아니라 바느질도 잘한대.

A : 子供さんの服も奥さんが時々作るんだって。
아이들 옷도 부인이 가끔씩 만든대.

B : へぇ、すごい。見習わないとね。
와, 대단하군. 본받아야겠어.

裁縫 재봉, 바느질
服 옷
時々 가끔씩
作る 만들다
見習う 보고 익히다, 보고 배우다

나도 해보기

A : 山本先輩って、＿＿＿＿＿＿＿＿＿、運動もよくできるんですね。

B : オーバーだな。このぐらい大したことないよ。

　　A : 야마모토 선배는 공부뿐만 아니라 운동도 잘하네요.

　　B : 과찬이야. 이 정도는 대단한 게 아니야.

답 勉強ばかりでなく

日本には飛行機だけでなく、船で行くという方法もある。
일본에는 비행기뿐만 아니라 배로 가는 방법도 있다.

▶▶▶ **명사 + だけでなく**　~뿐만 아니라

「だけでなく」는 「ばかりでなく」와 동일한 표현으로 쓰이며 단순한 첨가를 나타내고 싶을 경우에 흔히 사용됩니다. 주로 「だけでなく~も」의 형태로 쓰입니다.

기본 표현

❶ このサイトは鉄道だけでなく、バス路線も検索できます。
이 사이트는 철도뿐만 아니라 버스 노선도 검색할 수 있습니다.

❷ 学校だけでなく、社会でも学ぶことがたくさんある。
학교뿐만 아니라 사회에서도 배울 것이 많다.

❸ この辺りにはこの店だけでなく、たくさんの飲食店があります。
이 주변에는 이 가게뿐만 아니라 많은 음식점이 있습니다.

❹ ここはショッピングだけでなく、映画や食事も楽しめます。
여기는 쇼핑뿐만 아니라 영화와 식사도 즐길 수 있습니다.

❺ 読書だけでなく、作文も大切です。
독서뿐만 아니라 작문도 중요합니다.

Dialogue

A : どうしてこんなに数学の点数が悪いの？
왜 이렇게 수학 점수가 나빠?

B : 今回のテストは私だけでなく、皆も難しかったって言っていたよ。
이번 시험은 나뿐만 아니라 모두가 어렵다고 했어.

A : それにしても、この点数はひどいんじゃない？
그렇다고 하더라도 이 점수는 심하지 않니?

B : 次のテストではもっと頑張るよ。
다음 시험에서는 더 분발할게.

나도 해보기

A : スポーツの秋ですね。

B : 私には＿＿＿＿＿＿＿＿＿＿、食欲もです。

　A : 스포츠의 계절, 가을이네요.

　B : 저에게는 스포츠뿐만 아니라 식욕의 계절이기도 해요.

雨のみならず、雷まで鳴りはじめました。

비가 내릴 뿐만 아니라, 천둥까지 치기 시작했습니다.

▶▶▶ **명사 + のみならず** ~뿐만 아니라

「のみならず」 역시 「ばかりでなく / だけでなく」와 마찬가지로 '~뿐만 아니라 ~도'라는 의미를 첨가하여 말할 때 쓰이고 「だけでなく」보다 문어체적인 딱딱한 표현입니다.

기본 표현

❶ 日本ではマンガが子供のみならず、大人にも読まれています。
일본에서는 만화가 어린이뿐만 아니라 성인에게도 읽히고 있습니다.

❷ 韓流ブームは日本のみならず、ヨーロッパまで広がっています。
한류 붐은 일본뿐만 아니라 유럽에까지 확산되고 있습니다.

❸ 彼女は美人だということのみならず、学歴も優秀です。
그녀는 미인일 뿐만 아니라 학력도 우수합니다.

❹ デザイナーの彼女は国内のみならず、海外でも注目されている。
디자이너인 그녀는 국내뿐만 아니라 해외에서도 주목받고 있다.

❺ 彼は財産のみならず、信用まで失いました。
그는 재산뿐만 아니라 신용까지 잃었습니다.

Dialogue

A : 近くにあるラーメン屋を知らないかな？
가까이 있는 라면가게 몰라요?

B : ここからそう遠くないところに一軒ありますよ。
여기에서 그리 멀지 않은 곳에 한 집 있어요.

A : おいしいラーメン屋なのかな？
맛있는 라면가게예요?

B : 地元の人のみならず、地方からも人が食べにくるほどですよ。
그 지방 사람들뿐만 아니라 다른 지방에서도 먹으러 올 정도예요.

나도 해보기

A : 西野君はすごい人気だね。

B : _____、スポーツ万能だからね。

　　A : 니시노 군은 인기 많네.
　　B : 잘생겼을 뿐만 아니라 스포츠 만능이니까.

若い時は疲れをものともせずに、仕事をこなしていました。

젊을 때는 피로에도 아랑곳하지 않고 일을 처리했습니다.

▶▶▶ **명사 + をものともせずに** ~을 아랑곳하지 않고

「~をものともせずに」 표현은 '~을 아랑곳하지 않고'라는 의미로 장애가 되는 것이 있더라도 그것을 극복해서 목표한 바를 실행한다고 말할 때 사용됩니다.

기본 표현

❶ 重い荷物をものともせずに、彼は持ち上げた。
무거운 짐을 아랑곳하지 않고 그는 들어올렸다.

❷ クレームをものともせずに、主任は仕事をこなした。
클레임을 아랑곳하지 않고 주임은 일을 처리했다.

❸ 彼は周囲の反対をものともせずに、彼女と結婚した。
그는 주위의 반대를 아랑곳하지 않고 그녀와 결혼했다.

❹ 1000人の敵をものともせずに、立ち向かって行った。
1000명의 적을 아랑곳하지 않고 정면으로 맞서 나아갔다.

❺ 彼女は３０kmの距離をものともせずに、走り切った。
그녀는 30km의 거리를 아랑곳하지 않고 끝까지 달렸다.

Dialogue

A : 展示会の準備が間に合ってよかったよ。
전시회 준비 일정에 맞추어서 다행이야.

B : 今回の展示会では太田主任の功労が大きいですよね。
이번 전시회에서는 오오타 주임님의 공로가 컸어요.

A : 連日の残業をものともせずに、展示会の準備までするなんて、
本当、すごい人だよ。
연일 계속되는 잔업을 아랑곳하지 않고 전시회 준비까지 하다니, 정말 대단한 사람이야.

B : 今晩、太田主任を中心にして飲み会があるって言っていましたよ。
오늘 밤 오오타 주임님을 중심으로 회식이 있대요.

나도 해보기

A : 真冬なのに子供たちが ＿＿＿＿＿＿＿＿、遊んでいるよ。

B : 「子供は風の子」とはよく言ったものだね。

A : 한겨울인데, 어린이들이 추위를 아랑곳하지 않고, 놀고 있어.
B : '아이들은 바람의 아들'이라고 자주 말했었지.

何のために勉強するのか。
무엇을 위해 공부하는가?

▶▶▶ **명사 の + ために** ~를 위해서

「ために」가 명사에 접속될 경우에는 반드시 조사 「の」를 수반하여 「명사+の+ために」의 형태로 쓰이고, '~를 위해서/~때문에' 라는 목적과 이유 · 원인 두 가지 모두의 의미를 갖습니다.

기본 표현

❶ 明日は会議の準備のために、朝早く会社に行きます。
내일은 회의 준비를 위해서 아침 일찍 회사에 갑니다.

❷ 乗り換えのために電車を降りたら、駅を間違えていた。
환승하기 위해서 전철을 내렸더니 역을 착각한 것이었다.

❸ 家族のために一生懸命料理を作った。
가족을 위해서 열심히 요리를 만들었다.

❹ 安全のために横断歩道があります。
안전을 위해서 횡단보도가 있습니다.

❺ 健康のために毎日歩いています。
건강을 위해서 매일 걷고 있습니다.

乗り換え 환승
降りる 내리다
間違える 착각을 하다
一生懸命 열심히
横断歩道 횡단보도
健康 건강
歩く 걷다

Dialogue

A : 会社辞めたんだって？ どうしたの？
회사 그만뒀다며? 어떻게 된 거야?

B : これからのために今勉強しておきたくて。
미래를 위해 지금 공부해 두고 싶어서.

A : 留学でもするの？
유학이라도 가는 거야?

B : ううん、専門学校に通うことにしたの。
아니, 전문학교에 다니기로 했어.

辞める 그만두다
~に通う ~에 다니다
健康診断 건강진단
受ける 받다
維持 유지

나도 해보기

A : この間の健康診断を受けましたか。
B : うん、健康の＿＿＿＿＿＿＿＿＿＿＿。

  A : 최근에 건강진단을 받았습니까?
  B : 응, 건강 유지를 위해서.

답
維持のためにね

패턴 021

この薬のおかげで、すぐ治りました。

이 약 덕분에 바로 나았습니다.

▶▶▶ **명사 の + おかげで / ～おかげで** ~덕분에

「おかげで」는 명사, い형용사, な형용사의 명사수식형과 동사의 과거형에 접속하여, '앞에 내용의 도움이 있었기에 좋은 결과가 되었다'라는 감사의 뉘앙스를 나타내는 표현으로, 대개는 좋은 결과에 쓰입니다.

기본 표현

❶ **みなさんのおかげで、会社がここまで大きくなりました。**
여러분의 덕분에 회사가 여기까지 성장했습니다.

❷ **誰のおかげで一人前になったと思っているんだ。**
누구 덕분에 제 몫을 할 수 있었다고 생각하는 거야.

❸ **おかげで、やっと車の免許が取れました。**
덕분에 겨우 자동차면허를 딸 수 있었습니다.

❹ **あなたがそばにいてくれたおかげで、辛いこともがんばれた。**
당신이 옆에 있어 준 덕분에 괴로운 일도 견딜 수 있었다.

❺ **田中さんが手伝ってくれたおかげで、早く仕事が終わった。**
다나카 씨가 도와준 덕분에 일이 빨리 끝났다.

Tip
治る 낫다, 치료하다
一人前 (솜씨·능력 등이) 제 몫을 할 수 있음
免許 면허
辛い 괴롭다
手伝う 도와주다
早く 빨리
終わる 끝나다

Dialogue

A : (病室で)田中さん、調子はどうですか。
　　(병실에서) 다나카 씨, 컨디션은 어때요?

B : まだ痛いですが、ずいぶん楽になりました。
　　아직 아프지만, 많이 좋아졌어요.

A : 早期発見のおかげで、手術も短時間で終わりましたよ。
　　조기발견한 덕분에 수술도 단시간에 끝났어요.

B : 先生のおかげです。ありがとうございます。
　　선생님 덕분입니다. 감사합니다.

調子 상태, 컨디션
早期発見 조기발견
課長 과장
アドバイス 어드바이스, 조언
あきらめる 포기하다

나도 해보기

A : ＿＿＿＿＿＿＿＿＿＿＿取引に成功しました。

B : いや、君があきらめずにがんばったからだよ。

　　A : 과장님의 조언 덕분에 거래에 성공했습니다.
　　B : 아니, 자네가 포기하지 않고 열심히 했기 때문이야.

답
課長のアドバイスのおかげで、

二日酔いのせいで頭が痛い。

숙취 때문에 머리가 아프다.

▶▶▶ **명사 の + せいで / 〜せいで** 〜때문에, 〜탓에

> 「せい」는 명사, い형용사, な형용사의 명사수식형과 동사의 과거형에 접속하여 '〜의 탓이다'라는 의미로 일의 결과에 대한 책임을 다른 것으로 떠넘기는 책임전가의 의미를 나타내는 표현입니다.

기본 표현

❶ 事故のせいで、かなり混雑しています。
사고 때문에 매우 혼잡합니다.

❷ 不況のせいで、なかなか売り上げが上がりません。
불황 탓에 좀처럼 매상이 오르지 않습니다.

❸ 長時間いすに座っているせいで、最近腰が痛くなりました。
장시간 의자에 앉아 있어서 최근 허리가 아픕니다.

❹ 雪で地面が凍っているせいで、今日は車の衝突事故が多い。
눈으로 지면이 얼어 있는 탓에 오늘은 자동차 충돌 사고가 많다.

❺ 納品が遅れたせいで、取引先の担当者にひどく怒られた。
납품이 늦었기 때문에 거래처 담당자가 몹시 화가 났다.

Dialogue

A : 鈴木さん、昨日のスポーツ大会はどうでしたか。
스즈키 씨, 어제 스포츠 대회는 어땠어요?

B : 楽しかったんですが、朝から筋肉痛です。昔はこんなこと、なかったんですが…。
즐거웠지만, 아침부터 근육통이 있어요. 예전에는 이렇지 않았는데….

A : ははは! 年のせいですよ。
하하하! 나이 탓이겠죠.

B : そうですね。少し無理したかもしれません。
그렇네요. 조금 무리했을 수도 있네요.

나도 해보기

A : ＿＿＿＿＿＿＿＿＿＿＿、うちから川が見えなくなるね。

B : ええ、川を見ると気持ちが落ち着いたのにね…。

　　A : 저 빌딩 때문에 집에서 강이 보이지 않게 됐네.
　　B : 응, 강을 보면 마음이 차분해졌는데….

패턴 023

子供のくせに生意気だ。
어린애인데도 건방지다.

▶▶▶ **명사 の + くせに / 〜くせに** 〜인데도, 〜인 주제에

각 품사의 명사수식형에 접속되어 쓰이는 「くせに」는 앞 문장에 오는 주체에 대한 비난이나 경멸이 포함되어 있는 표현으로 '〜인 주제에/〜인데도'라는 의미로 쓰입니다.

기본 표현

❶ うちの社長はお金持ちのくせにケチだ。
우리 사장은 부자인데도 구두쇠이다.

❷ 大人のくせに何時間もゲームをやっている。
어른인데도 몇 시간이나 게임을 하고 있다.

❸ 山本さんは、人よりよく食べるくせにいつも割り勘にする。
야마모토 씨는 남들보다 잘 먹는데도 항상 더치페이로 한다.

❹ あの人は、ひとりでは何もできないくせに文句ばかり言う。
저 사람은 혼자서는 아무것도 할 수 없는 주제에 불평만 한다.

❺ 山田くんは、若い女性には親切なくせにお年寄りには全くだ。
야마다 군은 젊은 여성에게는 친절한데, 노인에게는 그렇지 않다.

Dialogue

A : どうしたの? 彼とケンカでもしたの?
왜 그래? 남자친구랑 다투기라도 한 거야?

B : そんなんじゃないわよ。
그런 거 아니야.

A : ずいぶん機嫌が悪いわね。
상당히 기분이 안 좋은 것 같아.

B : 何よ、何も知らないくせに。
뭘, 아무것도 모르는 주제에.

나도 해보기

A : 俺、実はコンピューターが苦手なんだよ。
B : 大学で＿＿＿＿＿＿＿＿＿＿苦手だなんてよく言うわね。

　A : 나, 사실은 컴퓨터에 서툴러.
　B : 대학에서 컴퓨터를 전공한 주제에 서툴다느니 하는 말을 자주 하네.

Tip

生意気 건방짐
ケチ 인색함, 구두쇠
割り勘 각자 부담
文句 불만
ばかり 〜만, 〜뿐
若い 젊다
お年寄り 노인

機嫌が悪い 기분이 나쁘다
苦手だ 서투르다
なんて 따위, 〜라느니 하는
専攻 전공

답

コンピューターを専攻したくせに

兄のことだから、きっと合格するだろう。

형이니까 분명 합격하겠지.

▶▶▶ **명사 の + ことだから** ~이기 때문에

「ことだから」는 사람을 나타내는 명사에 접속하여 그 사람의 특징을 근거로 판단하여 추측하는 표현으로 '~이니까'라는 의미로 해석됩니다. 앞 문장에는 주로 화자의 주관적인 판단의 이유가 오는데 화자와 청자가 서로 알고 있는 내용은 생략되는 경우가 많으며 뒤 문장에는 추측을 나타내는 문장이 이어집니다.

기본 표현

❶ 有名な起業家のことだから、今回の講義は期待できるだろう。
유명한 기업가이니까 이번 강의는 기대해도 되겠지.

❷ まじめな彼のことだから、一人暮らしもちゃんとしているだろう。
성실한 그이기 때문에 혼자 생활하는 것도 잘하고 있을 것이다.

❸ 彼女のことだから、元気でやっていると思う。
그녀이기 때문에 활기차게 하고 있을 거라고 생각한다.

❹ 子供のことだから、少々のいたずらは仕方がない。
아이니까 조금의 장난은 어쩔 수 없다.

❺ あの不動産屋のことだから、信用できるよ。
저 부동산이니까 신용할 수 있어.

Tip

起業家 기업가
講義 강의
期待 기대
一人暮らし 혼자서 삶, 독신 생활
いたずら 장난
仕方がない 어쩔 수 없다
少々 조금, 약간
不動産屋 부동산
信用 신용

Dialogue

A : 和恵、なかなか来ないね。
가즈에가 좀처럼 안 오네.

B : 和恵のことだから、いつものように30分は遅刻して来るんじゃ

ないかな。가즈에니까 언제나처럼 30분은 지각하지 않을까?

A : 遅れるんだったら、連絡してくれたらいいのに。
늦는다면 연락해 주면 좋은데.

B : 今日は和恵にはっきりと言おうね。
오늘은 가즈에게 확실히 말하자.

なかなか 좀처럼
はっきり 확실히, 분명히
単身赴任 단신 부임
案外 의외로
一人暮らし 독신 생활

나도 해보기

A : お父さん、単身赴任で大丈夫かな。
B : ＿＿＿＿＿＿＿＿、案外一人暮らしを楽しんでいるかもね。

  A : 아버지, 단신 부임 때문에 괜찮을까?
  B : 아버지니까 의외로 독신 생활을 즐기고 있을지도 몰라.

답 : お父さんのことだから

彼女は大学教授の上に優秀な歯科医でもある。

그녀는 대학교수인데다가 우수한 치과의사다.

▶▶▶ **명사 の + 上に** ~인데다가

「명사 の+上に」는 앞의 사항과 같은 경향의 성격을 띠는 사항을 덧붙여 말할 때 사용하는 표현으로, 뒤 문장에 명령이나 금지, 의뢰, 권유 등의 표현은 올 수 없습니다.

기본 표현

❶ 兄が高校生の時、成績優秀の上にスポーツもよくできたらしい。
형이 고등학생이었을 때, 성적도 우수했던데다가 운동도 잘했던 것 같다.

❷ 私の祖母は高齢の上に足が悪いので、一人で買い物に行けない。
우리 할머니는 고령인데다가 다리가 아파서 혼자서는 쇼핑하러 갈 수 없다.

❸ 彼女はおしゃべりの上に仕事もミスばかりだ。
그녀는 수다쟁이인데다가 일도 실수투성이다.

❹ 彼は貧乏の上に無職だったから、彼女の両親が結婚に反対した。
그는 가난한데다가 직업이 없어서 그녀의 부모님이 결혼에 반대했다.

❺ この家は木造の上に築30年以上なので、ボロいです。
이 집은 목조인데다가 지은 지 30년 이상 되어서 낡았습니다.

Tip

成績優秀 성적 우수
高齢 고령
おしゃべり 수다스러움, 수다쟁이
貧乏 가난
無職 무직
木造 목조
ボロい 낡다, 허술하다

Dialogue

A : おまえ、林って知ってる?
너, 하야시라고 알고 있어?

B : ああ、バドミントン部のマネージャー? なんで?
아, 배드민턴부의 매니저? 왜?

A : 美人の上に性格もいいっていううわさなんだけど、どう思う?
미인인데다가 성격도 좋다는 소문이 있던데, 어떻게 생각해?

B : うーん、顔は好みの問題だろう。性格は明るくていいヤツだよ。
음, 얼굴은 취향의 문제겠지. 성격은 밝고 좋은 녀석이야.

美人 미인
性格 성격
うわさ 소문
好み 취향
ヤツ 녀석, 놈
禁煙 금연

나도 해보기

A : ちょっと! ここは＿＿＿＿＿＿、飲食禁止ですよ。

B : そうなんですか。すみません。

A : 잠깐! 여기는 금연인데다가, 음식물 반입 금지예요.
B : 그렇습니까? 죄송합니다.

답

禁煙の上に

地図の上では近く見えるが、実際は遠い。
지도상으로는 가깝게 보이지만 실제로는 멀다.

▶▶▶ **명사 の ＋ 上で(は)** ～상으로는, ～한 후에

명사에 접속하는 「上では」는 '～상으로는'이라는 의미로, 문장 뒤에 오는 내용이 실제 사실과 일치하는지는 확신할 수 없으나 「上では」의 앞에 오는 명사에 관계된 입장이나 명사가 제시하는 것에 준하여 그러하다고 볼 수 있다고 말할 때 사용하는 표현 입니다. 또한 「する 동사의 명사형＋の」에 접속하여 '～한 후에'라는 의미로, 우선 앞 문장에 오는 동작을 한 후에 그것을 바탕 으로 뒤 문장에 오는 다음 동작을 취한다는 내용의 표현으로 쓰입니다.

기본 표현

❶ 医者の説明を理解の上で手術を受けることを決めた。
의사의 설명을 이해한 후에 수술을 받기로 결정했다.

❷ 契約の上では正社員扱いになっているが、待遇はそれ以下だ。
계약상으로는 정사원 취급으로 되어 있지만 대우는 그 이하이다.

❸ 近年続くこの不況の上では、いろいろな経済対策も難しい。
최근 계속되는 이 불황 상으로는 다양한 경제대책도 어렵다.

❹ 危険を承知の上で挑戦する。
위험을 감수한 후에 도전한다.

❺ 社会生活の上では我慢も必要だ。
사회생활에서는 참는 것도 필요하다.

Dialogue

A : 木村さん、新しい上司とはうまくやっていますか。
기무라 씨, 새로운 상사와는 잘 지내고 있어요?

B : そうですね、仕事の上では問題ないですよ。
글쎄요, 업무상으로는 문제가 없어요.

A : どんなタイプの人ですか。 어떤 타입의 사람이에요?

B : うーん、プライベートの話はほとんどしないのでよくわかりま
せんが、時間があると部署内のあっちこっちでおしゃべりして
いますよ。 음, 사적인 이야기는 거의 하지 않아서 잘 모르겠지만, 시간이 있으면 부서 내의
여기저기에서 수다를 떨고 있어요.

나도 해보기

A : 次の商品説明会はいつにしますか。
B : そうですね、営業部と＿＿＿＿＿＿＿＿決めましょう。

   A : 다음 상품 설명회는 언제 합니까?
   B : 글쎄요, 영업부와 의논한 후에 정합시다.

Tip

説明 설명
理解 이해
手術を受ける 수술을 받
다
契約 계약
正社員 정사원
扱い 취급
待遇 대우
不況 불황
経済対策 경제대책
危険 위험
承知 알고 있음
挑戦 도전
我慢 참음

うまくやる 잘 하다
営業部 영업부
プライベート 개인적,
사적
ほとんど 거의
おしゃべり 잡담, 수다
스러움
話し合う 의논하다

답
話し合いの上で

有名なコーチのもとでスポーツを学ぶ。
유명한 코치 밑에서 스포츠를 배우다.

▶▶▶ **명사 の + もとで** ~하에서, ~밑에서

「명사 の + もとで」라는 표현은 어떤 조건이나 지배, 영향력이 미치는 범위 내에서 어떤 일이 발생하거나 이루어질 때 사용하는 표현으로 '~하에, ~하에서'라는 의미를 갖습니다.

기본 표현

❶ 専門医のもとで治療を受ける。
전문의하에서 치료를 받다.

❷ 有名な音楽家の指導のもとで、彼は音楽の才能を伸ばした。
유명한 음악가의 지도하에 그는 음악의 재능을 키웠다.

❸ 子供の頃、両親が共働きだったので祖父母のもとで育った。
어릴 적 부모님이 맞벌이였기 때문에 조부모 밑에서 자랐다.

❹ 交通ルールのもとで、安全運転をしなければならない。
교통법규하에 안전운전을 해야 한다.

❺ 充実した学校生活のもとで、精神的にも健康な子供が育つ。
충실한 학교생활하에 정신적으로도 건강한 아이가 자란다.

Dialogue

A : うちの野球部、すごいんじゃないですか。 우리 야구부, 대단하지 않아요?

B : そうらしいな。いいコーチの指導のもとでは、いい選手が育つということかな。 그런 것 같아요. 좋은 코치의 지도 아래서 좋은 선수가 성장하고 있다는 것일까?

A : そうですね。今年はリーグ優勝も期待できそうですね。
그렇네요. 올해는 리그 우승도 기대할 수 있을 것 같네요.

B : おいおい、それは気が早いんじゃないか。まだ練習試合で勝ってるだけだぞ。 이봐, 그건 너무 성급한 거 아니야? 아직, 연습시합에서 이긴 것뿐이라고.

나도 해보기

A : これ、来週の海外研修の日程です。

B : ありがとう。次の会議でこの_____スムーズに行動できるかどうか、参加者で話し合ってみるわ。

　　A : 이거, 다음 주 해외연수 일정입니다.

　　B : 고마워, 다음 회의에서 이 예정표대로 차질 없이 움직일 수 있을지 참가자들에게 이야기해 볼게.

うれしさのあまり、涙が出た。
너무 기쁜 나머지 눈물이 흘렀다.

▶▶▶ **명사 の＋あまり** ~한 나머지

「명사 の＋あまり」는 '너무 ~한 나머지'라는 의미로, '~'의 정도가 극단적이어서 일반적이지 않은 상태나 좋지 않은 결과가 나타날 때 사용하는 표현입니다. 이때 '~'는 감정을 나타내는 말이 오는 경우가 많고, 앞 문장에는 뒤 문장의 원인이나 이유를 나타내는 내용이 쓰입니다. 또한 뒤 문장에는 말하는 사람의 의지나 희망, 권유 표현 등은 올 수 없습니다.

기본 표현

❶ **多忙のあまり、寝る暇もない。**
너무 바쁜 나머지 잠잘 틈도 없다.

❷ **恥ずかしさのあまり、顔が赤くなった。**
너무 부끄러운 나머지 얼굴이 빨개졌다.

❸ **怒りのあまり、大声を出してしまった。**
너무 화가 난 나머지 소리를 지르고 말았다.

❹ **ストレスのあまり、体の調子を崩す人が多い。**
스트레스가 심한 나머지 몸 상태가 무너지는 사람이 많다.

❺ **海外転勤の話を聞いて、驚きのあまり声が出なかった。**
해외전근이라는 말을 듣고 너무 놀란 나머지 말이 나오지 않았다.

Tip

多忙 대단히 바쁨
恥ずかしさ 부끄러움
怒り 화, 노여움
体の調子を崩す 몸의 컨디션을 흐트러뜨리다

Dialogue

A : **昨日は暑かったですね。**
어제는 더웠어요.

B : **そうですね。特に夜は暑くてよく寝られませんでした。**
그래요. 특히 밤에는 더워서 제대로 잘 수 없었어요.

A : **私もそうです。うちは暑さのあまりもうクーラーをつけましたよ。**
저도 그래요. 우린 너무 더워서 벌써 에어컨을 켰어요.

B : **そうですか。うちもそろそろつけないと。**
그래요? 우리도 슬슬 켜야겠네요.

クーラー 에어컨
つける 켜다
あくび 하품
疲れ 피로, 피곤

나도 해보기

A : **山田さん、あくびばかりしてどうしたんですか。**

B : **残業続きで＿＿＿＿＿＿、寝ても寝ても足りません。**

　　A : 야마다 씨, 하품만 하고, 어찌 된 일이에요?

　　B : 계속되는 잔업에 너무 피곤한 나머지 자도 자도 부족해요.

답

疲れのあまり

母の代わりに姉が来てくれた。
엄마 대신에 언니가 와 주었다.

▶▶▶ **명사 の + 代わりに** ~대신에

명사에 접속하는 「代わりに」는 '~대신에'라는 의미로, 「代わりに」의 앞에 쓰인 명사를 대신하거나 그에 상응하는 다른 것으로 대체할 때 사용하는 표현입니다.

기본 표현

❶ 朝ごはんの代わりにバナナを食べる。
아침밥 대신에 바나나를 먹는다.

❷ 給食の代わりにお弁当を持っていく。
급식 대신에 도시락을 가지고 간다.

❸ 車の代わりにバスや地下鉄を利用しましょう。
자동차 대신에 버스나 지하철을 이용합시다.

❹ 最近の若者は、電子辞書の代わりにスマートフォンを使う。
요즘 젊은 사람들은 전자사전 대신에 스마트폰을 사용한다.

❺ 塾の代わりに1週間に2回、家庭教師といっしょに勉強する。
학원 대신에 일주일에 두 번 가정교사와 함께 공부한다.

Tip

給食 급식
弁当 도시락
利用 이용
若者 젊은이
塾 학원

参観 참관

Dialogue

A : お久しぶりですね、山田さん。どうぞお入りください。
오랜만이에요. 야마다 씨. 어서 들어오세요.

B : 失礼します。
실례합니다.

A : どうぞおかけください。コーヒー、いかがですか。
편히 앉으세요. 커피, 어때요?

B : ありがとうございます。あの、コーヒーの代わりにお茶をいただけますか。 감사합니다. 저, 커피 대신에 녹차로 주시겠어요?

나도 해보기

A : 明日の授業参観、お母さんが来てくれるんでしょう？

B : あ、明日は＿＿＿＿＿＿＿お父さんが行くよ。会社が休みだから。

　　A : 내일 수업참관, 엄마가 와 주실 거죠?
　　B : 아, 내일은 엄마 대신 아빠가 갈 거야. 회사 쉬는 날이니까.

답

お母さんの代わりに

패턴 030

見本のとおりに真似て作る。

견본대로 모방해 만들다.

▶▶▶ **명사 の + とおりに** ~대로

「とおりに」는 동사의 기본형과 과거형, 명사에 접속하여, 앞에 오는 품사가 제시하는 동작을 그대로 함을 나타내는데 명사의 경우, 「명사+のとおりに/명사+どおりに」의 두 가지 형태로 쓰입니다.

기본 표현

Tip
真似る 모방하다
習字 습자
見本 견본
練習 연습
姿勢 자세
教科書 교과서
実験 실험

❶ 本のとおりに作ってください。
책대로 만들어 주세요.

❷ この道のとおりに、まっすぐ行ってください。
이 길 그대로 곧장 가세요.

❸ 習字は見本のとおりに書いて練習すればいいんです。
습자는 견본대로 써서 연습하면 됩니다.

❹ ヨガは先生のとおりに姿勢を作ればいいです。
요가는 선생님처럼 자세를 만들면 됩니다.

❺ 今日は教科書のとおりに実験をしてみます。
오늘은 교과서대로 실험을 해볼게요.

Dialogue

A : 仮免までとれたんだけど、実習が心配だ。
임시면허까지 땄지만 실습이 걱정이야.

B : 道路標識のとおりに運転すればいいんだよ。
도로표지대로 운전하면 돼.

A : 道路標識なんて見ている余裕があるかな。
도로표지 같은 걸 보고 있을 여유가 있으려나.

B : それをしないとパスできないよ。
그걸 하지 않으면 통과할 수 없어.

仮免 임시면허
実習 실습
道路標識 도로표지
余裕 여유
エアロビック 에어로빅

나도 해보기

A : エアロビックをどうやったらいいのかわかんない。

B : ＿＿＿＿＿＿＿＿＿＿＿体を動かせばいいんだよ。

A : 에어로빅을 어떻게 하면 좋을지 모르겠어.
B : 선생님과 앞 사람대로 몸을 움직이면 돼.

답
先生と前の人のとおりに

일본의 縁起物
えん き もの

(부적·복조리 등) 재수를 비는 물건

絵馬
え ま

최근 모 방송 프로그램에서 추성훈 선수와 그의 딸 추사랑 양이 奈良(なら)의 東大寺(とうだいじ)에서 그림이 그려진 나무판에 소원을 적은 후, 소원이 이루어지길 바라며 터치하던 장면이 있었습니다.

과연 그 나무판은 무엇일까요?

바로 일본의 사찰이라면 어디서든지 볼 수 있는 소원을 적는 나무판 絵馬(えま)입니다.

이를테면 우리나라 사찰의 기왓장과 비슷한 의미로 받아들일 수 있겠죠.

絵馬는 신사에서 소원을 빌며 말을 바치던 문화가 마구간 모양의 나무에 말을 그려 바치는 것으로 바뀌었습니다. 요즘에는 말 이외에도 다양한 그림이나 문자가 그려져 있지만, 기본적인 마구간 모양은 변함이 없네요.

특히, 일본에서는 수험생들이 합격을 기원하며 에마를 걸어두는 일이 많다고 합니다.

おみくじ

우리나라는 토정비결로 한해의 운세를 보지만, 일본은 이 おみくじ를 뽑아 한해의 길흉을 점칩니다.

100円을 넣고 통을 흔들어 숫자가 적힌 가는 막대를 뽑아 그 숫자에 해당하는 서랍의 종이를 꺼내 한해의 길흉을 확인합니다. 좋은 운이 나오면 간직하다가 다음에 그 절이나 신사에 갔을 때 두고 가고, 나쁜 운이 나왔을 때는 나쁜 운이 새어나오지 못하도록 고이 접어 지정된 장소에 매어두고 옵니다. おみくじ의 운세가 좋든 나쁘든 소중히 다루어야 한다고 하네요.

최근에는 자판기나 인터넷으로도 おみくじ를 할 수 있다고 하는군요.

chapter 02

대명사 패턴

いつ来(き)ましたか。

언제 왔습니까?

▶▶▶ **いつ(から)ですか / いつ～ましたか**   언제(부터)입니까? / 언제 ～했습니까?

「いつ」는 우리말의 '언제'라는 의미로 시간 및 때를 나타내는 의문사입니다. 「いつ」는 보통 하루 이상의 시간을 두고 물어볼 때 사용하며 구체적인 시간을 한정하여 말할 경우에는 「何時(몇 시)/何分(몇 분)/何日(며칠)/何月(몇 월)/何年(몇 년)」 등의 표현을 사용하여 나타냅니다.

기본 표현

❶ 田中(た なか)さんのお誕生日(たんじょう び)はいつですか。
다나카 씨의 생일은 언제입니까?

❷ 夏休(なつやす)みはいつからですか。
여름방학은 언제부터입니까?

❸ 旅行(りょこう)はいつからですか。
여행은 언제부터입니까?

❹ いつ切符(きっ ぷ)を買(か)いましたか。
언제 표를 샀습니까?

❺ いつ結婚(けっこん)しましたか。
언제 결혼했습니까?

Dialogue

A : 李さんは、いつ日本(に ほん)へ来(き)ましたか。
이 씨는 언제 일본에 왔습니까?

B : 私(わたし)は去年(きょねん)の9月(がつ)に来(き)ました。
저는 작년 9월에 왔습니다.

A : 日本の生活(せいかつ)はどうですか。
일본생활은 어떻습니까?

B : そうですね。仕事(し ごと)は忙(いそが)しいですが、プライベートは楽(たの)しいです。
글쎄요. 일은 바쁘지만, 개인적으로는 즐겁습니다.

나도 해보기

A : 次(つぎ)の海外出張(かいがいしゅっちょう)は＿＿＿＿＿＿＿＿＿＿＿。

B : 来月(らいげつ)から3ヶ月間(か げつかん)です。

　　A : 다음 해외출장은 언제부터예요?
　　B : 다음 달부터 3개월간입니다.

답

いつからですか

そのくつはいくらですか。
그 구두는 얼마입니까?

▶▶▶ **いくらですか** 얼마입니까?

「いくら」는 값을 물을 때 사용하는 의문사로 우리말의 '얼마, 어느 정도'로 해석됩니다.

기본 표현

❶ **それはいくらですか。**
그것은 얼마입니까?

❷ **あのかばんはいくらですか。**
저 가방은 얼마입니까?

❸ **朴さんの携帯電話の通話料は1ヶ月いくらですか。**
박 씨의 휴대전화 요금은 한 달에 얼마입니까?

❹ **このパンとコーヒー、合わせていくらですか。**
이 빵과 커피 합해서 얼마입니까?

❺ **このスカートとシャツとコート、全部でいくらですか。**
이 스커트와 셔츠와 코트 전부 얼마입니까?

Dialogue

A : **いらっしゃいませ。ご注文をどうぞ。**
어서 오십시오. 주문하시겠습니까?

B : **チーズバーガーとコーラをください。合わせていくらですか。**
치즈버거와 콜라를 주세요. 합해서 얼마입니까?

A : **480円です。**
480엔입니다.

B : **(500円玉を出して)これでおねがいします。**
(500엔 내고) 여기 있습니다.

A : **はい、20円のお返しです。ありがとうございました。**
네, 20엔 거슬러드리겠습니다. 감사합니다.

나도 해보기

A : _____。
B : **6 800円です。**

    A : 이 가방은 얼마입니까?
    B : 6800엔입니다.

Tip

携帯電話 휴대전화
通話料 통화료
1ヶ月 1개월
パン 빵
コーヒー 커피
合わせて 합쳐서
スカート 스커트
シャツ 셔츠
コート 코트
全部で 전부해서

注文 주문
玉 동전
出す 내다
お返し 거스름돈

답
このかばんはいくらですか

패턴
033

交通費はいくらかかりましたか。
こうつう ひ

교통비는 얼마나 들었습니까?

▶▶▶ **いくらかかりましたか** 얼마나 들었습니까?

「かかりましたか」라는 표현은 우리말의 '들었습니까?'라는 표현으로, 시간이나 비용, 거리 등에 구분 없이 사용할 수 있는 표현이지만, 값을 묻는 의문사 「いくら」와 함께 쓰여 「いくらかかりましたか」의 형태로 쓰일 경우, '얼마나 들었습니까?'라는 금액을 묻는 표현으로 쓰입니다.

【주의】 시간 및 거리를 묻는 표현으로 쓰이는 「どのくらいかかりましたか(어느 정도 걸렸습니까?)」라는 표현과 혼동하지 않도록 주의합시다.

기본 표현

❶ 車の修理はいくらかかりましたか。
くるま しゅう り

자동차 수리비용은 얼마나 들었습니까?

❷ 今回の出張の経費は、全部でいくらかかりましたか。
こんかい しゅっちょう けい ひ ぜん ぶ

이번 출장경비는 전부 얼마나 들었습니까?

❸ 東京から京都まで新幹線でいくらかかりましたか。
とうきょう きょう と しんかんせん

도쿄에서 교토까지 신칸센으로 비용은 얼마나 들었습니까?

❹ 仁川から成田まで飛行機でいくらかかりましたか。
インチョン なり た ひ こう き

인천에서 나리타까지 비행기로 비용은 얼마나 들었습니까?

❺ 釜山から大阪まで船でいくらかかりましたか。
プ サン おおさか ふね

부산에서 오사카까지 배로 비용은 얼마나 들었습니까?

Tip

交通費 교통비
修理 수리
今回 이번
出張 출장
経費 경비
東京 도쿄
京都 교토
新幹線 신칸센
仁川 인천
成田 나리타
飛行機 비행기
釜山 부산
大阪 오사카
船 배

食べ物 음식
工事 공사

Dialogue

A : 金さん、日本旅行はどうでしたか。
に ほんりょこう

김 씨, 일본 여행은 어땠어요?

B : とても楽しかったです。食べ物もおいしかったですよ。
たの た もの

매우 즐거웠어요. 음식도 맛있었구요.

A : そうですか。日本での交通費はいくらかかりましたか。
に ほん こうつう ひ

그래요? 일본에서의 교통비는 얼마나 들었어요?

B : そうですね。1日に2000円ぐらいかかりました。
にち えん

글쎄요. 하루에 2000엔 정도 들었어요.

나도 해보기

A : 今回の工事は＿＿＿＿＿＿＿＿＿＿＿＿。
こんかい こう じ

B : 50万円ぐらいです。
まんえん

A : 이번 공사는 비용이 얼마나 들었습니까?
B : 50만 엔 정도입니다.

답

いくらかかりましたか

<ruby>今年<rt>ことし</rt></ruby><ruby>何歳<rt>なんさい</rt></ruby>ですか。/ おいくつですか。

올해 몇 살입니까? / 몇 살입니까?

▶▶▶ **<ruby>何歳<rt>なんさい</rt></ruby>ですか / おいくつですか** 몇 살입니까?

「いくつ」는 나이를 물을 때 사용하는 표현으로 앞에 「お」를 붙여 「おいくつですか」라는 형태로 공손하게 표현할 수 있습니다. 또한, 나이를 물을 때 「いくつ」 대신 「何歳(몇 살)」을 사용하여 「何歳ですか」로 표현하기도 합니다만, 「何歳ですか」는 「おいくつですか」에 비해 상당히 직접적인 표현이므로, 「おいくつですか」를 사용하는 편이 좋습니다.

 **기본 표현**

❶ <ruby>花<rt>はな</rt></ruby>ちゃん、<ruby>今<rt>いま</rt></ruby><ruby>何歳<rt>なんさい</rt></ruby>？
하나! 지금 몇 살?

❷ <ruby>今<rt>いま</rt></ruby><ruby>何歳<rt>なんさい</rt></ruby>ですか。
지금 몇 살입니까? (일본에서는 상당히 직접적인 표현이므로 그다지 사용하지 않습니다.)

❸ <ruby>失礼<rt>しつれい</rt></ruby>ですが、おいくつですか。
실례지만, 나이가 어떻게 되십니까?

❹ <ruby>田中<rt>たなか</rt></ruby>さんのお<ruby>子<rt>こ</rt></ruby>さんはおいくつですか。
다나카 씨의 자제분은 몇 살입니까?

❺ <ruby>李<rt>り</rt></ruby>さんのご<ruby>両親<rt>りょうしん</rt></ruby>はおいくつですか。
이 씨의 부모님은 연세가 어떻게 되십니까?

Tip

今年 올해
何歳 몇 살
失礼 실례
ご両親 부모

Dialogue

A : <ruby>失礼<rt>しつれい</rt></ruby>ですが、<ruby>娘<rt>むすめ</rt></ruby>さんは<ruby>今<rt>いま</rt></ruby>おいくつですか。
실례지만, 따님은 지금 몇 살이에요?

B : <ruby>今年<rt>ことし</rt></ruby>28です。
올해 28살이에요.

A : そうですか。ご<ruby>結婚<rt>けっこん</rt></ruby>は？
그래요? 결혼은?

B : まだです。いい<ruby>人<rt>ひと</rt></ruby>がいたら、ご<ruby>紹介<rt>しょうかい</rt></ruby>おねがいします。
아직이요. 좋은 사람이 있으면 소개해 주세요.

娘 딸
紹介 소개
はたち 스무 살

나도 해보기

A : <ruby>失礼<rt>しつれい</rt></ruby>ですが、＿＿＿＿＿＿＿＿＿。

B : はたちです。

A : 실례지만, 몇 살입니까?
B : 스무 살입니다.

답

おいくつですか

これは何^{なん}ですか。
이것은 무엇입니까?

▶▶▶ (これ / それ / あれ)は何ですか。　(이것 / 그것 / 저것)은 무엇입니까?

「これ/それ/あれ」는 사물을 지칭하는 대명사로 우리말의 '이것/그것/저것'으로 해석됩니다. 이러한 지시대명사는 말하는 사람과 듣는 사람, 지칭하는 사물의 위치에 따라 「こ/そ/あ」로 나누어 사용됩니다. 첫 번째, 말하는 사람과 듣는 사람의 위치가 떨어져 있을 경우. 「これ」는 말하는 사람에게 가까운 근칭의 사물을 지칭할 때, 「それ」는 듣는 사람에게 가까운 중칭의 사물을 지칭할 때, 「あれ」는 말하는 사람이나 듣는 사람 모두에게 멀리 떨어져 있는 원칭의 사물을 지칭할 때 사용됩니다. 두 번째, 말하는 사람과 듣는 사람이 동일한 위치에 있거나, 대화 상대가 없을 경우. 「これ」는 가까운 근칭의 사물을 지칭할 때, 「それ」는 가깝지도 멀지도 않은 중칭의 사물을 지칭할 때, 「あれ」는 멀리 있는 원칭의 사물을 지칭할 때 사용됩니다. 참고로 '어느 것'이라는 뜻을 가진 「どれ」는 지시대상이 분명하지 않은 사물을 말할 때 사용하는 부정칭의 표현입니다. 근칭, 중칭, 원칭, 부정칭에 따른 「こ/そ/あ/ど」의 쓰임은 다른 「これ/それ/あれ/どれ」뿐만 아니라 장소, 방향, 인물 등을 지칭하는 지시대명사에도 동일하게 적용됩니다.

기본 표현

❶ これは何^{なん}ですか。　　　이것은 무엇입니까?

❷ それは何^{なん}ですか。　　　그것은 무엇입니까?

❸ あれは何^{なん}ですか。　　　저것은 무엇입니까?

❹ 田中^{た なか}さんのかばんはどれですか。　다나카 씨의 가방은 어느 것입니까?

❺ これは英語^{えい ご}で何^{なん}ですか。　이것은 영어로 무엇입니까?

Tip

英語 영어

Dialogue

A : 田中^{た なか}さん、それは何^{なん}ですか。
다나카 씨, 그것은 무엇입니까?

B : これですか。これはさいふです。
이것 말입니까? 이것은 지갑입니다.

A : 大^{おお}きいですね。
크군요.

B : ええ。最近^{さいきん}の流行^{りゅうこう}ですよ。
네, 요즘 유행하는 것입니다.

さいふ 지갑
最近 최근
流行 유행

나도 해보기

A : ＿＿＿＿＿＿＿＿＿＿何^{なん}ですか。

B : 携帯電話^{けいたいでんわ}です。

　　A : 이것은 일본어로 무엇입니까?
　　B : 휴대전화입니다.

답

これは日本語^{に ほん ご}で

注文のコーヒーはどれですか。
주문한 커피는 어느 것입니까?

▶▶▶ **～はどれですか** ～은 어느 것입니까?

「どれ」는 '어느 것'이라는 의미로, 한정된 범위 안에 그 질문에 해당하는 대상(사물)이 있다는 사실을 알고 묻는 경우에 사용하는 의문사입니다.

 **기본 표현**

❶ 佐藤さんの車はどれですか。
사토 씨의 차는 어느 것입니까?

❷ 日本製のカメラはどれですか。
일본산 카메라는 어느 것입니까?

❸ このお店で一番安い商品はどれですか。
이 가게에서 가장 저렴한 상품은 어느 것입니까?

❹ 田中さんが欲しいかばんはどれですか。
다나카 씨가 원하는 가방은 어느 것입니까?

❺ 郵便局へ行くバスはどれですか。
우체국으로 가는 버스는 어느 것입니까?

Tip

注文 주문
カメラ 카메라
一番 가장, 제일
安い (값이) 싸다
商品 상품
欲しい 원하다
郵便局 우체국

Dialogue

A : すみません、そのかばんを見せてください。
실례합니다. 그 가방 좀 보여 주세요.

B : どれですか。
어느 것입니까?

A : その赤いかばんです。
그 빨간 가방이요.

B : これですね。どうぞ。
이거 말이죠. 여기 있습니다.

赤い 빨갛다
机 책상

나도 해보기

A : 机の上の携帯電話、とってください。

B : _____。

A : 책상 위에 휴대전화 좀 주세요.
B : 어느 것입니까?

답

どれですか

日本の小説の中でどれが読みたいですか。

일본 소설 중에서 어느 것을 읽고 싶습니까?

▶▶▶ **명사 のうち[中で]どれが〜たいですか** ~중(에서) 어느 것을 ~하고 싶습니까?

「どれが〜たいですか」라는 표현은 한정된 범위 안에서의 대상을 물을 때 사용하는 의문사 「どれ」에 '~하고 싶다'라는 의미의 희망을 나타내는 조동사 「たい」가 함께 쓰인 표현으로, 3가지 이상의 범위 안에서 희망하는 것을 물을 때 사용하는 표현입니다. 또한, 이 표현에서 조사의 사용에 주의하도록 합시다. 조사 「が」는 기본적으로 우리말의 '~이/가'로 해석하는 주격조사이지만, 희망의 조동사 「たい」와 함께 쓰일 경우에는 우리말의 '~을/를'로 해석됩니다.

기본 표현

❶ 夕食には、豚肉と牛肉と鶏肉のうちどれが食べたいですか。
저녁식사에는 돼지고기와 쇠고기와 닭고기 중 어느 것을 먹고 싶어요?

❷ 日本映画、韓国映画、アメリカ映画のうちどれが見たいですか。
일본영화, 한국영화, 미국영화 중 어느 것을 보고 싶습니까?

❸ 日本製、韓国製、アメリカ製の車のうちどれが買いたいですか。
일본산, 국산, 미국산 자동차 중에 어느 것을 사고 싶습니까?

❹ このドリンクメニューの中で、どれが飲みたいですか。
이 음료 메뉴 중에서 어느 것을 마시고 싶습니까?

❺ 雑誌、新聞、漫画の中で今どれが読みたいですか。
잡지, 신문, 만화 중에서 지금 어느 것을 읽고 싶습니까?

Dialogue

A : のどが渇きましたね。
목이 마르네요.

B : そうですね。すこし休みましょうか。
그렇네요. 잠시 쉴까요?

A : ええ。コーヒー、コーラ、お茶の中で、どれが飲みたいですか。
네. 커피, 콜라, 녹차 중에서 어느 것을 마시고 싶어요?

B : 私はお茶にします。
저는 녹차로 할게요.

나도 해보기

A : 冬休み、家族で東京ディズニーランドへ遊びに行きます。

B : いいですね。子供さんはアトラクションのうち＿＿＿＿＿
と言っていますか。

　A : 겨울방학 때, 가족과 함께 도쿄 디즈니랜드로 놀러갈 거예요.
　B : 좋겠네요. 아이들은 어트랙션 중에 어느 것을 타고 싶다고 해요?

Tip

小説 소설
読む 읽다
夕食 저녁식사
豚肉 돼지고기
牛肉 쇠고기
鶏肉 닭고기
映画 영화
アメリカ 미국
〜製 〜제, 〜산
ドリンク 드링크, 음료
メニュー 메뉴
飲む 마시다

のどが渇く 목이 마르다
休む 쉬다
コーヒー 커피
コーラ 콜라
お茶 차
冬休み 겨울방학
ディズニーランド 디즈니랜드
遊ぶ 놀다
〜に行く 〜하러 가다
アトラクション 어트랙션, 여흥
乗る 타다
言う 말하다

답
どれが乗りたい

패턴 038

どれぐらい遠いですか。
어느 정도 멉니까?

▶▶▶ **どれぐらい[どのぐらい] 〜ですか / かかりますか / かかりましたか**

어느 정도, 얼마나 〜입니까? / 걸립니까? / 걸렸습니까?

「どれぐらい」와「どのぐらい」는 대략적인 정도나 수량을 물을 때 사용하는 의문표현으로 '비용 및 시간 등이 소요되다'라는 의미의 동사「かかる」와 함께 '얼마나 〜걸립니까'로 해석되는「どれ/どのぐらい〜かかりますか」의 형태로 자주 사용되며, 「どれぐらい」와「どのぐらい」는 큰 구별 없이 사용할 수 있습니다.

기본 표현

❶ 結婚してどれぐらいですか。
결혼한 지 얼마나 됐습니까?

❷ ここに来るのにどれぐらい時間がかかりましたか。
여기에 오는 데 시간이 얼마나 걸렸습니까?

❸ ここから駅までどのぐらいかかりますか。
여기에서 역까지 얼마나 걸립니까?

❹ 家から実家までどのぐらいですか。
집에서 고향까지 어느 정도입니까?

❺ このホテルから海まで歩いてどのぐらいかかりますか。
이 호텔에서 바다까지 걸어서 어느 정도 걸립니까?

Dialogue

A : あそこのイタリアレストランは、週末とても混むと聞きました。
저기 이탈리아 레스토랑은 주말에 매우 붐빈다고 들었어요.

B : どれぐらい混みますか。
얼마나 붐벼요?

A : そうですね。ランチタイムは普通1時間ぐらい待ちますよ。
글쎄요. 런치타임은 보통 1시간 정도 기다려요.

B : そうですか。じゃ、予約してから行きます。
그래요? 그럼, 예약한 후에 갈게요.

나도 해보기

A : この絵、すばらしいですね。完成まで _____。

B : そうですね。1ヶ月ぐらいですかね。

A : 이 그림, 훌륭하네요. 완성하기까지 얼마나 걸렸어요?
B : 글쎄요. 한 달 정도일까요?

Tip

遠い 멀다
結婚 결혼
時間 시간
かかる 걸리다
〜から〜まで 〜부터 〜까지
駅 역
家 집
実家 고향, 친정
歩く 걷다

イタリア 이탈리아
レストラン 레스토랑
週末 주말
とても 매우
混む 붐비다
聞く 듣다
ランチタイム 런치타임
普通 보통
待つ 기다리다
予約 예약
〜てから 〜하고 나서
絵 그림
すばらしい 훌륭하다
〜ヶ月 〜개월

답

どれぐらい
かかりましたか

駅はどこですか。
역은 어디입니까?

▶▶▶ **〜はどこですか** 〜은 어디입니까?

「どこ」는 「ここ 여기/そこ 거기/あそこ 저기」라는 장소를 나타내는 지시대명사의 의문사로 우리말의 '어디'로 해석합니다. 의문사 앞에는 '〜은/는'이라는 의미의 조사 「は」를 사용하여 주제를 강조하고, 「〜はどこですか」의 형태로 쓰여 '〜은 어디입니까?'라는 장소를 묻는 표현을 나타냅니다.

기본 표현

❶ 郵便局はどこですか。
우체국은 어디입니까?

❷ 第一学校はどこですか。
제일학교는 어디입니까?

❸ 山田さんの家はどこですか。
야마다 씨의 집은 어디입니까?

❹ ここから一番近いバス停はどこですか。
여기에서 가장 가까운 버스정류장은 어디입니까?

❺ 田舎はどこですか。
고향은 어디입니까?

Dialogue

A : 李さん、実家はどこですか。
이 씨, 고향은 어디입니까?

B : ソウルです。田中さんは？
서울입니다. 다나카 씨는요?

A : 私は北海道の札幌です。
저는 홋카이도의 삿포로입니다.

B : 札幌ですか。一度行ってみたいですね。
삿포로입니까? 한번 가보고 싶네요.

나도 해보기

A : すみません、_____。

B : あ、すぐそこですよ。右側にあります。

　　A : 실례합니다. ○○은행은 어디입니까?
　　B : 아, 바로 저기입니다. 오른편에 있습니다.

どこで日本語を習いましたか。
어디에서 일본어를 배웠습니까?

▶▶▶ **どこで** 어디에서

「どこで」는 장소를 나타내는 의문사 「どこ」에 장소를 나타내는 조사 「で」가 붙어 '어디에서'라는 표현으로 쓰입니다. 이때 「で」는 단순히 존재의 유·무를 나타내는 조사가 아니라 그 장소에서 어떠한 행위나 현상이 일어난다는 의미를 내포하고 있으므로, 뒤에는 아래 기본 표현의 예문과 같이 '잃어버리다, 배우다, 예약하다, 운동하다, 점심을 먹다' 등 동작성이 있는 동사가 이어진다는 점에 주의하도록 합시다.

기본 표현

❶ **どこで**上着を忘れましたか。
어디에서 윗도리를 잃어버렸습니까?

❷ その本、**どこで**買いましたか。
그 책 어디서 샀습니까?

❸ **どこで**チケットを予約しましたか。
어디에서 티켓을 예약했습니까?

❹ 毎日**どこで**運動をしていますか。
매일 어디에서 운동을 하고 있습니까?

❺ 明日は**どこで**お昼ごはんを食べますか。
내일은 어디에서 점심을 먹습니까?

Tip

上着 윗도리
忘れる 잃어버리다
チケット 티켓
予約 예약
毎日 매일
運動 운동
明日 내일

Dialogue

A : 山田さん、土曜日いっしょに映画を見に行きませんか。
야마다 씨, 토요일에 함께 영화 보러 갈래요?

B : いいですね。**どこで**会いましょうか。
좋아요. 어디에서 만날까요?

A : 午後1時に第一駅の前、どうですか。
오후 1시에 제일역 앞, 어때요?

B : いいですよ。
좋아요.

午後 오후
かわいい 귀엽다
買う 사다

나도 해보기

A : あ、かわいいスカート。＿＿＿＿＿＿＿＿＿。

B : 昨日、デパートで買いました。

A : 아, 귀여운 스커트네요. 어디에서 샀습니까?

B : 어제, 백화점에서 샀습니다.

답

どこで買いましたか

めがね屋はどこがいいですか。
안경점은 어디가 괜찮습니까?

▶▶▶ **どこがいいですか** 어디가 좋습니까?, 어디가 괜찮습니까?

「どこ」라는 의문사를 이용한 의문문으로서, 의문사 뒤에 오는 조사 「が」에 주의하여야 하는 문장입니다. 「どこ+が」는 「의문사+が」의 형태로, '어디가'라는 의미를 나타내며 특정한 장소를 한정하여 표현하는 의문문입니다. 따라서, 이러한 형태의 의문문에서의 대답은 「はい、～」나 「いいえ、～」 형태로 대답할 수 없습니다. 또한, 「의문사+か」의 형태인 「どこか」와 혼동하지 않도록 주의합시다. 「どこか」는 '어딘가'라는 의미로 특정한 장소를 의미하는 「どこが」와는 달리, 불특정 장소를 나타내는 표현이고, 「의문사+か」의 형태가 쓰인 의문문에 대해 대답할 경우, 「はい、～」나 「いいえ、～」 형태로 대답할 수 있습니다.

기본 표현

① きっさてんはどこがいいですか。
찻집은 어디가 괜찮습니까?

② 待ち合わせはどこがいいですか。
약속 장소는 어디가 좋습니까?

③ 韓国料理はどこがいいですか。
한국요리는 어디가 괜찮습니까?

④ 写真館はどこがいいですか。
사진관은 어디가 괜찮습니까?

⑤ 新婚旅行はどこがいいですか。
신혼여행은 어디가 좋습니까?

Tip

めがね屋 안경점
きっさてん 찻집
待ち合わせ 약속 장소
料理 요리
写真館 사진관
新婚旅行 신혼여행

Dialogue

A : 明日のディナーはどこがいいですか。
내일 저녁식사는 어디가 좋을까요?

B : そうですね。お任せします。
글쎄요. 당신에게 맡길게요.

A : わかりました。おいしいお店を紹介しますよ。
알았어요. 맛있는 집으로 소개할게요.

B : 楽しみです。
기대할게요.

明日 내일
ディナー 디너, 저녁
任せる 맡기다
店 가게
紹介 소개
楽しむ 기대하다
田舎 시골, 교외
ドライブ 드라이브

나도 해보기

A : 次のデートは＿＿＿＿＿＿＿＿＿＿。

B : そうですね。田舎をドライブ、どうですか。

A : 다음 데이트는 어디가 좋을까요?
B : 글쎄요. 교외로 드라이브 어때요?

답
どこがいいですか

こちらは<ruby>妻<rt>つま</rt></ruby>です。

이쪽은 아내입니다.

▶▶▶ (こちら/そちら/あちら/どちら)は～です(か)　(이쪽/그쪽/저쪽/어느 쪽)은 ～입니다(까)

「こちら/そちら/あちら/どちら」는 우리말의 '이쪽/그쪽/저쪽/어느 쪽'이라는 의미로 기본적으로는 방향을 지칭하는 대명사의 쓰임을 갖고 있지만, 사람이나 장소를 지칭하는 정중한 표현으로도 쓰이고 있습니다. 「こちら/そちら/あちら/どちら」는 친근한 회화체로 표현할 경우, 「こっち/そっち/あっち/どっち」로 표현하기도 합니다.

기본 표현

❶ こちらは<ruby>担当者<rt>たんとうしゃ</rt></ruby>の<ruby>田中<rt>たなか</rt></ruby>です。
이분은 담당자인 다나카입니다.

❷ そちらは<ruby>担任<rt>たんにん</rt></ruby>の<ruby>先生<rt>せんせい</rt></ruby>ですか。
그분은 담임선생님입니까?

❸ あちらはどなたですか。
저분은 누구십니까?

❹ そちらは<ruby>寝室<rt>しんしつ</rt></ruby>です。
그쪽은 침실입니다.

❺ あちらは<ruby>本社<rt>ほんしゃ</rt></ruby>です。
저쪽은 본사입니다.

Dialogue

A : 朴さん、こちらは<ruby>海外営業部<rt>かいがいえいぎょうぶ</rt></ruby>の<ruby>鈴木<rt>すずき</rt></ruby>さんです。
박 씨, 이분은 해외영업부의 스즈키 씨입니다.

B : はじめまして。<ruby>鈴木<rt>すずき</rt></ruby>です。よろしくおねがいします。
처음 뵙겠습니다. 스즈키입니다. 잘 부탁드립니다.

A : 鈴木さん、こちらは朴さんです。
스즈키 씨, 이분은 박 씨입니다.

C : はじめまして。パクミヒャンです。<ruby>看護婦<rt>かんごふ</rt></ruby>です。
처음 뵙겠습니다. 박미향입니다. 간호사입니다.

나도 해보기

A : <ruby>会議室<rt>かいぎしつ</rt></ruby>は＿＿＿＿＿＿＿＿＿＿。

B : そちらです。

　　A : 회의실은 어느 쪽입니까?

　　B : 그쪽입니다.

この先生は日本人ですか。

이 선생님은 일본인입니까?

▶▶▶ (この/その/あの/どの)〜は〜ですか。 (이/그/저/어느)〜은 〜입니까?

「この/その/あの/どの」는 명사 앞에 쓰여 뒤에 오는 명사를 한정하는 표현으로 '이/그/저/어느＋명사'의 형태로 해석됩니다.
이때, 뒤에 오는 명사는 사람이든 사물이든 상관없이 쓰일 수 있습니다.

기본 표현

❶ この車はベンツですか。
이 자동차는 벤츠입니까?

❷ その会社の本社はアメリカですか。
그 회사의 본사는 미국에 있습니까?

❸ あの人は社長ですか。
저 사람은 사장님입니까?

❹ そのビルは新しいですか。
그 빌딩은 새 건물입니까?

❺ このケーキはおいしいですか。
이 케이크는 맛있습니까?

Tip

本社 본사
社長 사장
新しい 새롭다
おいしい 맛있다

Dialogue

A : (写真を見ながら)この人は妹さんですか。
(사진을 보면서) 이 사람은 여동생입니까?

B : いいえ、小学生の私です。
아니요, 초등학생 시절의 저예요.

A : とてもかわいいですね。
정말 귀엽네요.

B : ふふ。ありがとうございます。
흐흐. 고맙습니다.

写真 사진
妹 여동생
小学生 초등학생
かわいい 귀엽다
時計 시계
すてきだ 멋지다
もらう 받다

나도 해보기

A : ＿＿＿＿＿＿＿＿＿＿日本のですか。 すてきですね。

B : ありがとうございます。 そうです。 父にもらいました。

　　A : 그 시계는 일본제품입니까? 멋지네요.

　　B : 고맙습니다. 그렇습니다. 아버지께 받았습니다.

답

その時計は

패턴 0**44**

どの車がほしいですか。
어느 차를 갖고 싶습니까?

▶▶▶ **どの + 명사**　어느 명사

「どの」는 뒤에 오는 명사를 수식하여 '어느 명사'라는 의미를 나타내는 의문사입니다.

기본 표현

❶ どの駅で降りますか。
어느 역에서 내립니까?

❷ どの方が田中さんの上司ですか。
어느 분이 다나카 씨의 상사입니까?

❸ どの料理がお進めですか。
어느 요리를 추천합니까?

❹ 写真の中で、どのヘアスタイルがいいですか。
사진 속에서 어느 헤어스타일이 좋습니까?

❺ どのバス停が家から一番近いですか。
어느 버스정류장이 집에서 가장 가깝습니까?

Tip

駅 역
降りる 내리다
上司 상사
進める 추천하다
写真 사진
ヘアスタイル 헤어스타일
バス停 버스정류장
一番 가장, 제일
近い 가깝다

Dialogue

A : ねえねえ、あの黒いセーターの男の人、ハンサムよ。
있잖아. 저기 검은 스웨터 입은 남자, 잘생겼어.

B : え？ どの人？
어? 누구?

A : ほら、今 テーブルでコーヒーを飲んでる。
봐, 지금 테이블에서 커피를 마시고 있어.

B : あ、ほんと。すてき！
아, 정말. 멋있어!

黒い 검다
セータ 스웨터
男 남자
今 지금
テーブル 테이블
コーヒー 커피
飲む 마시다
冬休み 겨울방학

나도 해보기

A : 冬休み、海外旅行へ行きたいですね。
B : 私もです。＿＿＿＿＿＿＿＿＿＿行きたいですか。

　　A : 겨울방학, 해외여행을 가고 싶어요.
　　B : 저도요. 어느 나라에 가고 싶어요?

답

どの国へ

奥さんはどの方ですか。
부인은 어느 분입니까?

▶▶▶ どの方ですか / どなたですか 어느 분입니까?

「どの方」는「どの人」의 정중한 표현이고,「どなた」는「だれ(누구)」의 정중한 표현으로 둘 다 우리말의 '어느 분'에 해당되며, 대부분 치환하여 사용할 수 있습니다. 단,「どの方」는 여러 명 중에 특정인물이 누구인가를 물을 때 사용하고「どなた」는 막연한 의미의 누구인가를 뜻하거나 상대방에게 직접적으로 정체를 물을 경우에 사용하는 뉘앙스의 차이는 있습니다.

기본 표현

❶ **すみません。田中さんはどの方ですか。**
실례합니다. 다나카 씨는 어느 분입니까?

❷ **ご両親はどの方ですか。**
부모님은 어느 분입니까?

❸ **責任者はどの方ですか。**
책임자는 어느 분입니까?

❹ **失礼ですが、貴社の営業部担当はどなたですか。**
실례합니다만, 귀사의 영업부 담당은 어느 분입니까?

❺ **息子さんはどなたですか。**
아드님은 어느 분입니까?

Dialogue

A : **あら、金さん！**
어머, 김 씨!

B : **どなたですか。**
누구십니까?

A : **あ! すみません、人違いです。**
아! 죄송해요, 사람을 잘못 봤어요.

B : **はは、大丈夫ですよ。**
네, 괜찮습니다.

나도 해보기

A : **ご主人は_____。**
B : **あの白いシャツに青いネクタイをした人です。**

A : 남편은 어느 분입니까?
B : 저기 흰 셔츠에 파란색 넥타이를 한 사람이에요.

답
どの方ですか / どなたですか

これはどんな漫画ですか。

이것은 어떤 만화입니까?

▶▶▶ どんな～ですか 어떤 ～입니까?

「どんな」는 뒤에 오는 명사를 수식하여 '어떤 명사'라는 의미로, 그 명사 자체에 중점을 두어 명사의 외적인 특징이나, 성질, 특성 등을 묻는 의문사입니다.

기본 표현

❶ どんな映画が好きですか。
어떤 영화를 좋아합니까?

❷ 東京はどんなところですか。
도쿄는 어떤 곳입니까?

❸ ご主人はどんな人ですか。
남편은 어떤 사람입니까?

❹ どんなお茶が体にいいですか。
어떤 차가 몸에 좋습니까?

❺ アメリカ旅行では、どんな交通手段が便利ですか。
미국 여행에서는 어떤 교통수단이 편리합니까?

Tip

映画 영화
好きだ 좋아하다
主人 남편, 주인
お茶 차
体 몸
アメリカ 미국
旅行 여행
交通手段 교통수단
便利だ 편리하다

Dialogue

A : 鈴木さん、メキシコ料理、食べたことがありますか。
스즈키 씨, 멕시코 요리, 먹어 본 적이 있습니까?

B : いいえ、まだありません。どんな料理ですか。
아니요, 아직 없습니다. 어떤 요리입니까?

A : そうですね。タコとかトルティーヤなどです。おいしいですよ。
글쎄요. 타코라든가 또띠아 등입니다. 맛있어요.

B : ぜひ食べてみたいです。
꼭 먹어보고 싶네요.

メキシコ 멕시코
まだ 아직
タコ 타코
トルティーア 또띠아
ぜひ 꼭
～たい ～하고 싶다
ヨガ 요가

나도 해보기

A : 腰痛には_____。

B : そうですね。ヨガや水泳、散歩もいいですよ。

A : 요통에는 어떤 운동이 좋습니까?
B : 글쎄요. 요가와 수영, 산책도 좋습니다.

답 どんな運動がいいですか

明日の天気はどうですか。
あした　てんき

내일 날씨는 어떻습니까?

▶▶▶ **どうですか** 어떻습니까?

「どうですか」는 상대방에게 평가를 묻거나, 뭔가를 권유할 때 사용하는 표현이며, 보다 정중하게 말하고자 할 경우에는 「いかがですか」를 사용하여 표현합니다.

기본 표현

❶ 日本語の勉強はどうですか。
にほんご　べんきょう

일본어 공부는 어떻습니까?

❷ 大学生活はどうですか。
だいがくせいかつ

대학생활은 어떻습니까?

❸ 最近のヨーロッパの景気はどうですか。
さいきん　　　　　　　けいき

최근의 유럽 경기는 어떻습니까?

❹ ご両親のお体の調子はどうですか。
りょうしん　からだ　ちょうし

부모님 건강은 어떻습니까?

❺ 今夜一杯どうですか。
こんや いっぱい

오늘 저녁 한잔 어떻습니까?

Tip

天気 날씨
勉強 공부
大学生活 대학생활
最近 최근
ヨーロッパ 유럽
景気 경기
調子 상태, 컨디션
今夜 오늘 밤
一杯 한잔

Dialogue

A : 田中さん、お疲れさまです。
たなか　　　つか

다나카 씨, 수고했어요.

B : お疲れさま。李さん、今夜一杯どうですか。
つか　　　　　　こんや いっぱい

수고했어요. 이 씨, 오늘 저녁 한잔 어때요?

A : いいですよ。

좋아요.

B : よかった。じゃ、行きましょう。
い

잘 됐다. 그럼 갑시다.

お疲れさま 수고했어요
髪型 헤어스타일
似合う 어울리다

나도 해보기

A : この髪型、＿＿＿＿＿＿＿＿。
かみがた

B : よくお似合いですよ。
にあ

A : 이 헤어스타일, 어때요?

B : 잘 어울려요.

답 どうですか

面接はどうでしたか。

면접은 어땠습니까?

▶▶▶ **どうでしたか** 어땠습니까?

「どうでしたか」는 「どうですか」의 과거형으로 주로 현상이나 대상에 대한 상대방의 평가를 물을 때 사용하는 표현입니다.

기본 표현

❶ 旅行はどうでしたか。
여행은 어땠습니까?

❷ 昨日の天気はどうでしたか。
어제 날씨는 어땠습니까?

❸ 第一レストランの韓国料理はどうでしたか。
제일 레스토랑의 한국요리는 어땠습니까?

❹ おととい見た映画はどうでしたか。
그저께 본 영화는 어땠습니까?

❺ 先生から借りた本はどうでしたか。
선생님께 빌린 책은 어땠습니까?

Dialogue

A : 李さん、昨日のお見合いはどうでしたか。
이 씨, 어제 맞선은 어땠어요?

B : 楽しかったですよ。
즐거웠어요.

A : どんな人でしたか。
어떤 사람이었어요?

B : 話がおもしろくて、とても親切な人でした。
말재주가 좋고 매우 친절한 사람이었어요.

나도 해보기

A : この映画、＿＿＿＿＿＿＿＿＿＿。

B : まあまあでした。

A : 이 영화 어땠어요?

B : 그저 그랬어요.

研修はどうだった?
けんしゅう

연수는 어땠어?

▶▶▶ **どうだった?** 어땠어?

「どうだった」는「どうでしたか」의 낮춤말로 그 의미와 쓰임은 같으나, 동년배나 손아랫사람 등 친근한 관계에서 허물없이 사용하는 표현입니다. 이때, 의문문의 기본적인 표현인 의문조사「〜か」는 쓰이지 않고, 억양을 올려 발음함으로써 의문문으로 사용됩니다.

기본 표현

❶ 休暇中の天気はどうだった?
  きゅうかちゅう　てんき

  휴가기간 동안 날씨는 어땠어?

❷ お姉さんの具合はどうだった?
  ねえ　　　　ぐあい

  언니 컨디션은 어땠어?

❸ 昨日の面接はどうだった?
  きのう　めんせつ

  어제 면접은 어땠어?

❹ 健康診断の結果はどうだった?
  けんこうしんだん　けっか

  건강검진 결과는 어땠어?

❺ プレゼンテーションはどうだった?

  프레젠테이션은 어땠어?

Dialogue

A : 朴さん、山田さんの結婚式、どうだった?
　　　　　やまだ　　　けっこんしき

　박 씨, 야마다 씨의 결혼식은 어땠어?

B : よかったです。山田さん、とてもきれいでしたよ。

　좋았어요. 야마다 씨, 굉장히 예뻤어요.

A : 新郎はどうだった?
　　しんろう

　신랑은 어땠어?

B : 背が高くて、ハンサムな人でした。
　　せ　たか　　　　　　　　ひと

　키가 크고, 잘생긴 사람이었어요.

나도 해보기

A : 英語の試験は_____?
　　えいご　しけん

B : とても難しかった。
　　　　　むずか

　　A : 영어 시험은 어땠어?

　　B : 굉장히 어려웠어.

どうして早く来たんですか。

어째서 일찍 왔습니까?

▶▶▶ **どうして** 어째서, 왜

「どうして」는 우리말의 '어째서, 왜'라는 의미로 이유 및 원인을 묻는 표현입니다. 같은 표현으로는 「なぜ」가 있으나, 회화체 표현으로는 「どうして/なんで」가 좀 더 적절합니다.

기본 표현

❶ 昨日どうして休んだんですか。
어제는 왜 쉬었습니까?

❷ どうして連絡しなかったんですか。
어째서 연락하지 않았습니까?

❸ どうしてもっと勉強しないの？
어째서 좀 더 공부하지 않아?

❹ さっきからどうして黙っているの？
아까부터 왜 말이 없어?

❺ どうしてこんなにたくさん缶ジュースを買ってきたの？
왜 이렇게 많이 캔 주스를 사온 거야?

Tip

早く 일찍
休む 쉬다
連絡 연락
勉強 공부
黙る 침묵하다, 가만히 있다
缶ジュース 캔 주스
買う 사다

Dialogue

A : 田中さん、朝の会議にどうして来なかったんですか。
다나카 씨, 아침 회의에 왜 오지 않았어요?

B : すみません。朝寝坊してしまいました。
죄송합니다. 늦잠을 자버렸어요.

A : 連絡もありませんから、みんな心配していましたよ。
연락도 없어서 모두 걱정했어요.

B : 携帯電話を家に忘れてしまって…。ほんとうにすみませんでした。
휴대폰을 집에 두고 와서… 정말 죄송합니다.

朝 아침
会議 회의
朝寝坊 늦잠
心配だ 걱정이다
携帯電話 휴대전화
忘れる 잊다
冷蔵庫 냉장고
ケーキ 케이크
全部 전부

나도 해보기

A : 冷蔵庫のケーキ、全部ひとりで食べたの？ _____ ？

B : おなかがぺこぺこだったから…。

　　A : 냉장고 안의 케이크 전부 혼자 먹었어? 왜?
　　B : 배가 고파서….

답

どうして

何を飲みますか。

무엇을 마시겠습니까?

▶▶▶ 何を〜ますか / ましたか　무엇을 〜합니까? / 했습니까?

'무엇, 어느 것'이라는 의미를 나타내는 의문사 「何」는 뒤에 오는 말에 따라 「なに」와 「なん」이라는 두 가지 방법으로 읽는데, 「何」 뒤에 목적격 조사 「を(〜을/를)」가 올 경우, '무엇'이라는 의미로 쓰이며 「なに」로 읽습니다.

기본 표현

❶ 日曜日はたいてい何をしていますか。
일요일에는 보통 무엇을 합니까?

❷ 今夜のパーティーで何を着ますか。
오늘 밤 파티에서 무엇을 입습니까?

❸ お昼ごはんは何を食べましたか。
점심은 무엇을 먹었습니까?

❹ デパートで何を買いましたか。
백화점에서 무엇을 샀습니까?

❺ 週末、何をしましたか。
주말에 무엇을 했습니까?

Tip

何 무엇
日曜日 일요일
たいてい 대부분, 대강
今夜 오늘 밤
お昼ごはん 점심식사
デパート 백화점
週末 주말

Dialogue

A : いらっしゃいませ。ご注文は?
어서 오십시오. 주문하시겠습니까?

B : そうだなぁ。僕はコーヒー。君は何を飲む?
음〜. 나는 커피. 넌 뭐 마실래?

C : 私はレモンティー。
나는 레몬티.

B : コーヒーとレモンティーをおねがいするよ。
커피와 레몬티 주세요.

나도 해보기

A : このカレー、おいしい! _____。

B : 隠し味にチョコレートを少し入れました。

　A : 이 카레, 맛있어! 무엇을 넣었습니까?

　B : 조미료에 초콜릿을 조금 넣었습니다.

注文 주문
僕 나(남성어)
コーヒー 커피
君 자네, 너(남성어)
レモンティー 레몬티
カレー 카레
隠し味 조미료
チョコレート 초콜릿
少し 약간, 조금
入れる 넣다

답
何を入れましたか

ご注文は何にしますか。

주문은 무엇으로 하시겠습니까?

▶▶▶ **何にしますか** 무엇으로 하겠습니까?

조사 「に」 앞에 「何」이 올 경우, 「なに」와 「なん」 두 가지 발음 모두 사용할 수 있으나, 「なん」은 「なに」보다 차분한 느낌을 주는 표현입니다. 또한 '~로 하다'라는 의미의 「~にする」 문형을 활용한 「何にしますか。」라는 표현은 선택이나 결정의 의미를 나타냅니다.

기본 표현

❶ 次回の会議のテーマは何にしますか。
다음 회의의 테마는 무엇으로 할까요?

❷ 釜山から大阪までの交通手段は何にしますか。
부산에서 오사카까지의 교통수단은 무엇으로 할까요?

❸ 今日の晩ごはんは何にしますか。
오늘 저녁식사는 무엇으로 할까요?

❹ 奥さんへの誕生日プレゼントは何にしましたか。
부인의 생일선물은 무엇으로 했습니까?

❺ 赤ちゃんの名前は何にしましたか。
아기 이름은 무엇으로 했습니까?

Tip

次回 다음번
テーマ 테마
釜山 부산
大阪 오사카
交通手段 교통수단
晩ごはん 저녁식사
誕生日 생일
プレゼント 선물
赤ちゃん 아기
名前 이름

Dialogue

A : いらっしゃいませ。ご注文は？
어서 오십시오. 주문하시겠습니까?

B : ハムサンドイッチをひとつください。
햄샌드위치 하나 주세요.

A : はい。飲み物は何にしますか。
네, 음료는 무엇으로 하시겠습니까?

B : オレンジジュースにします。
오렌지주스로 할게요.

ハムサンドイッチ 햄샌드위치
ひとつ 하나
飲み物 음료
オレンジジュース 오렌지주스
とんカツ 돈가스

나도 해보기

A : 鈴木さん、今日のお昼ごはんは＿＿＿＿＿＿＿＿。

B : 私はとんカツにします。

A : 스즈키 씨, 오늘 점심은 무엇으로 할까요?

B : 저는 돈까스로 하겠습니다.

답

何にしますか

패턴 053

かばんの中に何がありますか。
가방 속에 무엇이 있습니까?

▶▶▶ **何が / 何か**　무엇이 / 뭔가(무엇인가)

「何」 뒤에 조사 「が」가 오느냐 「か」가 오느냐에 따라 그 의미가 달라집니다. 「何」 뒤에 조사 「が」가 올 경우, '무엇이'라는 의미로 그 대상 자체에 초점을 두며, 「何」 뒤에 조사 「か」가 올 경우, '뭔가, 무엇인가'라는 의미로 막연한 대상을 나타내고, 술어의 내용에 초점을 두는 표현이 됩니다. 예를 들면, 「かばんの中に何がありますか。 가방 속에 무엇이 있습니까?」라는 문장은 이미 가방 속에 무엇인가가 있다는 사실을 알고 있는 상태에서 가방 속에 있는 대상에 초점을 두고 그것이 무엇인가를 묻는 표현이고, 「かばんの中に何かありますか。 가방 속에 뭔가가 있습니까?」라는 문장은 술어에 초점을 두고 '있느냐, 없느냐'라는 존재의 유·무를 묻는 표현입니다.

기본 표현

❶ 今、この部屋に何がありますか。　　지금, 이 방에는 무엇이 있습니까?

❷ かばんの中に何がありますか。　　가방 속에 무엇이 있습니까?

❸ ここから何が見えますか。　　여기에서 무엇이 보입니까?

❹ 何かいい香りがしますね。　　뭔가 좋은 냄새가 납니다.

❺ 今何か言いましたか。　　지금 뭔가 말했습니까?

Tip

かばん 가방
中 속, 안
部屋 방
香り 냄새

Dialogue

A : 引っ越しの整理は終わりましたか。
이사 정리는 끝났습니까?

B : はい。だいたい終わりました。
네, 거의 끝났습니다.

A : 何か足りない物はありませんか。
뭔가 부족한 것은 없습니까?

B : クーラーと扇風機がありません。
에어컨과 선풍기가 없습니다.

整理 정리
終わる 끝나다
だいたい 거의
まだ 아직
クーラー 에어컨
扇風機 선풍기
箱 상자

나도 해보기

A : 箱の中に_____。

B : 何もありません。

A : 상자 속에 무엇인가 있습니까?
B : 아무것도 없습니다.

답
何かありますか

패턴 054

食べ物が何もありません。

음식이 아무것도 없습니다.

▶▶▶ **何もありません** 아무것도 없습니다

「何も」는 '아무것도'라는 뜻으로 「～ない/～ありません」과 호응하여, '아무것도 없습니다'라는 부정표현이 됩니다.

기본 표현

❶ 今、冷蔵庫の中には何もありません。
지금 냉장고 안에는 아무것도 없습니다.

❷ これ以上あなたに話すことは何もありません。
더 이상 당신에게 말할 것이 아무것도 없습니다.

❸ この料理の材料で、特に高価なものは何もありません。
이 요리의 재료에서 특별히 비싼 것은 아무것도 없습니다.

❹ この事件の証拠が何もありませんから、警察も困っています。
이 사건의 증거가 아무것도 없기 때문에 경찰도 애를 먹고 있습니다.

❺ 引っ越ししたばかりですから、今私の部屋には何もありません。
이사한 지 얼마 되지 않아서 지금 제 방에는 아무것도 없습니다.

Dialogue

A : 昨日、家に泥棒が入りました。
어제 집에 도둑이 들었습니다.

B : ええ？ 何かなくなりましたか。
네? 뭔가 없어졌습니까?

A : それが、なくなった物は何もありませんから不思議です。
그게, 없어진 물건은 아무것도 없어서 이상해요.

B : そうですか。気持ち悪いですね。十分気をつけてくださいね。
그렇습니까? 기분 나쁘네요. 충분히 조심하세요.

나도 해보기

A : 何か最後に言いたいことがありますか。

B : _____。

A : 마지막으로 뭔가 하고 싶은 말이 있습니까?

B : 아무것도 없습니다.

Tip

食べ物 음식
冷蔵庫 냉장고
以上 이상
話す 말하다
材料 재료
特に 특히, 특별히
高価 고가
事件 사건
証拠 증거
警察 경찰
困る 곤란하다
引っ越す 이사하다

泥棒が入る 도둑이 들다
不思議だ 이상하다, 희한하다
気持ち悪い 기분이 나쁘다
十分 충분히
気をつける 조심하다
最後 마지막

답

何もありません

ビールって何で作るのかわかる?

맥주는 뭘로 만드는지 아니?

▶▶▶ 何で / 何で　무엇으로

「何(なに)で/何(なん)で」는 '무엇으로'라는 의미로, 수단과 방법을 묻는 표현을 나타내며, 특히 「何(なん)で」는 부사로 쓰여 '어째서', '왜'라는 의미를 나타내기도 합니다.

기본 표현

❶ 毎朝会社へ何で行きますか。
매일 아침 회사에 무엇으로 갑니까?

❷ この家は何でできていますか。
이 집은 무엇으로 만들어져 있습니까?

❸ 彼女が何でぼくを避けるのかわからない。
그녀가 왜 나를 피하는지 모른다.

❹ 昨日は何で電話くれなかったのよ。
어제는 왜 전화 주지 않았던 거야.

❺ 何でそんなに怒ってるの?
왜 그렇게 화가 났어?

Dialogue

A : 李さん、今回の大阪出張は何で来ましたか。
이 씨, 이번 오사카 출장은 어떻게 왔습니까?

B : 釜山から飛行機で来ました。
부산에서 비행기로 왔습니다.

A : そうですか。旅行なら、船もいいですよ。船の中で一泊しますから、ゆっくりできますよ。
그렇습니까? 여행이라면 배도 좋아요. 배 안에서 1박하기 때문에 느긋하게 올 수 있어요.

B : そうですか。いいですね。
그래요? 괜찮네요.

出張 출장
飛行機 비행기
船 배
一泊 1박
ゆっくり 천천히, 느긋하게
箸 젓가락
スプーン 스푼

나도 해보기

A : 日本人は箸でごはんを食べます。韓国人は、_____。

B : 箸とスプーンで食べます。

　　A : 일본인은 젓가락으로 밥을 먹습니다. 한국인은 무엇으로 먹습니까?

　　B : 젓가락과 숟가락으로 먹습니다.

답

何で(ごはんを)食べますか

これは何のプレゼントですか。
이것은 무슨 선물입니까?

▶▶▶ 何の 무슨

「何の」는 '무슨'이라는 의미로, 어떤 대상의 목적이나 분야 등을 물을 때 사용하는 표현입니다.

기본 표현

❶ これは何の本ですか。 ― 映画の本です。
이것은 무슨 책입니까? – 영화 책입니다.

❷ ベンツは何の会社ですか。 ― 車の会社です。
벤츠는 무슨 회사입니까? – 자동차 회사입니다.

❸ これは、何の保険ですか。 ― 火事や地震の保険です。
이것은 무슨 보험입니까? – 화재와 지진 보험입니다.

❹ 何の音ですか。 ― ピアノの音です。
무슨 소리입니까? – 피아노 소리입니다.

❺ 何のために毎日働いていますか。 ― 家族のためです。
무엇을 위해서 매일 일하고 있습니까? – 가족을 위해서입니다.

Tip
プレゼント 선물
映画 영화
ベンツ 벤츠
保険 보험
火事 화재
地震 지진
音 소리
ピアノ 피아노
ために ~을 위해서,
　~때문에
働く 일하다

Dialogue

A : マイケルさん、このスープ、とてもおいしいです。
마이클 씨, 이 스프, 굉장히 맛있어요.

B : よかった。いっしょうけんめい作りました。
다행이네요. 열심히 만들었어요.

A : 何のスープですか。
무슨 스프예요?

B : これは、野菜とチキンのスープですよ。
이것은 채소와 치킨 스프예요.

나도 해보기

A : わぁ、すごいごちそうだね。＿＿＿＿＿＿＿＿？
B : 私たちの結婚記念日だよ。

　A : 와~. 진수성찬이네. 오늘 무슨 날?
　B : 우리 결혼기념일이야.

Dialogue Tip
スープ 스프
野菜 야채
チキン 치킨
すごい 대단하다, (정도
　가) 심하다
ごちそう 진수성찬
結婚記念日 결혼기념일

답
今日は何の日

何という果物ですか。
무엇이라고 하는 과일입니까?

▶▶▶ **何という+명사**　무엇이라고 하는, 무슨

「何という」는 「何」에 '~라고 말하다'라는 의미의 「~という」가 접속되어 '무엇이라고 하는'의 뜻으로 어떠한 대상의 명칭을 물을 때 사용하는 표현입니다.

🐱 기본 표현

❶ これは何という料理ですか。
이것은 무슨 요리입니까?

❷ 取引先の担当者は何というお名前ですか。
거래처 담당자는 이름이 무엇입니까?

❸ 韓国の国技は何というスポーツですか。
한국의 국기는 무슨 스포츠입니까?

❹ 漫画の中で、何という漫画が有名ですか。
만화 중에서 무슨 만화가 유명합니까?

❺ 何という化粧品メーカーを愛用していますか。
무슨 화장품 메이커를 애용하고 있습니까?

Tip

果物 과일
取引先 거래처
担当者 담당자
お名前 이름, 성함
国技 국기
スポーツ 스포츠
漫画 만화
有名だ 유명하다
化粧品 화장품
メーカー 메이커
愛用 애용

Dialogue

A : 李さん、すし、好きですか。
이 씨, 초밥 좋아해요?

B : はい、とても好きです。
네, 매우 좋아해요.

A : 近くにおいしいお店があるんですよ。
근처에 맛있는 가게가 있어요.

B : 何というお店ですか。私もこの近くでおいしいすし屋を知っています。
무슨 가게입니까? 저도 이 근처에 맛있는 초밥집을 알고 있어요.

すし 초밥
近く 근처
お店 가게
大きい 크다
地震 지진
地域 지역
東北 동북
北の方 북쪽

나도 해보기 🐱

A : 日本で大きな地震がありました。＿＿＿＿＿＿地域ですか。

B : 東北です。日本の北の方ですよ。

　　A : 일본에서 큰 지진이 있었습니다. 무슨 지역입니까?

　　B : 도호쿠입니다. 일본의 북쪽입니다.

답

何という

東京は今何時ですか。
도쿄는 지금 몇 시입니까?

▶▶▶ 何時ですか 몇 시입니까?

何時に～ますか / ましたか 몇 시에 ～합니까? / 했습니까?

「何」 뒤에 시간이나 수량을 묻는 조수사가 올 경우, 「なん」으로 발음하고, 의미는 '몇'이 됩니다. 시간을 묻는 표현은 「何時ですか。 몇 시입니까?」로 나타내며 동사를 활용하여, 동작을 행하거나 행하였던 시간을 물을 때는 「何時に～ますか/ましたか。 몇 시에 ～합니까?/했습니까?」로 표현합니다.

기본 표현

❶ ソウルは今何時ですか。
서울은 지금 몇 시입니까?

❷ 今日の約束は何時ですか。
오늘 약속은 몇 시입니까?

❸ 田中さんは何時に戻りますか。
다나카 씨는 몇 시에 돌아옵니까?

❹ 毎朝何時に朝ごはんを食べますか。
매일 아침 몇 시에 아침밥을 먹습니까?

❺ 今朝は何時に起きましたか。
오늘 아침은 몇 시에 일어났습니까?

Dialogue

A : あ、すみません。
저기, 실례합니다.

B : はい、何ですか。
네, 무슨 일입니까?

A : 今何時ですか。
지금 몇 시예요?

B : えーと、10時半です。
음, 10시 반이에요.

나도 해보기

A : 目が赤いですよ。昨日＿＿＿＿＿＿＿＿＿。

B : 実は寝ていません。徹夜で残業しました。

　　A : 눈이 빨갛네요. 어제 몇 시에 잤습니까?
　　B : 사실은 안 잤어요. 밤새 잔업을 했습니다.

電話番号は何番ですか。
전화번호는 몇 번입니까?

▶▶▶ **何番ですか** 몇 번입니까?

「何番」은 우리말의 '몇 번'이라는 뜻으로, 번호를 물을 때 사용하는 표현입니다. 단, 횟수를 물을 경우에는 「何番」이 아닌, '몇 회'라는 의미인 「何回」를 사용하여 표현합니다. 그러나 「何回」를 우리말로 해석할 경우, '몇 회'보다 '몇 번'이 더 자연스러운 표현이 되기 때문에 「何番」과 「何回」를 혼동하여 사용하는 경우가 많으니 주의하세요.

기본 표현

❶ **新幹線の座席は何番ですか。**
신칸센 좌석은 몇 번입니까?

❷ **出席番号は何番ですか。**
출석번호는 몇 번입니까?

❸ **保険証番号は何番ですか。**
보험증번호는 몇 번입니까?

❹ **受付番号は何番ですか。**
접수번호는 몇 번입니까?

❺ **ロッカー番号は何番ですか。**
락커번호는 몇 번입니까?

Tip

電話番号 전화번호
新幹線 신칸센
座席 좌석
出席番号 출석번호
保険証番号 보험증번호
受付番号 접수번호
ロッカー番号 락커번호

Dialogue

A : 田中さん、取引先の担当者の電話番号、わかりますか。
다나카 씨, 거래처의 담당자 전화번호 알아요?

B : ちょっと待ってくださいね。ええと…、ありました。
잠시만요. 음…, 있어요.

A : **何番ですか。**
몇 번이에요?

B : 03－1234－5678です。
03–1234–5678이에요.

ツアー 투어
予約 예약

나도 해보기

A : ツアーの予約受付番号は_____。

B : AB9876です。

A : 투어예약접수 번호는 몇 번입니까?
B : AB9876입니다.

답

何番ですか

今日は何月何日ですか。
<ruby>今日<rt>きょう</rt></ruby>は<ruby>何月何日<rt>なんがつなんにち</rt></ruby>ですか。

오늘은 몇 월 며칠입니까?

▶▶▶ **何月何日ですか** 몇 월 며칠입니까?

「何月」와「何日」는 날짜를 물을 때 사용하는 표현으로, 우리말의 '몇 월'과 '며칠'로 해석됩니다.

 **기본 표현**

❶ <ruby>誕生日<rt>たんじょうび</rt></ruby>は<ruby>何月何日<rt>なんがつなんにち</rt></ruby>ですか。
생일은 몇 월 며칠입니까?

❷ この<ruby>雑誌<rt>ざっし</rt></ruby>の<ruby>発売日<rt>はつばいび</rt></ruby>は<ruby>何月何日<rt>なんがつなんにち</rt></ruby>ですか。
이 잡지의 발매일은 몇 월 며칠입니까?

❸ <ruby>今年<rt>ことし</rt></ruby>の<ruby>秋夕<rt>チュソク</rt></ruby>は<ruby>何月何日<rt>なんがつなんにち</rt></ruby>ですか。
올해 추석은 몇 월 며칠입니까?

❹ <ruby>今回<rt>こんかい</rt></ruby>の<ruby>出張<rt>しゅっちょう</rt></ruby>は<ruby>何月何日<rt>なんがつなんにち</rt></ruby>からですか。
이번 출장은 몇 월 며칠부터입니까?

❺ <ruby>夏休<rt>なつやす</rt></ruby>みは<ruby>何月何日<rt>なんがつなんにち</rt></ruby>から<ruby>何月何日<rt>なんがつなんにち</rt></ruby>までですか。
여름방학은 몇 월 며칠부터 몇 월 며칠까지입니까?

Tip

雑誌 잡지
発売日 발매일
今年 올해
秋夕 추석
今回 이번
出張 출장
夏休み 여름휴가, 여름방학

Dialogue

A : もうすぐ<ruby>結婚<rt>けっこん</rt></ruby>して<ruby>1年<rt>ねん</rt></ruby>です。
이제 곧 결혼 1주년이에요.

B : そうですか。<ruby>結婚記念日<rt>けっこんきねんび</rt></ruby>は<ruby>何月何日<rt>なんがつなんにち</rt></ruby>ですか。
그래요? 결혼기념일은 몇 월 며칠입니까?

A : <ruby>11月11日<rt>がつにち</rt></ruby>です。
11월 11일이에요

B : ペペロデーですね。
빼빼로데이네요.

ペペロデー 빼빼로데이
入学式 입학식

나도 해보기

A : お<ruby>子<rt>こ</rt></ruby>さんの<ruby>入学式<rt>にゅうがくしき</rt></ruby>は＿＿＿＿＿＿＿＿＿＿＿。
B : <ruby>4月7日<rt>しがつなのか</rt></ruby>です。

A : 아드님의 입학식은 몇 월 며칠입니까?
B : 4월 7일입니다.

답
<ruby>何月何日<rt>なんがつなんにち</rt></ruby>ですか

알아두면 유용한 일본의 화폐

えん
円

- ■ 화폐단위 – '円'으로 'えん'이라고 읽습니다.
- ■ 동전 – 일본의 동전은 6가지로 500円, 100円, 50円, 10円, 5円, 1円으로 구성되어 있습니다.

- ■ 지폐 – 일본의 지폐 역시 우리나라의 지폐와 마찬가지로 역사적인 인물들이 그려져 있습니다.

1000円
일본의 슈바이처로 추앙받는 세균학자 '노구치 히데요'

2000円
세계문화 유산인 오키나와 수리성의 'しゅれいもん' (새천년을 기념하여 발행. 실제로 잘 쓰이지 않음)

5000円
일본 근대소설의 개척자 '히구치 이치요'

10,000円
일본의 계몽가이자 교육자 '후쿠자와 유키치'

chapter 03

형용사 패턴

패턴 061

今日は暑い。
오늘은 덥다.

▶▶▶ 기본형(〜い) / 기본형(〜い) + です ~하다 / ~합니다

일본어의 い형용사는 사물과 사람의 상태 및 성질, 이들에 대한 인상이나 가치판단, 사람이 갖는 감각 등을 나타내는 품사입니다. い형용사의 기본형은 「暑い 덥다」와 같이 어미가 반드시 「い」로 끝나고 기본형 자체가 술어로 쓰이며 기본형에 「です」를 붙이면 정중한 표현이 됩니다. 또한, い형용사의 활용표현은 「暑」와 같은 어간 부분의 변화는 전혀 없고 기본형의 어미 「い」의 모양을 바꾸어 표현합니다.

기본 표현

❶ このかばんは大きい。
이 가방은 크다.

❷ 木村さんの時計は高い。
기무라 씨의 시계는 비싸다.

❸ 会議室は明るい。
회의실은 밝다.

❹ この部屋は寒いです。
이 방은 춥습니다.

❺ 日本語の勉強は難しいです。
일본어 공부는 어렵습니다.

Tip

大きい 크다
時計 시계
高い 높다, 크다
会議室 회의실
明るい 밝다
部屋 방
寒い 춥다
難しい 어렵다

Dialogue

A : 金さん、出張の準備ですか。
김 씨, 출장 준비합니까?

B : はい、そうです。今週はとても忙しいです。
네, 그래요. 이번 주는 매우 바쁘네요.

A : そうですか。大変ですね。
그래요? 힘들겠네요.

B : ええ。でも、仕事は楽しいです。
네. 하지만, 일은 즐거워요.

出張 출장
準備 준비
今週 이번 주
忙しい 바쁘다
大変だ 힘들다
仕事 일
楽しい 즐겁다
すこし 약간, 조금
痛い 아프다

나도 해보기

A : 体の調子はどうですか。

B : すこし頭が＿＿＿＿＿＿＿。

　　A : 컨디션은 어때요?
　　B : 약간 머리가 아파요.

답

痛いです

おいしいパン
맛있는 빵

▶▶▶ **기본형(〜い) + 명사** 〜한 명사

い형용사 연체형이란, 기본형에 명사가 접속한 형태로, 앞에 오는 い형용사가 뒤에 오는 명사를 꾸며주어 '〜한 명사'라고 표현하는 형태를 말하며 다른 말로 '명사수식형'이라고도 합니다.

기본 표현

❶ 熱いお茶
뜨거운 차

❷ かわいい犬
귀여운 개

❸ いい先生
좋은 선생님

❹ 少ない給料
적은 월급

❺ 甘いケーキ
단 케이크

 Tip

おいしい 맛있다
熱い 뜨겁다
かわいい 귀엽다
少ない 적다
給料 급료
甘い 달다

Dialogue

A : 今日も暑いですね。
오늘도 덥네요.

B : ええ。
네.

A : 冷たいビール、一杯どうですか。
시원한 맥주 한잔 어때요?

B : いいですね。
좋아요.

暑い 덥다
冷たい 차갑다
一杯 한잔, 가득

나도 해보기

A : すみません。その_____をください。

B : これですね。どうぞ。

A : 실례합니다. 그 빨간 가방을 주세요.
B : 이것 말이죠. 여기 있어요.

답
赤いかばん

패턴 063

この部屋はあまり明るくない。

이 방은 그다지 밝지 않다.

▶▶▶ **(あまり)〜어간 ＋くない / くないです ＝ ありません** (그다지) 〜지 않다 / 않습니다

い형용사의 부정형은 기본형의 어미 「い」를 「く」로 바꾼 후 「ない」를 붙여 '〜지 않다'라는 의미로 표현합니다. 이때, 「ないです」나 「ありません」을 붙이면 '〜지 않습니다'라는 정중한 표현이 됩니다. 위의 패턴에서 사용된 「あまり」는 우리말의 '그다지, 별로, 너무'라는 의미로, 부정문과 호응하여 '그다지〜지 않다'라는 표현으로 쓰입니다.

기본 표현

❶ 今日はあまり暑くない。
오늘은 그다지 덥지 않다.

❷ この時計はあまり高くない。
이 시계는 그다지 비싸지 않다.

❸ この部屋はあまり寒くないです。
이 방은 그다지 춥지 않습니다.

❹ このかばんはあまりかわいくないです。
이 가방은 그다지 귀엽지 않습니다.

❺ この商品は品質があまりよくありません。
이 상품은 품질이 그다지 좋지 않습니다.

Dialogue

A : 最近、体の調子はどうですか。
요즘 컨디션은 어때요?

B : うーん、あまりよくないですね。体がだるいです。
음, 별로 좋지 않아요. 몸이 나른해요.

A : そうですか。しばらく会社を休んだほうがいいかもしれませんね。
그래요? 잠시 회사를 쉬는 게 나을지도 몰라요.

B : ええ、今日上司に話します。
네, 오늘 상사에게 말할 거예요.

나도 해보기

A : この映画、あまり＿＿＿＿＿＿＿＿＿。

B : うん、DVDで借りてきて損したね。

A : 이 영화 그다지 재미없네.
B : 응. DVD로 빌려왔는데 손해 봤어.

Tip

明るい 밝다
高い 비싸다, 높다
寒い 춥다
商品 상품
品質 품질

体 몸
調子 상태, 컨디션
だるい 나른하다
しばらく 잠시
休む 쉬다
〜동사과거형た(だ) ＋ほうがいい 〜하는 편이 좋다
〜かもしれません 〜일지도 모른다
上司 상사
話す 말하다
おもしろい 재미있다
借りる 빌리다
損する 손해를 보다

답

おもしろくないね

82 일본어회화 패턴으로 정복하기

うちの犬は白**くて**大きいです。

우리 집 개는 하얗고 큽니다.

▶▶▶ **어간＋く(て)** ~하고, ~해서

い형용사 중지법이란 '~하고'라는 의미의 두 개 이상의 문장을 연결하거나, '~해서'라는 의미의 원인이나 이유를 나타낼 때 쓰이는 표현으로, 기본형의 어미 「い」를 「く」로 바꾸고 쉼표를 찍거나, 「く」로 바꾸고 「て」를 붙여 표현합니다. 다시 말해, 「い형용사 어간＋く」 또는 「い형용사 어간＋くて」의 형태로 표현합니다.

기본 표현

❶ 会社の寮は駅から近**くて**便利です。
회사의 기숙사는 역에서 가까워서 편리합니다.

❷ あのレストランの料理はおいし**くて**、量も多いです。
저 레스토랑의 요리는 맛있고 양도 많습니다.

❸ この靴は軽**くて**歩きやすいです。
이 구두는 가벼워서 걷기 편합니다.

❹ 私の上司はやさし**くて**、仕事もよくできます。
우리 상사는 상냥하고 일도 잘합니다.

❺ 私の部屋は日当たりがよ**くて**広いです。
내 방은 햇볕이 잘 들고 넓습니다.

Tip

白い 하얗다
寮 기숙사
近い 가깝다
便利だ 편리하다
料理 요리
量 양
多い 많다
靴 구두
軽い 가볍다
歩く 걷다
동사ます형+やすい
　~하기 쉽다
やさしい 상냥하다
日当たり 볕이 듦
広い 넓다

Dialogue

A : 最近、家を建てました。
최근, 집을 지었어요.

B : そうですか、おめでとうございます。新しい家はどうですか。
그래요? 축하해요. 새집은 어때요?

A : 明る**くて**、前の家より庭が広いです。
밝고, 지난 번 집보다 정원이 넓어요.

B : いいですね。うらやましいです。
좋네요. 부러워요.

建てる 세우다
新しい 새롭다
~より ~보다
庭 정원
うらやましい 부럽다

나도 해보기

A : あのケーキ屋さんはどうですか。

B : ＿＿＿＿＿＿＿＿＿＿＿＿＿＿＿＿。

　　A : 저 케이크 가게는 어때요?
　　B : 싸고 맛있어요.

답

安くておいしいです

先週は忙しかった。
지난 주는 바빴다.

▶▶▶ **어간 + かった / かったです** ～했다 / 했습니다

い형용사의 과거형은 기본형의 어미 「い」를 「かった」로 바꾸어 '～이었다'로 표현하고 「かった」에 「です」를 붙이면 정중한 표현이 됩니다. 단, い형용사의 과거형에는 「でした」를 사용할 수 없으므로 주의하세요.(忙しかったです →○ / 忙しいでした→×)

기본 표현

❶ 日曜日のデートは楽しかった。
일요일에 한 데이트는 즐거웠다.

❷ 彼女は髪が長かった。
그녀는 머리가 길었다.

❸ 友だちの家は私の家から遠かった。
친구 집은 우리 집에서 멀었다.

❹ 昨日は一日中眠かったです。
어제는 하루 종일 졸렸습니다.

❺ 今月の営業成績はよかったです。
이번 달의 영업성적은 좋았습니다.

Tip

先週 지난 주
忙しい 바쁘다
楽しい 즐겁다
髪 머리(털)
長い 길다
遠い 멀다
一日中 하루 종일
眠い 자다
今月 이번 달
営業成績 영업성적

Dialogue

A : 田中さん、冬の温泉旅行はどうでしたか。
다나카 씨, 겨울의 온천여행은 어땠어요?

B : 温泉、とても気持ちよかったです。ホテルもきれいで、食事も
おいしかったですよ。
온천, 매우 기분 좋았어요. 호텔도 깨끗하고, 식사도 맛있었어요.

A : それはよかったですね。
그거 다행이네요.

B : ええ、またぜひ行きたいです。
네, 꼭 다시 가고 싶어요.

冬 겨울
温泉 온천
旅行 여행
気持ち 기분
食事 식사
ぜひ 꼭, 반드시
行きたい 가고 싶다
難しい 어렵다

나도 해보기

A : テストはどうだった？

B : とても_____。

A : 시험은 어땠어?
B : 정말 어려웠어.

답

難しかった

パーティーの食事はあまりおいしくなかった。

파티의 식사는 그다지 맛있지 않았다.

▶▶▶ (あまり)〜어간 +くなかった (그다지) 〜지 않았다

(あまり)〜어간 +くなかったです/ありませんでした (그다지) 〜지 않았습니다

い형용사의 과거부정은 먼저 い형용사를 부정형으로 바꾼 후, 그것을 다시 과거형으로 바꾸어 표현할 수 있습니다. 다시 말해, 기본형의 어미「い」를「く」로 바꾼 후「ない」를 붙여「い형용사 어간+くない」라는 부정형의 형태 만든 후, 다시「ない」의 어미 「い」를 과거형인「かった」로 바꾸어 붙여주어「い형용사 어간+くなかった」로 표현합니다. い형용사의 과거부정문을 정중하게 표현할 경우에는「い형용사 어간+くなかったです」또는「い형용사 어간+くありませんでした」의 형태를 사용합니다.

기본 표현

❶ このコートはあまり高くなかった。

이 코트는 그다지 비싸지 않았다.

❷ 期末テストはあまり難しくなかった。

기말 시험은 그다지 어렵지 않았다.

❸ あの映画はあまりおもしろくなかったです。

이 영화는 별로 재미없었습니다.

❹ インターンの仕事はあまり忙しくなかったです。

인턴 일은 그다지 바쁘지 않았습니다.

❺ 昨日は天気があまりよくありませんでした。

어제는 날씨가 별로 좋지 않았습니다.

Tip

食事 식사
期末 기말
テスト 시험
難しい 어렵다
映画 영화
インターン 인턴, 수련
　　의
忙しい 바쁘다
天気 날씨

Dialogue

A : 李さん、昨日のお見合いはどうでしたか。

이 씨, 어제 한 소개팅은 어땠어요?

B : 楽しかったですよ。相手の人は、背はあまり高くなかったですが、

いい人でしたよ。

즐거웠어요. 상대방은 키는 별로 크지 않았지만, 좋은 사람이었어요.

A : そうですか。これからどうしますか。

그래요? 앞으로 어떻게 할 거예요?

B : しばらく会ってみようと思います。

잠시 만나볼 생각이에요.

お見合い 맞선
楽しい 즐겁다
相手 상대
背 키, 등
しばらく 잠시
辛い 맵다

나도 해보기

A : 韓国料理はどうでしたか。

B : おいしかったですよ。_____。

A : 한국요리는 어땠어요?

B : 맛있었어요. 별로 맵지 않았어요.

답

あまり辛くなかったです

패턴

067

いい時計を安く買いました。
좋은 시계를 싸게 샀습니다.

▶▶▶ **어간 + く + 동사** ~하게 ~하다

い형용사의 부사적 용법이란, い형용사 기본형의 어미「い」를「く」로 바꾸어 뒤에 이어지는 동사를 수식하여 '~하게 ~하다'라는 의미를 나타내는 표현을 말합니다.

기본 표현

❶ 子供に英語を易しく教える。
어린이에게 영어를 쉽게 가르치다.

❷ マナーがない大人を恥ずかしく思う。
매너가 없는 성인을 부끄럽게 생각한다.

❸ 大学生活を楽しく過ごしたいです。
대학생활을 즐겁게 보내고 싶습니다.

❹ お土産の海苔をおいしくいただきました。
선물로 받은 김을 맛있게 먹었습니다.

❺ 店員が親切で、気持ち良く買い物できました。
점원이 친절해서 기분 좋게 쇼핑을 했습니다.

Dialogue

A : 朴さん、最近どうですか。
박 씨, 요즘 어떻게 지내요?

B : 毎日忙しくしています。仕事と家事の両立は本当に大変ですね。
主人も分担してくれますけど…。
매일 바쁘게 지내요. 일과 가사 동시에 하는 것은 정말 힘드네요. 남편도 분담해 주지만….

A : そうですよね。こちらも同じです。
그래요. 저도 마찬가지예요.

B : おたがい、がんばりましょうね。
서로 힘냅시다.

나도 해보기

A : 体の具合いはどうですか。
B : おかげさまでずいぶん_____。

A : 컨디션은 어때요?
B : 덕분에 많이 좋아졌어요.

Tip

買う 사다
英語 영어
易しい 쉽다
教える 가르치다
マナー 매너
大人 어른
恥ずかしい 부끄럽다
思う 생각하다
大学生活 대학생활
過ごす 보내다
お土産 선물
海苔 김
店員 점원
親切だ 친절하다
買い物 쇼핑

毎日 매일
仕事 일
家事 가사
両立 양립
大変だ 힘들다
主人 주인
分担 분담
同じ 똑같음
おたがい 서로
体の具合い 몸 상태

답

よくなりました

明日は天気がいいだろう。

내일은 날씨가 좋을 것이다.

▶▶▶ (たぶん)〜기본형 + だろう / でしょう (아마) 〜할 것이다 / 것입니다

い형용사는 두 가지 방법으로 추측표현을 나타낼 수 있습니다. 한 가지는 위의 패턴과 같이 い형용사의 기본형에 「だろう」나 「でしょう」를 붙여, '〜할 것이다/〜할 것입니다'라는 의미로 주로 회화체에서 사용하는 표현입니다. 또 한 가지는 い형용사의 어간에 「かろう」를 붙여 표현하는 방법으로, 의미는 동일하나 다소 딱딱한 표현으로 문어체로 많이 사용하는 표현입니다.

기본 표현

❶ 彼女の手料理はおいしいだろう。
그녀가 손수 만든 요리는 맛있을 것이다.

❷ あの子にこのサイズは小さいだろう。
저 아이에게 이 사이즈는 작을 것이다.

❸ 外国に単身赴任は寂しいだろう。
외국에 홀로 부임받아 가는 것은 외로울 것이다.

❹ 明日は昨日より暖かいでしょう。
내일은 어제보다 따뜻할 것입니다.

❺ この辺は居酒屋が多いから、夜はうるさいでしょう。
이 근처는 술집이 많아서 밤에는 시끄러울 것입니다.

Tip

手料理 손수, 또는 집에
　　　서 만든 요리
小さい 작다
外国 외국
単身赴任 단신 부임
寂しい 쓸쓸하다
暖かい 따뜻하다
辺 부근
居酒屋 선술집
夜 밤
うるさい 시끄럽다

Dialogue

A : 鈴木さん、結婚式はいつですか。
스즈키 씨, 결혼식은 언제예요?

B : 来月です。
다음 달이에요.

A : 楽しみですね。
기대되겠네요.

B : そうですね。彼女となら、結婚生活も楽しいでしょうね。
그래요. 그녀와 함께라면, 결혼생활도 즐거울 거예요.

結婚式 결혼식
来月 다음 달
楽しみ 즐거움
北海道 홋카이도

나도 해보기

A : 冬の北海道は＿＿＿＿＿＿＿＿＿＿＿ね。

B : そうですね。

　　A : 겨울의 홋카이도는 춥겠지요. / 추울 것이다.
　　B : 그렇습니다.

답

寒いでしょう / 寒いだろう

部屋が暗ければ、電気をつけましょう。

방이 어두우면 전기를 켭시다.

▶▶▶ 어간 + ければ ~한다면

> い형용사의 가정형은 기본형의 어미 「い」를 「けれ」로 바꾼 후, 가정의 뜻을 나타내는 「ば」를 붙여 '~하면'이라는 뜻을 나타내는 표현입니다. い형용사의 가정형은 な형용사의 가정형과 달리 「ば」를 생략하여 사용할 수 없습니다.

기본 표현

❶ 忙しければ、手伝います。
바쁘면 도와드리겠습니다.

❷ サイズが大きければ、交換しますよ。
사이즈가 크면 교환하겠습니다.

❸ 1万円より高ければ、買いません。
1만 엔보다 비싸면 사지 않겠습니다.

❹ 寒ければ、ヒーターをつけてください。
추우면 히터를 켜세요.

❺ 都合が良ければ日曜日に会いましょう。
사정이 괜찮으면 일요일에 만납시다.

Tip

暗い 어둡다
電気 전기
忙しい 바쁘다
手伝う 도와주다
サイズ 사이즈
交換 교환
高い 비싸다, 높다
寒い 춥다
ヒーターをつける 히터를 켜다
都合が良い 사정이 좋다

Dialogue

A : 鈴木さん、どんな人と結婚したいですか。
스즈키 씨, 어떤 사람과 결혼하고 싶어요?

B : ハンサムで、背が高くて性格が良ければいいですね。あ、料理が上手ならもっといいです。
잘생기고 키가 크고 성격이 좋으면 좋겠어요. 아, 요리를 잘하면 더 좋아요.

A : ははは、そんな人ならもう結婚していますよ。
하하하, 그런 사람이라면 이미 결혼했을걸.

B : そうですよね。ふふふ。
그렇겠네요. 후후후.

ハンサムだ 핸섬하다
背が高い 키가 크다
性格 성격
週末 주말
天気 날씨
良い 좋다
山登り 등산

나도 해보기

A : 週末は何をしますか。

B : ＿＿＿＿＿＿＿＿＿＿、山登りに行きたいです。

　　A : 주말엔 뭐해요?

　　B : 날씨가 좋으면 등산하러 가고 싶어요.

답

天気が良ければ

日曜日は暇だ。
일요일은 한가하다.

▶▶▶ 기본형(〜だ) 〜하다 / 어간 + です 〜합니다

な형용사는 사물과 사람 등의 상태 및 성질, 대상에 대한 인상이나 가치판단, 사람이 갖는 감정이나 감각 등을 나타내는 품사입니다. 기본형은 「暇だ 한가하다」와 같이 어미(暇)와 어간(だ)의 형태로 이루어져 있고, 기본형 자체로 술어가 될 수 있으며 어간을 활용하여 표현합니다. 정중하게 표현할 경우, な형용사 기본형의 어미 「だ」를 없애고, 「です」를 붙여 '〜입니다'로 해석합니다.

기본 표현

❶ 子供は元気だ。
아이는 건강하다.

❷ 祭りはにぎやかだ。
축제는 떠들썩하다.

❸ 図書館は静かだ。
도서관은 조용하다.

❹ タクシーは便利です。
택시는 편리합니다.

❺ 日本は温泉が有名です。
일본은 온천이 유명합니다.

Tip

暇だ 한가하다
元気だ 건강하다
祭り 축제
にぎやかだ 북적거리다
図書館 도서관
静かだ 조용하다
タクシー 택시
便利だ 편리하다
温泉 온천
有名だ 유명하다

Dialogue

A : 今年の冬、北海道へ行きたいです。
올해 겨울, 홋카이도에 가고 싶어요.

B : いいですね。北海道は雪がとてもきれいですよ。
좋네요. 홋카이도는 눈이 매우 예뻐요.

A : はい。雪祭りの写真を見ました。
네, 눈 축제 사진을 봤어요.

B : 北海道の雪祭りは日本でも有名です。
홋카이도의 눈 축제는 일본에서도 유명해요.

今年 올해
冬 겨울
北海道 홋카이도
雪祭り 눈 축제
きれいだ 깨끗하다
掃除 청소

나도 해보기

A : 李さんの部屋は＿＿＿＿＿＿＿＿。

B : ありがとうございます。毎日掃除しますから。

　　A : 이 씨의 방은 깨끗하네요.

　　B : 고맙습니다. 매일 청소를 하기 때문이에요.

답

きれいですね

きれいな部屋
깨끗한 방

▶▶▶ **어간 + な + 명사** ~한 명사

> な형용사의 연체형이란 기본형의 어미 「だ」를 「な」로 바꾸어 뒤에 이어지는 명사를 꾸며 '~한(할) 명사'라고 표현하는 형태를 말하며, 다른 말로 '명사수식형'이라고도 합니다.

기본 표현

❶ 富士山は日本で有名**な**山です。
후지산은 일본에서 유명한 산입니다.

❷ 静か**な**町に住みたいです。
조용한 마을에 살고 싶습니다.

❸ 東京はにぎやか**な**ところです。
도쿄는 번화한 곳입니다.

❹ きれい**な**花をもらいました。
예쁜 꽃을 받았습니다.

❺ 交通が不便**な**ところは、出退勤が大変です。
교통이 불편한 곳은 출퇴근이 힘듭니다.

Tip

静かだ 조용하다
町 마을
住む 살다
~たい ~(하)고 싶다
にぎやかだ 번화하다
もらう 받다
交通 교통
不便だ 불편하다
出退勤 출퇴근
大変だ 힘들다

Dialogue

A : 李さん、彼、ハンサム**な**人ですね。
이 씨, 남자친구, 잘생긴 사람이네요.

B : え？
네?

A : 昨日、喫茶店で二人を見ました。
어제 찻집에서 두 사람을 봤어요.

B : あ、彼ではありません。弟ですよ。
아, 남자친구 아니에요. 남동생이에요.

ハンサムだ 잘생기다
喫茶店 찻집
弟 남동생
タイプ 타입
親切だ 친절하다

나도 해보기

A : どんな人がタイプですか。

B : _____がいいですね。

A : 어떤 사람이 이상형이에요?
B : 친절한 사람이 좋아요.

답

親切な人

肉はあまり好きではない。
육류는 별로 좋아하지 않는다.

▶▶▶ **(あまり) 어간 + ではない** (그다지) ~지 않다

(あまり) 어간 + ではないです / ありません (그다지) ~지 않습니다

な형용사의 부정형은 기본형의 어미 「だ」를 없애고, 「ではない」를 붙여 표현하고, '~지 않다'로 해석합니다. 이 표현을 정중하게 말할 경우, 「ではないです」 또는 「ではありません」을 붙여 표현합니다. 또한, 「では」의 축약표현인 「じゃ」를 사용하여, 「じゃない/じゃないです/じゃありません」을 붙이면 주로 회화체에서 사용하는 표현이 됩니다. 위의 패턴에서 사용된 「あまり」라는 부사는 우리말의 '그다지, 별로, 너무'라는 의미로, 부정문과 호응하여 '그다지 ~지 않다'라는 표현으로 쓰입니다.

기본 표현

❶ **あの店の店員はあまり親切ではない。**
저 가게의 점원은 그다지 친절하지 않다.

❷ **私の家の周りはあまり静かではない。**
나의 집주변은 그다지 조용하지 않다.

❸ **この会社はあまり有名ではない。**
이 회사는 그다지 유명하지 않다.

❹ **私の部屋はあまりきれいではないです。**
내 방은 그다지 깨끗하지 않습니다.

❺ **母は料理があまり上手ではありません。**
엄마는 요리를 그다지 잘하지 않습니다.

Tip ● ● ● ●
店 가게
店員 점원
親切だ 친절하다
周り 주변
有名だ 유명하다
料理 요리
~が上手だ ~를 잘하다

Dialogue

A : **金さん、日曜日、いっしょにテニスをしませんか。**
김 씨, 일요일, 같이 테니스 칠래요?

B : **うーん。スポーツはあまり得意じゃありませんが。**
음. 스포츠는 그다지 잘하지 못합니다만.

A : **大丈夫ですよ。私も下手です。**
괜찮아요. 저도 잘 못해요.

B : **そうですか。じゃ、よろしくおねがいします。**
그래요? 그럼, 잘 부탁합니다.

いっしょに 함께
テニス 테니스
得意だ 잘하다
大丈夫だ 괜찮다
下手だ 못하다

나도 해보기

A : ピアノ、できますか。

B : ＿＿＿＿＿＿＿＿＿＿＿＿が、すこしできます。

A : 피아노 칠 수 있어요?
B : 그다지 잘하지는 않지만, 조금 칠 수 있어요.

답 ● ● ● ●
あまり上手ではありません

田中さんは親切で、すてきな人です。
다나카 씨는 친절하고 멋진 사람입니다.

▶▶▶ 어간 + で ~하고, ~해서

な형용사 중지법이란, '~하고'라는 의미로 두 개 이상의 문장을 연결하거나 열거할 때 쓰는 표현과 「~해서」라는 의미로 이유를 설명하는 표현을 말하며, 기본형의 어미 「だ」를 「で」로 바꾸어 표현합니다.

기본 표현

❶ このショッピングセンターは、いつもにぎやかで客も多い。
이 쇼핑센터는 언제나 붐비고 손님도 많다.

❷ このノートパソコンは、使い方が簡単で持ち運びも楽です。
이 노트북은 사용방법이 간단하고 휴대하기도 편합니다.

❸ 新しい家は、交通が便利で静かなところにあります。
새집은 교통이 편리하고 조용한 곳에 있습니다.

❹ 私の姉は、料理が上手で家事が得意です。
우리 언니는 요리를 잘하고 살림을 잘합니다.

❺ 箱根は温泉が有名で、外国人観光客にも人気の場所です。
하코네는 온천이 유명해서 외국인 관광객에게도 인기 있는 장소입니다.

Dialogue

A : 李さん、カレー、好きですか。
이 씨, 카레 좋아해요?

B : はい。食べるのも作るのも好きです。
네, 먹는 것도 만드는 것도 좋아해요.

A : 自分でよく作りますか。
스스로 자주 만들어요?

B : ええ。作り方が簡単で、おいしいですから。
네, 만드는 방법이 간단하고 맛있으니까요.

나도 해보기

A : パクさん、アルバイトしませんか。＿＿＿＿＿時給もいいですよ。

B : どんなバイトですか。

A : 박 씨, 아르바이트하지 않을래요? 편하고 시급도 좋아요.
B : 어떤 아르바이트인데요?

去年の夏祭りはにぎやかだった。

작년 여름축제는 떠들썩했다.

▶▶▶ **어간 + だった / でした** ~했다 / 했습니다

な형용사의 과거형은 기본형의 어미 「だ」를 「だっ」으로 바꾸고, 과거를 나타내는 조동사 「た」를 붙여 「어간+だった」의 형태로 표현하고, '~했다'로 해석합니다. 이 과거형을 정중하게 말할 경우, 어간에 「でした」 또는 「だったです」를 붙여 표현하고, '~했습니다'로 해석합니다.

기본 표현

❶ 母は昔はきれいだった。
엄마는 옛날에 예뻤다.

❷ 私の家の周りは、昔もっと不便だった。
우리 집 주변은 옛날에 더 불편했다.

❸ 肉が好きだったが、今は魚が好きだ。
고기를 좋아했지만 지금은 생선을 좋아한다.

❹ 先週の週末は暇でしたが、今週は忙しいです。
지난 주 주말은 한가했습니다만 이번 주는 바쁩니다.

❺ 小さい頃も絵が下手でしたが、今も下手です。
어릴 적에도 그림이 서툴렀습니다만 지금도 서툽니다.

Dialogue

A : 旅行中のホテルはどうでしたか。
여행 중에 호텔은 어땠어요?

B : 古いホテルでしたが、部屋はきれいでした。
오래된 호텔이었지만 방은 깨끗했습니다.

A : よかったですね。
다행이네요.

B : ええ。便利な場所にありました。また泊まりたいです。
네, 편리한 장소에 있었어요. 또 묵고 싶어요.

나도 해보기

A : 学生のとき、英語と数学はどうだった？

B : 英語は＿＿＿＿＿＿＿＿＿けど、数学は＿＿＿＿＿＿＿＿＿。

A : 학생 때 영어와 수학은 어땠어?
B : 영어는 잘했지만, 수학은 잘 못했어.

昔はあまり勉強が得意ではなかった。

옛날에는 그다지 공부를 잘하지 않았다.

▶▶▶ (あまり) 어간 + ではなかった　(그다지) ~지 않았다

(あまり) 어간 + ではなかったです / ありませんでした　(그다지) ~지 않았습니다

な형용사의 과거부정형은 우선 부정형인 「ではない」로 바꾼 후, 「ない」를 과거형인 「なかった」으로 바꾸어 표현합니다. 다시 말해, な형용사의 어간에 「ではなかった」를 붙이면 과거부정문이 됩니다. 이 표현을 정중하게 말하고자 할 경우, な형용사의 어간에 「ではなかったです」또는 「ではありませんでした」를 붙여 사용하고, '~지 않았습니다'로 해석합니다. 또한, 「では」의 축약 표현인 「じゃ」를 사용하여, 「じゃなかったです/じゃありませんでした」를 붙이면 주로 회화체에서 사용하는 표현이 됩니다.
【주의】「ない」의 정중한 과거표현은 반드시 「なかったです」의 형태로 나타내며, 「ないでした」라는 표현은 사용할 수 없습니다.

기본 표현

❶ 私は昔からあまり絵が上手ではなかった。
나는 옛날부터 그다지 그림을 잘 그리지 못했다.

❷ 新装開店のレストランだったが、あまりにぎやかではなかった。
신장개업한 레스토랑이었지만 그다지 붐비지 않았다.

❸ 子供のころ、野菜はあまり好きではなかった。
어릴 적, 채소는 그다지 좋아하지 않았다.

❹ 単身赴任はあまり不便ではなかったです。
단신부임은 그다지 불편하지 않았습니다.

❺ 訪問先のロビーはあまりきれいではありませんでした。
방문한 곳의 로비는 그다지 깨끗하지 않았습니다.

Tip
昔 옛날
新装開店 신장개업
野菜 야채
単身赴任 단신부임
不便だ 불편하다
訪問先 방문처
ロビー 로비

Dialogue

A : 昨日、アマチュアバンドのコンサートを見に行きました。
어제, 아마추어 밴드의 콘서트를 보러 갔어요.

B : どうでしたか。
어땠어요?

A : 楽しかったですが、歌があまり上手じゃなかったです。
즐거웠지만 노래를 그다지 잘하지 않았어요.

B : 少し残念ですね。
좀 안타깝네요.

アマチュアバンド 아마추어 밴드
残念だ 유감스럽다
嫌いだ 싫어하다

나도 해보기

A : 昔から魚は好きでしたか。

B : うーん、＿＿＿＿＿＿＿＿＿＿＿＿。

A : 옛날부터 생선은 좋아했습니까?
B : 음, 싫어하지 않았어요.

답

嫌いではありませんでしたよ

部屋がきれいになりました。
방이 깨끗해졌습니다.

▶▶▶ 어간 + に + 동사 ～하게 ～하다

기본형의 어미 「だ」를 「に」로 바꾸어 뒤에 오는 동사를 꾸미는 용법을 な형용사의 부사적 용법이라고 합니다. 「な형용사 어간 +に」 뒤에 '～되다'라는 의미의 동사 「なる」가 이어지면 '～해지다, ～하게 되다'라는 의미로 변화를 나타내는 표현이 되고, 다른 동사가 이어지면, 그 동사를 수식하여 '～하게 ～하다'라는 의미를 나타내는 표현이 됩니다.

기본 표현

❶ 駅前にコンビニができて、便利になりました。
역 앞에 편의점이 생겨서 편리해졌습니다.

❷ お祭りのときは、この辺もにぎやかになります。
축제 때는 이 주변도 떠들썩해집니다.

❸ 彼女の料理のおかげで魚料理が好きになりました。
그녀의 요리 덕분에 생선요리를 좋아하게 되었습니다.

❹ このレストランは口コミで有名になりました。
이 레스토랑은 입소문으로 유명해졌습니다.

❺ 図書館では静かにしましょう。
도서관에서는 조용히 합시다.

Tip

コンビニ 편의점
できる 생기다
便利だ 편리하다
お祭り 축제
辺 부근, 주변
～のおかげで ～덕분에
口コミ 입소문
静かだ 조용하다

Dialogue

A : 木村さん、会社は仕事より人間関係がもっと難しいですね。
기무라 씨, 회사는 일보다 인간관계가 더 어렵네요.

B : 何かありましたか。
무슨 일 있었어요?

A : うーん、同じ部署にあまり好きじゃない人がいて…。
그게, 같은 부서에 별로 좋아하지 않는 사람이 있어서….

B : その気持ち、十分にわかりますよ。今日、帰りに一杯どうですか。
그 기분 충분히 이해해요. 오늘 가는 길에 한잔 어때요?

人間関係 인간관계
気持ち 기분, 감정
十分に 충분히
きれいだ 깨끗하다
掃除 청소

나도 해보기

A : この部屋、＿＿＿＿＿＿＿＿＿ね。

B : ええ、1日かかりましたよ。

　　A : 이 방, 깨끗하게 청소했네요.
　　B : 네, 하루 꼬박 걸렸어요.

답
きれいに掃除しました

この辺は交通が便利だろう。

이 주변은 교통이 편리하겠지.

▶▶▶ (たぶん) 어간 + だろう / でしょう (아마) ~할 것이다, ~이겠지 / 하겠지요, 이겠지요

な형용사 기본형의 어미 「だ」를 「だろ」로 바꾸고, 추측을 나타내는 조동사 「う」를 붙이면 '~할 것이다, ~이겠지'라는 의미의 추측표현이 됩니다. 그리고 な형용사 어간에 「だろう」 대신 「でしょう」를 붙이면 정중함을 나타내는 '~할 것입니다, ~이겠지요'라는 의미의 표현이 됩니다.

기본 표현

❶ このホテルは夜景がきれいだろう。
이 호텔은 야경이 예쁘겠지.

❷ 彼女は肉より魚が好きだろう。
그녀는 육류보다 생선을 좋아할 것이다.

❸ 先月は忙しかったが、今月は暇だろう。
지난 달은 바빴지만 이번 달은 한가하겠지.

❹ 彼は新入社員だから、この仕事はまだ無理でしょう。
그는 신입사원이기 때문에 이 일은 아직 무리일 것입니다.

❺ あそこは田舎だから交通が不便でしょう。
저기는 시골이기 때문에 교통이 불편할 것입니다.

Dialogue

A : 鈴木さん、週末、金さんもいっしょにドライブしませんか。
스즈키 씨, 주말에 김 씨도 같이 드라이브 할까요?

B : いいですね。私は大丈夫です。
좋아요. 전 괜찮아요.

A : 金さんは彼女がいませんからたぶん暇でしょう。
김 씨는 여자 친구가 없으니까 아마 한가할 거예요.

B : そうですか。じゃ、私が連絡します。
그래요? 그럼 제가 연락할게요.

나도 해보기

A : 明日、ランチ、いっしょにどうですか。

B : 明日は部署の会議がありますから、＿＿＿＿＿＿＿＿＿＿。
あさってはどうですか。

A : 내일, 점심 같이하는 거 어때요?

B : 내일은 부서에 회의가 있어서 아마 힘들 거예요. 모레는 어때요?

Tip

交通 교통
便利だ 편리하다
ホテル 호텔
夜景 야경
肉 육류
魚 물고기, 생선
先月 지난 달
忙しい 바쁘다
今月 이번 달
暇だ 한가하다
新入社員 신입사원
無理 무리
田舎 시골
不便だ 불편하다

週末 주말
ドライブ 드라이브
連絡 연락
部署 부서
会議 회의

답
たぶん無理でしょう

無理なら（ば）いいです。
무리라면 됐어요.

▶▶▶ **어간 + ならば** ~한다면

な형용사 기본형의 어미「だ」를「なら」로 바꾸고, 가정의 뜻을 나타내는「ば」를 붙이면 '~한다면'이라는 의미의 가정표현이 됩니다. 이때,「ば」는 생략하여 사용할 수 있습니다.

 **기본 표현**

❶ もっと料理が上手なら（ば）いいんですが。
좀 더 요리를 잘한다면 좋겠습니다만.

❷ 使い方が簡単なら（ば）このスマートフォンを買います。
사용방법이 간단하다면 이 스마트폰을 살게요.

❸ 週末、暇なら（ば）どこかへ遊びに行きましょう。
주말에 한가하다면 어딘가에 놀러갑시다.

❹ スケジュールが大丈夫なら（ば）連絡をください。
스케줄이 괜찮다면 연락 주세요.

❺ 新しい仕事が大変なら（ば）上司に相談してください。
새로운 일이 힘들면 상사에게 상담하세요.

Dialogue

A : 田中さんはどんな仕事がいいですか。
다나카 씨는 어떤 일이 좋습니까?

B : そうですね。お給料が少なくても、したい仕事がいいですね。
山本さんはどうですか。
글쎄요. 월급이 적어도 하고 싶은 일이 좋아요. 야마모토 씨는 어때요?

A : そうですね。私はお給料が少なくても、楽ならいいです。
글쎄요. 저는 월급이 적어도 편하면 괜찮아요.

B : 楽な仕事は、年をとってからでも遅くないですよ。
편한 일은, 나이를 먹고 나서라도 늦지 않아요.

나도 해보기

A : ATMでお金を引き出したいんですが、よくわかりません。

B : ＿＿＿＿＿＿＿＿＿私もいっしょに行きましょうか。

A : ATM에서 돈을 인출하고 싶습니다만 잘 모르겠어요.

B : 걱정되면 저도 같이 갈까요?

Tip

使い方 사용방법
簡単 간단
スマートフォン 스마트폰
週末 주말
遊びに行く 놀러가다
スケジュール 스케줄
大丈夫だ 괜찮다
新しい 새롭다
大変だ 힘들다
上司 상사
相談 상담

給料 급료
少ない 적다
楽だ 편하다
年をとる 나이를 먹다
遅い 늦다
お金を引き出す 돈을 인출하다
心配だ 걱정되다

답

心配なら
しんぱいなら

일본의 선물 문화 1

お土産（みやげ）

おみやげ란, 일본인들이 출장이나 여행 등으로 어떤 지방에 갔을 경우, 그 지방의 특산품을 지인들에게 선물하는 것으로, おみやげ 산업이라는 말이 나올 만큼 다양한 종류와 수의 おみやげ가 존재하고 있고, 새로운 おみやげ 개발을 위해 힘쓰고 있다고 합니다.

■ 일본의 대표적 おみやげ

北海道（ほっかいどう）	 白い恋人(しろいこひびと)	홋카이도는 넓은 녹지가 많아 젖소를 방목하기에 좋은 지역으로 초콜릿, 아이스크림, 캐러멜 등 우유로 만든 다양한 종류의 유제품이 유명함. 대표적인 おみやげ는 しろいこひびと라는 '화이트 초콜릿 비스킷'.
東北地方（とうほくちほう）	 ささかまぼこ	흰 살 생선을 갈아 작은 대나릿대 모양으로 구워낸 센다이 지역의 명물 '어묵요리'. 술안주로 안성맞춤.
関東地方（かんとうちほう）	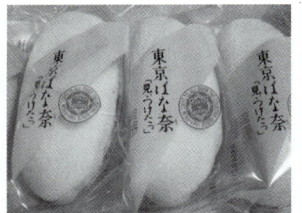 東京バナ奈(な)	'도쿄' 하면 빠지지 않는 '도쿄바나나'. 부드럽고 촉촉한 빵 속에 가득찬 크림으로 여성들에게 인기 만점.
中部地方（ちゅうぶちほう）	 赤副餅(あかふくもち)	300년 이상의 전통과 맛을 이어가고 있는 미에현의 '아카후쿠 모찌'. 보통 떡과는 반대로 찹쌀로 만든 떡에 곱게 만든 팥으로 감싼 떡.

chapter 04

비교 패턴

コーヒーと紅茶とどちらがいいですか。
커피와 홍차 중 어느 쪽이 좋습니까?

▶▶▶ **～と～とどちらが～ですか** ～와 ~중 어느 쪽이 ~입니까?

「～と～とどちらが～」는 '～와 ～중 어느 쪽'이라는 의미로 두 가지의 대상을 비교할 때 사용하는 표현입니다. 비교대상이 사람, 장소, 사물 등 무엇이든 상관없이 두 가지를 비교할 경우에는 「誰/どこ/どれ」 등의 대명사를 사용하지 않고, 「どちら」를 사용하는 점에 유의하도록 합시다. 「～と～とどちらが～」를 사용한 비교 표현에 대한 대답으로는 「～のほうが～(～쪽이~)」의 문형을 사용하여 표현합니다.

기본 표현

❶ うどんとそばとどちらが いいですか。
우동과 메밀국수 중 어느 쪽이 좋습니까?

❷ 船と飛行機とどちらが 速いですか。
배와 비행기 중 어느 쪽이 빠릅니까?

❸ 日本語と英語とどちらが 難しいですか。
일본어와 영어 중 어느 쪽이 어렵습니까?

❹ お父さんとお母さんとどちらが 料理が上手ですか。
아버지와 어머니 중 어느 분이 요리를 잘합니까?

❺ 山登りと水泳とどちらが 好きですか。
등산과 수영 중 어느 쪽을 좋아합니까?

Dialogue

A : パンとごはんとどちらがいいですか。
빵과 밥 중 어느 쪽이 좋아요?

B : ごはんがいいです。
밥이 좋아요.

A : 私はパンにします。
저는 빵으로 할게요.

B : 食事の後にコーヒーも頼みましょう。
식사 후에 커피도 부탁합시다.

나도 해보기

A : 野球とサッカーと_____。

B : どちらも好きです。

　　A : 야구와 축구 중 어느 쪽을 좋아해요?
　　B : 어느 쪽이든 좋아합니다.

Tip

紅茶 홍차
うどん 우동
そば 메밀국수
速い (속도) 빠르다
難しい 어렵다
山登り 등산
水泳 수영

パン 빵
頼む 부탁하다

답
どちらが好きですか

日本料理より韓国料理のほうが好きです。
일본요리보다 한국요리 쪽을 좋아합니다.

▶▶▶ **～のほうが～より～** ~의 쪽이 ~보다 더~ / **～より～のほうが～** ~보다 ~의 쪽이 더~

「～のほうが～より～/～より～のほうが～」라는 표현은 두 가지를 비교하여 한쪽이 더 우세함을 나타낼 때 사용하는 표현으로 '~가(의 쪽이) ~보다 더~/~보다 ~가(의 쪽이) 더~'로 해석합니다. 대상(명사)을 비교할 경우, 조사 「の」를 반드시 사용하여 「명사(A)+のほうが+명사(B)+より/명사(B)+より+명사(A)+のほうが～」의 형태로 표현하고, 동작(동사)을 비교할 경우, 조사 「の」는 생략하고, 「동사기본형(동작A)+ほうが+동사기본형(동작B)+より/동사기본형(동작B)+より+동사기본형(동작A)+ほうが～」의 형태로 표현합니다.

기본 표현

❶ 航空便のほうが船便より早い。
항공편이 배편보다 빠르다.

❷ 海外へ行くよりも国内の温泉のほうがいい。
해외로 가는 것보다 국내 온천 쪽이 좋다.

❸ 高価なプレゼントより心のこもった手紙のほうがうれしい。
비싼 선물보다 마음이 담긴 편지가 기쁘다.

❹ お店で買うより、インターネットで買うほうが安い。
가게에서 사는 것보다 인터넷으로 사는 쪽이 싸다.

❺ 口で説明するより、やってみせるほうがよく伝わる。
말로 설명하는 것보다 해 보여주는 쪽이 잘 전달된다.

Tip

好きだ 좋아하다
航空便 항공편
船便 배편
高価だ 비싸다
手紙 편지
うれしい 기쁘다
インターネット 인터넷
伝わる 전달되다, 전해지다

Dialogue

A : どうしたんですか。
왜 그래요?

B : なかなか勉強が進まないんですよ。夜遅くまでやっていますが…。
좀처럼 공부가 잘 되지 않아요. 밤늦게까지 하고 있지만….

A : 夜遅くまで勉強するより、朝早めに起きて勉強するほうが頭によく入りますよ。
밤늦게까지 공부하는 것보다 아침 일찍 일어나서 공부하는 쪽이 더 머리에 잘 들어와요.

B : そうですか。一度やってみます。
그래요? 한번 해 볼게요.

進む 나아가다
夜遅くまで 밤늦게까지
芸能人 연예인
実物 실물

나도 해보기

A : あ、あれ、芸能人の○○！

B : ほんとだ。＿＿＿＿＿＿＿＿＿＿＿＿ずっときれいだね。

A : 어? 저기, 연예인 ○○이야!
B : 정말이네. TV로 보는 것보다 실물이 훨씬 예쁘네.

답

テレビで見るより実物のほうが

日本料理の中ですしが一番好きです。

일본요리 중에서 초밥이 가장 맛있습니다.

▶▶▶ **~の中で~が一番** ~ 중에서 ~가[이, 를] 가장

「~(の中)で~が一番~」이라는 표현은 3가지 이상의 사물을 비교하면서 그 정도가 가장 두드러지는 것을 내세우는 표현으로 '~중에서 ~가 가장 ~하다'라는 의미로 해석됩니다. 이 표현에서 「~の中」가 생략되어 「~で~が一番~」의 형태로 쓰이기도 하는데, 이때, 조사 「で」 앞에는 장소를 나타내는 명사가 오는 경우가 대부분이며, 「~の中で~が一番~」의 형태로 쓰이는 경우에는 범위를 나타내는 명사가 주로 쓰입니다.

기본 표현

❶ 果物の中でいちごが一番好きだ。
과일 중에서 딸기를 가장 좋아한다.

❷ 家族の中で兄が一番背が高い。
가족 중에서 형이 가장 키가 크다.

❸ スポーツの中で、サッカーが一番得意です。
스포츠 중에서 축구를 제일 잘합니다.

❹ クラスの中で誰が一番勉強ができますか。
반에서 누가 가장 공부를 잘합니까?

❺ 世界の国の中でどこへ一番行きたいですか。
전세계 중에서 어디에 가장 가고 싶습니까?

Tip

背が高い 키가 크다
兄 형, 오빠
クラス 클래스, 반
勉強ができる 공부를 잘
　하다
世界 세계

Dialogue

A : 金さん、お久しぶりです。
김 씨, 오랜만이에요.

B : 田中さん、お久しぶりです。お腹が空いたでしょう？韓国料理の中で、今何が一番食べたいですか。
다나카 씨, 오랜만이에요. 배고프죠? 한국요리 중에서 지금 무엇이 가장 먹고 싶습니까?

A : ありがとうございます。そうですね、やっぱりカルビですね。
고마워요. 글쎄요. 역시 갈비가 먹고 싶어요.

B : ははは、だったらいつものお店に行きましょうか。
하하하, 그렇다면 항상 가던 가게에 갈까요?

やっぱり 역시
カルビ 갈비
だったら 그렇다면
いつも 언제나, 항상
部署 부서
誰 누가, 누구

나도 해보기

A : _____歌が上手ですか。

B : そうですね、山本部長かな。

　　A : 이 부서 안에서 누가 가장 노래를 잘 합니까?

　　B : 글쎄요, 야마모토 부장님이려나.

답

この部署の中で誰が一番

東京は大阪より人が多い。
도쿄는 오사카보다 사람이 많다.

▶▶▶ **～は～より** ～은 ～보다

「より」는 '～보다'라는 의미로, 두 가지의 사물을 비교할 때 사용하는 조사입니다. 위의 패턴과 같이 「AはBより」의 형태로 쓰여 우열과 많고 적음, 크고 작음, 길고 짧음 등과 같이 A와 B가 가지고 있는 성질의 차이에 대한 비교를 나타냅니다.

기본 표현

❶ 弟は私より絵が上手だ。
남동생은 나보다 그림을 잘 그린다.

❷ 田中さんは私より運動がよくできる。
다나카 씨는 나보다 운동을 잘한다.

❸ 日本のタクシーは韓国のタクシーより料金がずいぶん高い。
일본 택시는 한국 택시보다 요금이 상당히 비싸다.

❹ ソウル支店の売上成績は、ペキン支店よりいい。
서울지점의 매상 성적은 북경지점보다 좋다.

❺ 田舎は都会より交通が不便ですが、静かで空気もいいです。
시골은 도시보다 교통이 불편하지만 조용하고 공기도 좋습니다.

Tip

運動 운동
タクシー 택시
料金 요금
ずいぶん 꽤, 상당히
支店 지점
売上成績 매상 성적
ペキン 북경
田舎 시골
都会 도시
空気 공기

Dialogue

A : 山田さん、今晩いっぱいどうですか。
야마다 씨, 오늘 밤 한잔 어때요?

B : いいですね。市内で飲みますか。
좋아요. 시내에서 마실까요?

A : あ、飲み屋は市内よりいいところがありますよ。
아, 술집은 시내보다 좋은 곳이 있어요.

B : そうですか。おまかせします。
그래요? 그럼 부탁드려요.

市内 시내
おまかせ 타인에게 맡기
　는 것
洋酒 양주

나도 해보기

A : 洋酒は好きですか。

B : 好きですが、＿＿＿＿＿＿＿＿日本酒が好きです。

A : 양주는 좋아해요?

B : 좋아하지만 술은 양주보다 일본 술을 좋아해요.

답

お酒は洋酒より

일본의 선물 문화 2

■ 일본의 대표적 おみやげ

かんさいちほう **関西地方**	 おたべ	교토의 유명한 오미야게 'おたべ'. 삼각형 모양의 쫄깃한 떡 속에 한가득 들어 있는 あんこ. 한 입 베어물면 쫄깃했던 떡이 사르르 녹아버리는 맛이 일품.
ちゅうごくちほう **中国地方**	 紅葉(もみじ)まんじゅう	일본의 3대 절경에 속하는 히로시마 아키노 미야지마의 유명한 토산품 '紅葉(もみじ)まんじゅう'. 단풍 모양의 만쥬 속에 단팥, 초코, 크림, 녹차 등의 다양한 あんこ가 달지 않아 인기.
しこくちほう **四国地方**	 蜜柑(みかん)	시코쿠의 에히메현은 귤을 많이 재배하는 곳이기도 하지만, 이 지역의 귤은 특히나 과즙이 달고 풍부하기로 유명함. 귤이 많이 재배되는 지역인 만큼, 주스는 기본이고 귤젤리, 귤비누 등 귤을 활용한 특산품이 많음.
きゅうしゅうちほう **九州地方**	 明太子(めんたいこ)せんべい	명란젓으로 유명한 규슈에는 짜지 않고 맛있는 명란젓을 먹을 수가 있고, 뿐만 아니라 명란젓을 이용한 다양한 먹거리로 눈길을 끎. 그 중에서는 바삭바삭하고 우리 입에 딱 맞은 명란젓 전병을 추천.
おきなわ **沖縄**	 紅(べに)いもタルト	오키나와에서 많이 생산되는 자색고구마를 이용한 오키나와 대표 おみやげ '자색고구마 타르트'. 일본뿐만 아니라 국제적으로 수상 경력이 많은 유명한 상품. 오키나와의 자색고구마 타르트는 많이 달지 않아서 남녀노소 모두에게 인기가 있다고 함.

chapter 05

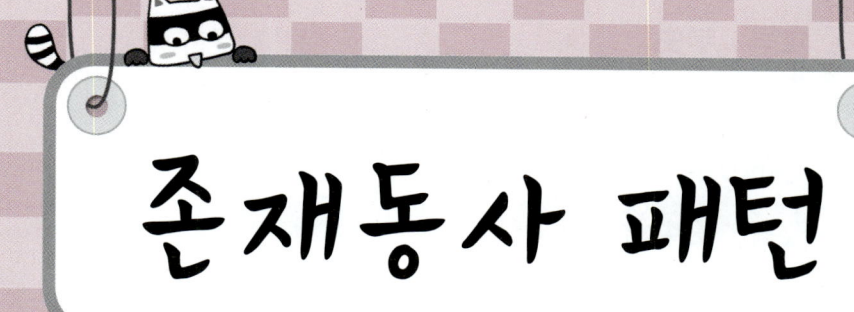

존재동사 패턴

家の前に庭があります。

집 앞에 정원이 있습니다.

▶▶▶ ～に～があります / います   ～에 ～이[가] 있습니다

～に～がありません / いません   ～에 ～이[가] 없습니다

존재표현이란, 사람이나 사물 등이 '있다／없다'를 나타내는 것으로, 일본어에는 「ある」와 「いる」라는 두 가지 존재동사가 있으며, 두 동사 모두 '있다'라는 뜻을 가집니다. 「ある」는 사물이나 식물 등과 같이 존재의 주체가 의지를 갖지 않고, 스스로 이동할 수 없는 무생물이 있고 없음을 말할 경우 사용하는 존재동사이고, '있습니다'는 「あります」로, '없습니다'는 「ありません」으로 표현합니다. 「いる」는 사람이나 동물처럼 존재의 주체가 자신의 의지로 인해 스스로 이동할 수 있는 생물이 있고 없음을 말할 경우 사용하는 존재동사로, '있습니다'는 「います」로, '없습니다'는 「いません」으로 표현합니다.
'～가 있습니다／～가 없습니다'처럼 단순히 주어가 되는 명사에 대한 존재의 유·무를 표현할 경우에는 주격조사 「が」와 함께 쓰여, 「～があります／います」「～がありません／いません」 형태를 취하고, 조사 「が」를 사용함으로써 직접 보면서 말하는 현장성이 강한 뉘앙스의 표현이 됩니다. 또한, '～에 ～가 있습니다／없습니다'와 같이 주어가 존재하는 장소를 나타낼 경우에는 반드시 장소조사 「に」를 사용하여, 「～に～があります／います(ありません／いません)」의 형태로 표현합니다.

기본 표현

① テレビの下に人形があります。　TV 아래에 인형이 있습니다.

② いすの上に雑誌があります。　의자 위에 잡지가 있습니다.

③ 教室に学生がいます。　교실에 학생이 있습니다.

④ 屋根の上に猫がいます。　지붕 위에 고양이가 있습니다.

⑤ 財布の中にお金がありません。　지갑 속에는 돈이 없습니다.

⑥ 教室に田中君がいません。　교실에 다나카 군이 없습니다.

Dialogue

A : すみません、この近くに銀行と郵便局がありますか。
실례합니다. 이 근처에 은행과 우체국이 있습니까?

B : はい、あそこのスーパーのとなりに銀行がありますよ。その銀行の前に郵便局があります。
네, 저쪽 슈퍼 옆에 은행이 있습니다. 그 은행 앞에 우체국이 있습니다.

A : ありがとうございます。
감사합니다.

나도 해보기

A : うちの＿＿＿＿＿＿＿＿＿＿＿。

B : ええ、歩いて5分ぐらいです。

A : 집 근처에 슈퍼가 있습니까?

B : 네, 걸어서 5분 정도 걸려요.

Tip

庭 정원
人形 인형
屋根 지붕
猫 고양이
財布 지갑
教室 교실

近く 근처
銀行 은행
郵便局 우체국
スーパー 슈퍼마켓

답

近くにスーパーがありますか

패턴 084

スーパーは駅の近くにあります。
슈퍼는 역 근처에 있습니다.

▶▶▶ **～は～にあります / います** ～은 ～에 있습니다

～に～はありません / いません ～에 ～은 없습니다

「AはBにあります/います」「BにAはありません/いません」역시 어떤 장소에 무생물 및 생물의 존재유무를 나타내는 표현으로 조사「は」를 사용함으로써 조사「が」를 사용한 표현보다 현장성(직접 보면서 말함)이 떨어지고, 한정적인 의미를 가지며, 보다 강조하는 뉘앙스를 내포하여 '다른 것은 몰라도 A는 B에 있다/없다'라는 의미의 표현이 됩니다.

기본 표현

❶ **辞書はかばんの中にあります。**
사전은 가방 속에 있습니다.

❷ **くつは棚の上にあります。**
구두는 선반 위에 있습니다.

❸ **猫はいすの下にいます。**
고양이는 의자 밑에 있습니다.

❹ **鈴木さんは資料室にいます。**
스즈키 씨는 자료실에 있습니다.

❺ **皿の上には何もありません。**
접시 위에는 아무것도 없습니다.

Dialogue

A : **田中さん、私のかばんを見ませんでしたか。**
다나카 씨, 제 가방 못 봤어요?

B : **どんなかばんですか。**
어떤 가방이에요?

A : **黒くて大きい、革のかばんです。**
검고 큰 가죽 가방이에요.

B : **あ、休憩室のいすの上にありましたよ。**
아, 휴게실 의자 위에 있었어요.

나도 해보기

A : **教室に誰かいましたか。**
B : **いいえ、誰も_____。**

A : 교실에 누군가 있었습니까?
B : 아니요, 아무도 없었습니다.

Tip

辞書 사전
棚 선반

黒い 검다
革 가죽
休憩室 휴게실
いす 의자

답

いませんでしたよ

図書館はどこにありますか。
도서관은 어디에 있습니까?

▶▶▶ **～はどこにありますか / いますか** ～은 어디에 있습니까?

「どこにありますか」는 '어디'라는 의미의 부정(不定)의 장소를 나타내는 의문사 「どこ」와 함께 쓰여 '어디에 있습니까?'라는 주체가 있는 위치를 묻는 표현이 됩니다. 이 표현에서 역시 장소조사는 동작성이 없는 「に」를 사용합니다.

기본 표현

❶ **すみません。病院はどこにありますか。**
실례합니다. 병원은 어디에 있습니까?

❷ **ここから最寄りの駅はどこにありますか。**
여기에서 가장 가까운 역은 어디에 있습니까?

❸ **アクセサリー売り場はどこにありますか。**
액세서리 매장은 어디에 있습니까?

❹ **事務所の人はどこにいますか。**
사무실 사람은 어디에 있습니까?

❺ **取引先の担当者はどこにいますか。**
거래처의 담당자는 어디에 있습니까?

Tip

病院 병원
最寄り 가장 가까움
アクセサリー 액세서리
売り場 매장
事務所 사무실
取引先 거래처
担当者 담당자

Dialogue

A : **いらっしゃいませ。**
어서 오십시오.

B : **すみません。靴売り場はどこですか(どこにありますか)。**
실례합니다. 구두매장은 어디에 있습니까?

A : **あそこのかばん売り場のとなりにあります。**
저기 가방매장의 옆에 있습니다.

B : **ありがとうございます。**
감사합니다.

靴売り場 구두매장
トイレ 화장실
向かい 맞은편

나도 해보기

A : **すみません、おトイレはどこですか。**
B : **会議室の_____。**

A : 실례합니다. 화장실은 어디입니까?
B : 회의실 맞은편에 있습니다.

답

向かいにあります

引き出しの中に何かありますか。
서랍 속에 무엇인가 있습니까?

▶▶▶ **～に何かありますか** ～에 무언가 있습니까?

～にだれかいますか ～에 누군가 있습니까?

'무엇'을 의미하는 의문사 「何」와 '누구'를 의미하는 「誰」가 의문조사 「か」와 접속하면, 각각 '무엇인가'와 '누군가'라는 부정칭의 의미가 됩니다. 이 두 표현을 사용하여 묻는 경우, 존재하는 것이 구체적으로 무엇인가를 말하는 것이 아니라 '무엇이 혹은 누군가가 있는가? 없는가?'라는 존재의 유무 자체를 묻는 표현이 됩니다. 따라서 반드시 「はい」와 「いいえ」로 대답을 해야 하고, 부정을 할 경우에는 '아무것도/아무도'라는 의미의 「何も/誰も」를 사용하여 '아무것도/아무도 없습니다'라는 표현을 사용합니다.

 **기본 표현**

❶ 箱の中に何かありますか。
상자 안에는 무엇인가 있습니까?

❷ いすの下に何かありますか。
의자 밑에 뭔가 있습니까?

❸ 冷蔵庫の中にジュースか何かありますか。
냉장고 안에 주스나 뭔가 있습니까?

❹ 車の中に何かありますか。
자동차 안에 뭔가 있습니까?

❺ 会議室に誰かいますか。
회의실에 누군가 있습니까?

Tip

引き出し 서랍
箱 상자

以前 이전
目が悪い 눈이 나쁘다

Dialogue

A : 山田さん、ほら、あそこ。
야마다 씨, 저기 보세요.

B : ん? 誰かいますか。
응? 누군가 있어요?

A : 以前の取引先の担当者の人ですよ。
이전의 거래처 담당자예요.

B : そうですか。私は目が悪くて…。
그래요? 저는 눈이 나빠서….

나도 해보기

A : 机の_____。

B : いいえ、何もありません。

A : 책상 위에 뭔가 있습니까?
B : 아니요, 아무것도 없습니다.

답

上に何かありますか

미타라시 당고 만들기

<ruby>花<rt>はな</rt></ruby>より<ruby>団子<rt>だんご</rt></ruby>

花より団子는 이미 많이 들어본 일본속담이죠? 우리말의 '금강산도 식후경'이란 의미와 일맥상통합니다. 자, 그럼 금강산도 식후경이니, 일본의 대표 간식, みだらしだんご를 만들어 볼까요?

■ 재료

당고 : 찹쌀가루 200g, 뜨거운 물, 소금 1작은 술

미타라시 소스 : 흑설탕 50g, 녹말가루 1큰 술, 간장 3큰 술, 미림 1순갈, 물100ml

■ 미타라시 당고 만들기

1. 찹쌀가루에 적은 분량의 소금을 넣고 뜨거운 물을 조금씩 부어가며 반죽 만들기.

2. 완성된 반죽을 손가락 한 마디 크기로 동그랗게 빚어 끓는 물에 삶기.

3. 삶은 당고는 찬물에 담궈 식힌 후, 석쇠에 살짝 굽기.

4. 준비된 분량의 미타라시 소스 재료를 냄비에 넣고 중불에서 끓인 후, 저어가며 약불로 졸이기.

5. 완성된 당고에 소스를 부어 주면 일본의 대표 간식 미타라시 당고 완성^^

chapter 06

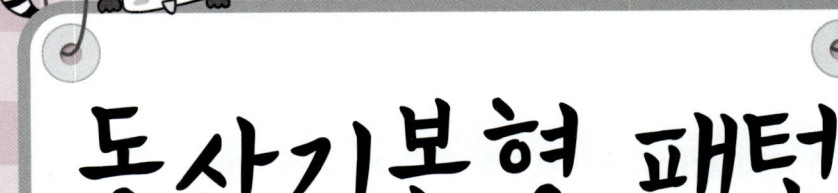

동사기본형 패턴

あした会うことができますか。

내일 만날 수 있습니까?

▶▶▶ **동사기본형 + ことができる / ことができません** ~할 수 있다 / ~할 수 없습니다

일본어 동사의 가능표현은 두 가지 방법이 있습니다. 첫 번째는 동사의 기본형에 '~할 수 있다'라는 「ことができる」라는 표현을 접속시켜 '앞에 오는 동사가 나타내는 의미의 동작을 할 수 있다'라는 뜻으로, 쉽고 자주 쓰이는 표현입니다. 이때, 「できる」의 부정표현인 「できない / できません」을 사용하면 '~할 수 없다'라는 가능의 부정표현을 나타낼 수 있습니다.

가능표현의 두 번째 방법은 동사의 어미를 직접 활용하여 표현하는 방법으로 각 그룹의 동사에 따라 활용이 달라지므로 주의해야 합니다. 먼저 1그룹 동사는 어미 「う단」을 「え단」으로 바꾸고 「る」를 붙여 표현하고, 2그룹 동사는 어미 「る」를 없앤 어간에 「られる」를 붙여 표현합니다. 3그룹 동사 「する」는 「できる」, 「くる」는 「こられる」로 각각 하나의 형태를 가지고 있으므로 암기하여 사용하도록 합니다.

기본 표현

❶ 私は英語と日本語を話すことができます。
저는 영어와 일본어를 말할 수 있습니다.

❷ あのお店で韓国料理の材料が買えますよ。
저 가게에서 한국요리의 재료를 살 수 있습니다.

❸ 中央図書館では、日本の雑誌や漫画が借りられます。
중앙도서관에서는 일본 잡지와 만화를 빌릴 수 있습니다.

❹ 駅まで歩くことはできませんか。
역까지 걸을 수는 없어요?

❺ この歌はもう忘れて歌うことができません。
이 노래는 이미 잊어버려서 부를 수가 없습니다.

Tip
材料 재료
買う 사다
借りる 빌리다

Dialogue

A : 何曜日に働くことができますか。
무슨 요일에 일할 수 있어요?

B : 月曜日と水曜日に働くことができます。
월요일과 수요일에 일할 수 있습니다.

A : 土曜日はどうですか。
토요일은 어때요?

B : 土曜日はちょっと。
토요일은 좀….

働く 일하다
得意 숙달되어 있음, 자신이 있음
泳ぐ 헤엄치다

나도 해보기

A : 山本さん、水泳は得意ですか。
B : はい。1キロぐらいは_____。

A : 야마모토 씨, 수영은 잘해요?　　B : 네 1키로 정도는 헤엄칠 수 있어요.

出掛ける前に戸締まりを確認してください。

外출하기 전에 문단속을 확인해 주세요.

▶▶▶ **동사기본형 + 前に** ~하기 전에

「前に」는 시작이 분명한 동작을 나타내는 동사의 기본형에 접속하여, '~하기 전에'라는 의미를 나타내는 표현이고,「A前にB : A하기 전에 B」의 형태로, 실제로 일어난 사건의 순서와 반대로 표현합니다.

기본 표현

Tip

❶ 料理する前に手を洗ってください。
요리하기 전에 손을 씻으세요.

❷ せんたくする前に、掃除をしてください。
세탁하기 전에 청소를 해 주세요.

❸ 映画館に入る前にチケットを買う。
영화관에 들어오기 전에 티켓을 사다.

❹ 飛行機に乗る前に何をしますか。
비행기를 타기 전에 무엇을 합니까?

❺ 寝る前には何も食べないでください。
자기 전에는 아무것도 먹지 말아 주세요.

出掛ける 나가다, 외출하다
戸締まり 문단속
洗う 씻다
せんたく 세탁
チケット 티켓
飛行機 비행기

Dialogue

A : 私はたいていご飯を食べてからお風呂に入ってすぐ寝ます。田中さんは？
저는 보통 밥을 먹고 나서 목욕을 하고 바로 자요. 다나카 씨는요?

B : 私もご飯を食べてからお風呂に入りますが、すぐに寝ません。
저도 밥을 먹고 나서 목욕하지만, 바로 자지 않아요.

A : 寝る前に何をしていますか。
자기 전에 뭐해요?

B : テレビを見ています。
TV를 봐요.

たいてい 보통
お風呂に入る 목욕하다
すぐ 곧, 바로

나도 해보기

A : ＿＿＿＿＿＿＿＿＿＿＿手を洗ってください。

B : はい。わかりました。

A : 식사하기 전에 손을 씻으세요.
B : 예, 알겠습니다.

답
食事する前に

패턴 089

うちの犬は人が来るたびに吠えます。
우리 강아지는 사람이 올 때마다 짖습니다.

▶▶▶ 동사기본형 + たびに ~할 때마다

「たびに」는 동사의 기본형에 접속하여 어떤 동작을 할 때마다 같은 결과가 나타남을 표현하는 것으로 '할 때마다'로 해석됩니다.

기본 표현

❶ 皮製品のかばんは使うたびにいい色合いになります。
가죽가방은 쓸 때마다 좋은 색조가 됩니다.

❷ 私は大阪に来るたびにこの店に寄るんです。
나는 오사카에 올 때마다 이 가게에 들립니다.

❸ この映画はとても悲しい内容で、見るたびに涙がでます。
이 영화는 매우 슬픈 내용이라서 볼 때마다 눈물이 납니다.

❹ 字は練習するたびにきれいに書けるようになるものです。
글자는 연습할 때마다 예쁘게 쓸 수 있게 되는 것입니다.

❺ 初優勝のトロフィーを見るたびに「頑張ろう」と思うんです。
첫 우승의 트로피를 볼 때마다 "힘내자"라고 생각합니다.

Dialogue

A : うでのキズ、どうしたの？
팔에 상처는 왜 그래?

B : アイロンでやけどしちゃった。
다리미에 화상 입었어.

A : いたそうだね。
아프겠다.

B : 私、アイロンがけが苦手なんだよね。アイロンがけをするたびにやけどをするんだ。
나, 다림질이 서툴러. 다림질을 할 때마다 화상을 입어.

나도 해보기

A : この美容室、＿＿＿＿＿＿＿＿顧客が増えてきているみたい。

B : 口コミでお客が増えているようだよ。

A : 이 미용실, 올 때마다 손님이 늘고 있는 것 같아.
B : 입소문으로 손님이 늘고 있대.

家を買うために貯金しています。

집을 사기 위해서 저금을 하고 있습니다.

▶▶▶ **동사기본형 + ため(に)** ~하기 위해서

「ため(に)」는 접속 형태에 따라 '~하기 위해서'라는 의미의 목적을 나타내기도 하고, '~하기 때문에'라는 의미의 이유·원인을 나타내기도 합니다. 목적을 나타내는 표현은 동사의 기본형에 접속되고, 이유 및 원인을 나타내는 표현은 동사의 과거형에 접속됩니다.

기본 표현

❶ やせるためにがんばった。
살을 빼기 위해서 노력했다.

❷ この博物館に入るためには入場券が必要です。
이 박물관에 들어가기 위해서는 입장권이 필요합니다.

❸ 留学するために試験を受けた。
유학하기 위해서 시험을 쳤다.

❹ 思い出を残すために写真を撮りたい。
추억을 남기기 위해서 사진을 찍고 싶다.

❺ 試験に合格するために、一生懸命に勉強する。
시험에 합격하기 위해서 열심히 공부한다.

Tip

やせる 여위다
博物館 박물관
入場券 입장권
試験を受ける 시험을 치르다
思い出 추억

Dialogue

A : どうして韓国へ来たんですか。
왜 한국에 왔어요?

B : 韓国語を勉強するために来ました。
한국어를 공부하기 위해서 왔어요.

A : どうして韓国語を勉強していますか。
왜 한국어를 배우고 있어요?

B : 韓国ドラマが好きで、そのドラマを字幕なしで見るためですよ。
한국 드라마를 좋아해서, 그 드라마를 자막 없이 보기 위해서요.

字幕 자막
通勤 통근
引っ越す 이사하다

나도 해보기

A : 通勤時間を＿＿＿＿＿＿＿＿＿＿引っ越したいのよ。

B : 今のマンションは遠いからね。

　　A : 통근 시간을 단축하기 위해서 이사하고 싶어.

　　B : 지금 살고 있는 아파트는 멀기 때문이야.

답

短くするために

패턴
091

試験はがんばる**つもり**です。

시험은 열심히 할 생각입니다.

▶▶▶ **동사기본형 + つもり** ~할 생각, 작정, 의도

「つもり」는 '생각, 작정, 의도' 등의 의미를 지닌 명사로, 동사의 기본형과 부정형에 「~つもりだ」의 형태로 접속되어, 자신의 예정이나 계획을 말할 때 사용하고, '~할 예정이다, ~할 생각이다'로 해석할 수 있습니다. 「つもり」와 「予定(예정)」를 혼동하여 사용하는 경우가 많은데, 「つもり」는 말하는 사람의 의지와 불확실한 예정을 의미하지만, 「予定」는 이미 정해져 있는 구체적인 일정이나 계획된 예정을 나타내므로, 이 차이를 구분하여 사용하여야 합니다.

기본 표현

❶ 2年後には帰国する**つもり**だよ。
2년 후에는 귀국할 예정이야.

❷ 友だちの結婚パーティーに花を持って行く**つもり**です。
친구의 결혼 파티에 꽃을 들고 갈 예정입니다.

❸ 私は旅行には行かない**つもり**だったが、気が変わった。
나는 여행을 가지 않을 생각이었지만 마음이 바뀌었다.

❹ 昼食の後に銀行に寄る**つもり**なんだ。
점심식사 후에 은행에 들를 생각이다.

❺ 私は結婚する**つもり**はないんだ。
나는 결혼할 생각은 없다.

Tip

帰国 귀국
結婚 결혼
パーティー 파티
花 꽃
持つ 들다
行く 가다
変わる 변하다, 바뀌다
昼食 중식, 점심식사
寄る 들르다

Dialogue

A : 夏の予定は何かありますか。
여름 계획은 뭔가 있으신가요?

B : 北海道の温泉に行く**つもり**です。山本さんは?
홋카이도 온천에 갈 예정이에요. 야마모토 씨는?

A : 私は山へ登ろうと思っています。
저는 등산하려고 생각하고 있어요.

B : 元気ですね。私は最近疲れているので、何もしないで休める所がいいです。
원기 왕성하네요. 저는 요즘 피곤해서 아무것도 하지 않고 쉴 수 있는 곳이 좋아요.

夏 여름
予定 예정
北海道 홋카이도, 북해도
温泉 온천
山へ登る 등산하다

나도 해보기

A : 今度の夏休みはどうするの?

B : 友だちと二人でヨーロッパ旅行に_____。

A : 이번 여름휴가는 어떻게 할 거야?　　B : 친구와 둘이서 유럽여행을 갈 예정이야.

답

行くつもりだよ

運動するようにしています。
운동하도록 하고 있습니다.

▶▶▶ **동사기본형 + ようにする** ~하도록 하다

「ようにする」는 주로 의지를 나타내는 타동사의 기본형에 접속하여, 그 행위나 상황을 성립시키는 것에 목적을 두고, 의도적으로 노력하거나 습관적으로 그렇게 하고 있음을 나타내는 표현입니다.

기본 표현

❶ 好き嫌いせず何でも食べるようにしている。
편식하지 않고 뭐든지 먹도록 하고 있다.

❷ 一ヶ月に二冊は本を読むようにしています。
한 달에 2권은 책을 읽도록 하고 있습니다.

❸ 英語でニュースを聞くようにしている。
영어로 뉴스를 듣도록 하고 있다.

❹ この書類は明日までに提出するようにしてください。
이 서류는 내일까지 제출하도록 하세요.

❺ 旅行中は集合時間に遅れないようにしてください。
여행 중에는 집합시간에 늦지 않도록 하세요.

Tip

好き嫌い 좋아함과 싫어함
書類 서류
提出 제출
集合 집합

Dialogue

A : 木村部長、今年は新入社員がたくさん入りましたね。
기무라 부장님, 올해는 신입사원이 많이 입사했네요.

B : そうだね。
그렇군.

A : あれ? 部長、これ何ですか。
어? 부장님, 이거 뭐예요?

B : 新入社員の名簿だよ。名前と顔を覚えるようにしているんだ。
신입사원 명부야. 이름과 얼굴을 기억하도록 하고 있지.

名簿 명부
覚える 기억하다
ずいぶん 꽤
減る 줄다

나도 해보기

A : 田中さん、お酒の量がずいぶん減りましたね。

B : ええ、最近＿＿＿＿＿＿＿＿＿＿＿いるんですよ。

A : 다나카 씨, 술 양이 많이 줄었네요.
B : 네, 최근 마시지 않으려 하고 있어요.

답 飲まないようにして

留学_{りゅうがく}することにしました。

유학하기로 했습니다.

▶▶▶ **동사기본형 + ことにする** ～하기로 하다

「ことにする」는 동사기본형·과거형·부정형에 접속되어 주체의 의지로 인한 결정을 나타내는 표현으로, '～하기로 하다'로 해석됩니다.

기본 표현

❶ 来週_{らいしゅう}、見学_{けんがく}することにしました。
다음 주, 견학하기로 했습니다.

❷ それでは大学卒業後_{だいがくそつぎょうご}は就職_{しゅうしょく}することにしたんですか。
그러면 대학졸업 후에는 취직하기로 했습니까?

❸ 健康_{けんこう}のために、たばこの量_{りょう}を減_へらすことにしました。
건강을 위해서 담배 양을 줄이기로 했습니다.

❹ さんざん迷_{まよ}ったあげく弟_{おとうと}は大学院_{だいがくいん}には行_いかないことにしたんです。
몹시 고민한 끝에 동생은 대학원에는 가지 않기로 했습니다.

❺ ダイエットのため、甘_{あま}いものは食_たべないことにしたんです。
다이어트를 위해, 단 것은 먹지 않기로 했습니다.

Tip

見学 견학
就職 취직
減らす 줄이다
さんざん 온통, 몹시
迷う 망설이다
あげく ～한 끝에
ダイエット 다이어트

Dialogue

A : 今度_{こんど}の週末_{しゅうまつ}、海_{うみ}に行_いかない?
이번 주말, 바다에 가지 않을래?

B : 僕_{ぼく}は遊園地_{ゆうえんち}がいいんだけど、どうして?
나는 유원지가 좋은데, 왜?

A : 砂浜_{すなはま}でゆっくり本_{ほん}を読_よんでいたいの。
해변에서 느긋하게 책을 읽고 싶어.

B : そうか。じゃ、僕_{ぼく}は泳_{およ}ぐことにするよ。
그래? 그럼 나는 수영하는 걸로 할게.

僕 나(남자의 자칭)
砂浜 해변
泳ぐ 수영하다

나도 해보기

A : 足_{あし}の調子_{ちょうし}はどうですか。

B : 思_{おも}ったより痛_{いた}いので、明日_{あす}は会社_{かいしゃ}を_____。

A : 다리 상태는 어때요?

B : 생각했던 것보다 아파서, 내일은 회사를 쉬려고 해요.

답

休_{やす}むことにします

水をたくさん飲むことにしています。
물을 많이 마시기로 하고 있습니다.

▶▶▶ **동사기본형 + ことにしている** ~하기로 하고 있다

동사기본형에 접속되어 주체의 의지에 의한 규칙이나 습관을 나타내는 표현으로 '~하기로 하고 있다'로 해석하고, 동사의 부정형에는 쓰이지 않습니다.

기본 표현

❶ 時間がある限り、子供と過ごすことにしています。
시간이 있는 한, 아이와 보내기로 하고 있습니다.

❷ 休みの日には、必ず1冊は本を読むことにしています。
휴일에는 반드시 한 권은 책을 읽기로 하고 있습니다.

❸ 遠距離恋愛でも、一日に一回は電話で話すことにしています。
장거리 연애라도, 하루에 한 번은 전화로 이야기하기로 하고 있습니다.

❹ 毎日出勤前にジムに行くことにしています。
매일 출근 전에 체육관에 가는 것으로 하고 있습니다.

❺ うちの家庭では、家族全員で家事を分担することにしています。
우리 가정에서는 가족 전원이 가사를 분담하기로 하고 있습니다.

Dialogue

A : 李さん、お姑さんといっしょに住んでいるんですね。
이 씨, 시어머님과 함께 살고 있죠.

B : はい。
네.

A : 外国生活と言うだけでも大変なのに…。
외국생활만으로도 힘들 텐데….

B : そうですね。でも、お互いあまり気を使わないことにしているんです。いろいろ教わることも多くて、勉強になりますよ。
그렇죠. 하지만 서로 그다지 신경 쓰지 않기로 하고 있어요. 여러 가지 배울 것도 많아서 공부가 돼요.

나도 해보기

A : 授業が難しいから、＿＿＿＿＿＿＿＿＿＿＿＿＿。

B : 先にやっておいた方がよくわかるよね。

　　A : 수업이 어려워서, 예습을 하기로 하고 있어.

　　B : 미리 해두는 편이 잘 이해돼.

패턴 095

引っ越しすることになりました。
이사하게 되었습니다.

▶▶▶ 동사기본형 + ことになる　~하게 되다

「ことになる」는 동사기본형 및 과거형, 부정형 등에 접속되어, 주체의 의지와는 상관없는 결정이나 이미 결정된 결과를 나타내는 표현으로 '~하게 되다'로 해석됩니다.

기본 표현

❶ 今日から銀行で働くことになりました。よろしくお願いします。
오늘부터 은행에서 일하게 되었습니다. 잘 부탁드립니다.

❷ 娘さんが旅館を継ぐことになったんですって。
따님이 여관의 가업을 계승한다고 하네요.

❸ 兄が結婚することになりました。
형이 결혼하게 되었습니다.

❹ 明日、急に東京に行くことになったんだ。
내일 갑자기 도쿄에 가게 되었어.

❺ 私は来月アメリカに帰ることになりました。
저는 다음 달 미국에 돌아가게 되었습니다.

Tip
働く 일하다
旅館 여관
継ぐ 이어받다, 계승하다
急に 갑자기
来月 다음 달

Dialogue

A : 李さん、さっき社長に呼ばれていましたね。
이 씨, 조금 전 사장님이 불렀죠.

B : はい。来月から一年間、日本へ海外出張に行くことになりました。
네, 다음 달부터 1년간, 일본에 해외출장을 가게 되었습니다.

A : そうですか。日本語を勉強しておいてよかったですね。
그래요? 일본어를 공부해 두어서 다행이네요.

B : そうですね。向こうで役に立つと思います。
그렇습니다. 거기에서 도움이 될 거라고 생각해요.

向こう 상대편, (목적지의) 그쪽
役に立つ 도움이 되다
部署 부서
働く 일하다

나도 해보기

A : 今日からこちらの部署で_____。田中と申します。よろしくお願いします。

B : こちらこそよろしくお願いします。

　A : 오늘부터 이쪽 부서에서 일하게 되었습니다. 다나카라고 합니다. 잘 부탁드립니다.
　B : 저야말로 잘 부탁드립니다.

답　働くことになりました

120　일본어회화 패턴으로 정복하기

空港で友達と会うことになっています。

공항에서 친구와 만나기로 되어 있습니다.

▶▶▶ **동사기본형 + ことになっている** ～하기로 되어 있다

「ことになっている」는 동사기본형 및 부정형에 접속되어 서로 합의하여 도출된 규칙이나 약속, 사회규범 및 관습 등을 나타내는 표현으로 말하는 사람의 의지는 갖지 않는 경우가 많습니다.

기본 표현

❶ 忘年会にはだいたい30人くらいは来ることになっている。
망년회에는 대략 30명 정도는 오기로 되어 있다.

❷ 今年、学校を卒業して働くことになっています。
올해, 학교를 졸업하고 일하기로 되어 있습니다.

❸ 来週の月曜日の会議で発表することになっている。
다음 주 월요일 회의에서 발표하기로 되어 있다.

❹ 一年間アメリカへ英語の勉強に行くことになっている。
1년간 미국에 어학연수 가기로 되어 있다.

❺ 病院では携帯電話を使ってはいけないことになっています。
병원에서는 휴대전화를 사용할 수 없도록 되어 있습니다.

Tip

忘年会 망년회
だいたい 대략
会議 회의
発表 발표
使う 사용하다

Dialogue

A : 田中さん、妊娠おめでとうございます。
다나카 씨, 임신 축하해요.

B : ありがとうございます。
고마워요.

A : 出産予定日はいつですか。
출산 예정일은 언제예요?

B : 来週あたりに生まれることになっているんですけど、わかりませんね。
다음 주쯤 태어나기로 되어 있지만, 모르겠어요.

妊娠 임신
出産 출산
予定日 예정일
生まれる 태어나다
有給休暇 유급휴가
扱い 취급, 대접
～について ～대해서
取れる 얻을 수 있다

나도 해보기

A : 新入社員の有給休暇の扱いについて教えてください。

B : 当社では、一年目は十日間＿＿＿＿＿＿＿＿＿＿＿＿＿＿。

　　A : 신입사원의 유급휴가의 대우에 관해서 알려 주세요.

　　B : 우리 회사에서는 1년째는 10일 동안 주는 것으로 되어 있어요.

답

取れることになっています

패턴 097

あんなに練習したのだから、負けるわけがない。

그만큼 연습했기 때문에 패배할 리가 없다.

▶▶▶ **동사기본형 + わけがない** ~할 리가 없다

「わけがない」는 동사기본형에 접속하며 말하는 사람의 주관적인 판단을 나타낼 때 사용하는 표현입니다.

기본 표현

❶ 妹のコップを割ってしまったのだから、妹が怒らないわけがない。
여동생의 컵을 깨버렸기 때문에, 여동생이 화내지 않을 리가 없다.

❷ 今人気のドラマを見ないわけがないでしょう。
지금 인기 있는 드라마를 보지 않을 리가 없겠죠.

❸ そんな計画でこの仕事が成功するわけがない。
그런 계획으로 이 일이 성공할 리가 없다.

❹ 素直にあやまるわけがない。
순순히 사과할 리가 없다.

❺ 彼女は無名でも歌手なのだから、歌がへたなわけがない。
그녀는 무명이라도 가수이기 때문에, 노래를 못할 리가 없다.

Dialogue

A : 弟が食べたがっていたパンが売り切れだなんて…。
남동생이 먹고 싶어했던 빵이 다 팔렸대….

B : しかたないよ。
어쩔 수 없지.

A : パンがないと知ったら、がっかりしないわけがないな。
빵이 없다는 것을 알면 실망하지 않을 리가 없어.

B : 明日も行ってみようよ。
내일도 가 보자.

나도 해보기

A : うわ、このかばん、すごく重い。
B : 本が7冊も入っているんだよ。＿＿＿＿＿＿＿＿＿＿＿。

A : 우와, 이 가방, 엄청 무거워.
B : 책이 7권이나 들어 있어. 무겁지 않을 리가 없지.

Tip

負ける 패배하다
コップ 컵
割る 깨다
素直 순진함, 고분고분함
あやま[謝]る 사과하다
無名 무명
歌手 가수

売り切れる 매진되다
がっかりする 실망하다, 낙담하다
重い 무겁다
~冊 ~권

답

重くないわけがないよ

패턴 098

日本のラーメンだから、辛くないはずだ。
일본 라면이니까 맵지 않을 것이다.

▶▶▶ **동사기본형 + はずだ / はずがない**　~일 터이다 / ~일 리가 없다

「はずだ」는 확신할 수는 없지만 여러 상황을 바탕으로 한 당연한 예측이나 기대를 나타내는 표현으로 동사의 기본형에 접속됩니다. 「はずがない」는 동사의 기본형에 접속하여, '~일 리가 없다'로 해석하지만, 주관적인 판단을 나타내는 「わけがない」와는 달리 객관적인 이유와 근거를 들어 그럴 가능성이 없다고 말할 때 사용하는 표현입니다.

기본 표현

❶ 受付は4時で終わりのはずですよ。
접수는 4시로 끝날 것입니다.

❷ 奥さんは確か弁護士のはずですよ。
부인은 분명히 변호사일 것입니다.

❸ 毎週火曜日に出せばいいはずですよ。
매주 화요일에 내면 될 것입니다.

❹ 山田は会議中ですが、もうすぐ終わるはずです。
야마다 씨는 회의 중입니다만, 곧 끝날 것입니다.

❺ たばこは体にいいはずがないよ。
담배는 몸에 좋을 리가 없어요.

Tip

辛い 맵다
受付 접수
確か 분명히, 확실히
弁護士 변호사
出す 내다, 보내다
終わる 끝나다

Dialogue

A : あれ？ 今日の会議には田中さんは来るんですか。
어, 오늘 회의에 다나카 씨는 옵니까?

B : 昨日話したとき来ると言っていましたから、来るはずですよ。
어제 말할 때 온다고 했으니까 반드시 올 거예요.

A : そうですか。それではもう少し待ちましょうか。
그래요? 그러면 조금 더 기다릴까요?

B : そうしましょう。
그렇게 합시다.

手帳 수첩
書く 쓰다

나도 해보기

A : 鈴木さんの住所はご存じですか。
B : 確か手帳に_____。

A : 스즈키 씨의 주소는 알고 있습니까?
B : 분명히 수첩에 적어 놓았을 텐데.

답

書いてあるはずだけど

패턴 099

放っておくわけにはいかない。

내버려 둘 수는 없다.

▶▶▶ **동사기본형 + わけにはいかない / ないわけにはいかない**　~할 수는 없다 / ~해야 한다

「わけにはいかない」는 동사의 기본형에 접속하여, 일반 상식 및 사회적인 통념이나 도덕적·윤리적으로 불가능하다는 뉘앙스를 내포하여 '그렇게 간단히 ~할 수 없다'는 의미로 쓰이는 표현입니다. 또한 동사의 부정형에 접속하는 「ないわけにはいかない」는 이중 부정을 이용한 긍정표현으로 '~하지 않으면 안 된다' 즉, '~해야 한다'라는 의미로 쓰입니다.

기본 표현

❶ 明日はゆっくり休むわけにはいかない。
　내일은 느긋하게 쉴 수 없다.

❷ ここであきらめるわけにはいかない。
　여기에서 포기할 수는 없다.

❸ 今会社をやめるわけにはいきません。
　지금 회사를 그만둘 수는 없습니다.

❹ 約束の時間まで行くには、ゆっくりしているわけにはいかない。
　약속 시간까지 가려면 느긋하게 있을 수는 없다.

❺ 人が倒れているんだから、助けないわけにはいかないでしょう。
　사람이 쓰러져 있어서, 도와주지 않으면 안 되겠죠.

Dialogue

A : 金さん、どうしたの、その顔。 김 씨, 왜 그래? 그 얼굴.

B : 昨日、居酒屋の前で酔っぱらいに殴られて…。売られた喧嘩を
買わないわけにはいかないでしょう。
　어제 선술집 앞에서 취객에게 맞아서…. 먼저 걸어온 싸움을 상대하지 않으면 안 되죠.

A : 金さん…。それを買わないのが大人でしょう。
　김 씨, 그것을 상대하지 않는 게 어른이죠.

B : 反省しています。 반성하고 있어요.

나도 해보기

A : 今週末も会えないの?

B : 試験前だからね。今遊んで＿＿＿＿＿＿＿＿＿＿＿＿。
試験が終わったらどこかに遊びに行こう。

　A : 이번 주말도 만날 수 없어?

　B : 시험 전이라서. 지금 놀고 있을 수 없어. 시험이 끝나면 어디 놀러 가자.

Tip

放っておく 내버려 두다
ゆっくり 천천히
あきらめる 포기하다
倒れる 쓰러지다
助ける 도와주다, 구조하다

居酒屋 선술집
酔っぱらい 취객
殴られる 얻어맞다
喧嘩 싸움
大人 어른
反省 반성

답

いるわけにはいかないよ

패턴 100

ソウルまでわざわざ行くことはない。

서울까지 일부러 갈 필요는 없다.

▶▶▶ **동사기본형 + ことはない** ~할 필요는 없다

「ことはない」는 동사의 기본형에 접속되어 충고나 조언을 할 때 쓰이는 표현입니다.

기본 표현

❶ **食べきれなかったら、無理して食べることはない**よ。
다 먹을 수 없으면 무리해서 먹을 필요는 없어.

❷ **さっき鍵を確認したんだから、また確認することはない**よ。
조금 전 열쇠를 확인했기 때문에 또 확인할 필요는 없어.

❸ **少々熱があっても学校を休むことはない**よ。
약간 열이 있어도 학교를 쉴 필요는 없어.

❹ **まだ時間があるから、走っていくことはない**よ。
아직 시간이 있기 때문에 뛰어갈 필요는 없어.

❺ **お母さんがすぐ来るから、そんなに泣くことはない**よ。
엄마가 곧 오기 때문에 그렇게 울 필요는 없어.

Tip

わざわざ 일부러
鍵 열쇠
確認 확인
熱 열
泣く 울다

Dialogue

A : **この雑誌にあるコートがかわいいな。買っちゃおうかな。**
이 잡지에 있는 코트가 예쁘다. 사 버릴까?

B : **去年もコートを買ったんじゃない。**
작년에도 코트를 샀잖아.

A : **でも今年の流行はこのデザインだよ。**
하지만 올해 유행은 이 디자인이야.

B : **自分に合ったファッションをすればいいんだよ。流行に左右されることはない**よ。
자신에게 맞는 패션을 하면 돼. 유행에 좌우될 필요는 없어.

コート 코트
去年 작년
流行 유행
デザイン 디자인
ファッション 패션
左右される 좌우되다
台詞 대사
アドリブ 애드립
緊張する 긴장하다

나도 해보기

A : **台詞を忘れたら、どうしよう。**

B : **台詞を忘れたら、アドリブで言えばいいんだよ。そんなに**

_____。

A : 대사를 잊어버리면 어쩌지?

B : 대사를 잊으면 애드립으로 말하면 돼. 그렇게 긴장할 필요는 없어.

답

緊張することはないよ

努力することなしに、成功もない。

노력하지 않으면 성공도 없다.

▶▶▶ **동사기본형 + ことなしに** ～하지 않고, ～하는 일 없이

동사의 기본형에 접속하는 「ことなしに」는 '～하지 않고, ～하는 일 없이'라는 의미로 쓰이는 표현으로, '다른 가능성도 있지만, 그렇게 하지 않고'라는 의미를 내포하고 있습니다.

기본 표현

❶ 医者は動揺する**ことなしに**対処できる冷静さも必要だ。
의사는 동요하는 일 없이 대처할 수 있는 냉정함도 필요하다.

❷ あいさつもする**ことなしに**、彼は本社に移動になった。
인사도 하지 않고 그는 본사로 이동되었다.

❸ 苦労する**ことなしに**得たものは、失うのも簡単なものです。
고생하지 않고 얻은 것은 잃기도 쉬운 법입니다.

❹ 日々鍛錬する**ことなしに**、メダルの栄光はありません。
매일 단련하지 않고서는, 메달의 영광은 없습니다.

❺ 働く**ことなしに**、どうやって食べていくの?
일하지 않고, 어떻게 먹고 살아?

Tip

動揺 동요
対処 대처
冷静さ 냉정함
必要だ 필요하다
本社 본사
移動 이동
苦労 고생, 수고
得る 얻다
失う 잃다
簡単だ 간단하다
働く 일하다

Dialogue

A : 契約がうまくいってよかったですね。
계약이 잘 돼서 다행이에요.

B : 君がいいアドバイスをしてくれた**ことなしに**今回の成果はなかったよ。
자네가 좋은 충고를 해주지 않았으면, 이번 성과는 없었어.

A : 先輩の実力ですよ。
선배님의 실력이에요.

B : いいや、君のおかげだよ。
아니야, 자네 덕분이야.

契約 계약
アドバイス 어드바이스, 충고
成果 성과
実力 실력
成績 성적
方法 방법

나도 해보기

A : 成績が簡単に上がる方法はないかな?

B : そんなのがあったら、誰も苦労しないよ。＿＿＿＿＿＿、成績はあげられないよ。

A : 성적이 쉽게 오르는 방법은 없을까?
B : 그런 것이 있다면 아무도 고생하지 않지. 공부하지 않고서 성적을 올릴 수 없어.

답
勉強することなしに

社会に出る**ことなく**、結婚をしてしまいました。

사회로 나가지 않고, 결혼을 해버렸습니다.

▶▶▶ **동사기본형 + ことなく**　～하지 않고, ～하는 일 없이

「ことなく」는 「ことなしに」와 동일한 기능을 가진 표현으로 '～하지 않고'로 해석됩니다.

기본 표현

❶ 彼女は最後まで真実をしゃべる**ことなく**、この世を去った。
그녀는 마지막까지 진실을 말하지 않고, 이 세상을 떠났다.

❷ 最後まであきらめる**ことなく**、正々堂々と戦おう。
마지막까지 포기하지 않고, 정정당당하게 싸우자.

❸ 結局、叔母は息子に会える**ことなく**、東京を後にしました。
결국, 아주머니는 아들을 만나지 못하고 도쿄를 떠났습니다.

❹ 彼女は一度も試合で優勝をのがす**ことなく**、プロになった。
그녀는 한 번도 시합에서 우승을 놓치지 않고 프로가 되었다.

❺ 今まで人に頼る**ことなく**、自分一人でやってきました。
지금까지 남에게 의지하지 않고 스스로 해 왔습니다.

Dialogue

A : オーディション、どうだった?
오디션은 어땠어?

B : だめだった。2次審査にも残る**ことなく**、落選。
안됐어. 2차 심사에도 올라가지 않고 낙선.

A : また挑戦すればいいよ。
다시 도전하면 돼.

B : うん、これくらいのことではあきらめないよ。
응. 이 정도로 포기하지 않아.

나도 해보기

A : なさけないな。デートなのに手も_____帰ってきたの?

B : うるさいな。べつにいいだろう。

　　A : 한심하다. 데이트인데 손도 잡지 않고 돌아온 거야?

　　B : 시끄러워. 상관없잖아.

父の病気が治る**ものなら**、どんなこともしてあげたいです。

아버지의 병이 낫는다면, 어떤 일이라도 해주고 싶습니다.

▶▶▶ **동사기본형 + ものなら** ~하다면

「ものなら」는 주로 가능동사의 기본형에 접속하여, '~하다면'이라는 의미를 나타내고, 대체로 실현 불가능한 것을 가정하는 표현으로 쓰입니다. 문장 끝에는 희망을 나타내는 조동사 「たい」를 사용한 표현이 이어지는 경우가 대부분입니다.

기본 표현

❶ 20代に戻れるものなら、戻りたい。
20대로 돌아갈 수 있다면 돌아가고 싶다.

❷ 一週間の休暇がとれるものなら、とりたいよ。
일주일간의 휴가를 받을 수 있다면 받고 싶다.

❸ 部長に文句の一つでも言えるものなら、言いたいよ。
부장님에게 불평 한 마디라도 할 수 있다면 말하고 싶다.

❹ ドレスを着てパーティーに行けるものなら、行きたい。
드레스를 입고 파티에 갈 수 있다면 가고 싶다.

❺ できるものなら、一ヶ月ぐらい休暇を取りたいです。
가능하다면 한 달 정도 휴가를 받고 싶습니다.

Dialogue

A : また負けた。
또 졌어.

B : ゲームで俺に勝とうなんて、まだまだ早いね。
게임에서 나를 이기려고 하다니, 아직 일러.

A : 次は負けないぞ。
다음엔 지지 않아.

B : 俺に勝てるものなら、勝ってみろ。
나를 이길 수 있으면 이겨 봐.

나도 해보기

A : この写真、撮り直しが_____、撮り直したい。

B : どうして? けっこう、よく撮れているよ。

　　A : 이 사진, 다시 찍을 수 있다면 다시 찍고 싶어.

　　B : 어째서? 충분히 잘 찍혔어.

패턴 104

年ごろの娘の気持は、理解できないものがある。

결혼 적령기 딸의 기분은 이해할 수 없는 면이 있다.

▶▶▶ **동사기본형 + ものがある** ～하는 면이 있다

「ものがある」는 동사의 기본형에 접속되어 '～한 사실로 느껴지다'라는 뉘앙스를 내포하고 있는 표현입니다. 조사 「には」를 취하는 경우가 많습니다.

기본 표현

❶ 彼女のバイオリンの才能には、目を見張るものがある。
그녀의 바이올린 재능에는 눈이 휘둥그레지게 하는 면이 있다.

❷ 君の声にはいいものがあるよ。
자네의 목소리에는 좋은 면이 있어.

❸ 会社が受けた業務責任処分について、納得いかないものがある。
회사가 받은 업무책임 처분에 관해서 납득할 수 없는 면이 있다.

❹ 彼の仕事能力には評価されるだけのものがある。
그의 업무능력에는 평가받을 만한 면이 있다.

❺ ここ1年間の彼女の成長ぶりには、めざましいものがある。
최근 1년 동안 그녀가 성장한 모습에는 눈부신 면이 있다.

Tip

年ごろ 결혼 적령기
バイオリン 바이올린
才能 재능
目を見張る 눈이 휘둥그
　레지다
業務 업무
責任 책임
処分 처분
納得 납득
能力 능력
評価 평가
成長 성장
ぶり 모습, 태도
めざましい 눈부시다

Dialogue

A : 今回の個展にはいい作品が多いね。
이번 개인전에는 좋은 작품이 많네.

B : ありがとうございます。
감사합니다.

A : 特に、この彫刻は見る人の心を打つものがあるよ。
특히, 이 조각은 보는 사람의 마음을 움직이는 면이 있어.

B : この作品は今回の個展の中でも、一番の自信作なんです。
이 작품은 이번 개인전 중에서도 가장 자신 있는 작품이에요.

個展 개인전
作品 작품
彫刻 조각
心を打つ 마음을 움직이
　다
悩み 고민

나도 해보기

A : 人生にはなかなか＿＿＿＿＿＿＿＿＿＿＿＿＿＿＿＿。

B : 何か、悩みでもあるの?

　A : 인생에는 좀처럼 잘되지 않는 면이 있어.

　B : 뭔가, 고민이라도 있어?

답

うまくいかないものが
あるよね

彼がいい人なもんか。

그가 좋은 사람인가?

▶▶▶ **동사기본형 + もんか** ～이구나, ～인가, ～할까보냐

「もんか」는 「ものか」의 서슴없는 표현으로 주로 회화체로 쓰이고, 놀라움이 섞인 감동을 나타내어 '～이구나, ～인가'라는 의미로 해석되기도 하고, '절대 ～않겠다'라는 의미로 상대방의 말이나 생각 등을 강하게 반대하거나 부정하는 기분을 말할 때 나타내어 '～할까보냐'라는 의미로 해석되기도 합니다.

기본 표현

❶ 今度は負けるもんか。
이번에는 질까보냐.

❷ 彼女がきれいなもんか。
그녀가 예쁘단 말인가.

❸ これぐらいの寒さで、寒いもんか。
이 정도의 추위로, 추울까보냐.

❹ うちのお母さんが、やさしいもんか。
우리 엄마가 상냥하단 말인가.

❺ 僕が泣き虫なもんか。どんなことでも絶対泣かないぞ。
내가 울보인가? 어떤 일에도 절대 울지 않아.

Dialogue

A : 今度の中間テスト、1位はまた高橋かな？
이번 중간시험, 1등은 또 타카하시일까?

B : 高橋なもんか。今度は俺が1位をとる。
타카하시일까보냐. 이번에는 내가 1등을 할 거야.

A : すごい自信だね。
대단한 자심감이네.

B : 当たり前だ。いつもライバルの高橋に負けてばかりいられないさ。
당연하지, 항상 라이벌인 타카하시에게 지고만 있을 수 없어.

나도 해보기

A : 彼女の手料理はおいしかった？

B : ＿＿＿＿＿＿＿＿＿。味がわからないよう飲み込むように食べたよ。

A : 그녀가 손수 만든 요리는 맛있었어?

B : 맛있겠어? 맛을 모를 만큼 삼키듯이 먹었어.

ちかてつ　　の　　　　はや　　　　　せき　すわ　　　　　　　　　　　　　すがた　いや
地下鉄に乗る**が早いか**、席に座ろうとするおばさんの姿は嫌だ。

지하철을 타자마자, 자리에 앉으려고 하는 아주머니의 모습은 싫다.

▶▶▶ **동사기본형 + が早いか**　~하자마자

「~が早いか」는 동사기본형에 접속되어 '~하자마자'라는 의미로 어떤 동작이나 상황이 일어나는 순간에 바로 이어져 다른 동작이나 상황이 발생하는 경우에 쓰이는 표현입니다.

기본 표현

❶ みはや　　　　　おお　　ほう　　も　　　　　　　　　　　　　おとうと
ケーキを見る**が早いか**、大きい方を持っていってしまった弟だ。
케이크를 보자마자 큰 쪽을 가져가 버린 남동생이다.

❷ はやかわ　　びじん　み　　　はや　　　　　となり　せき　すわ　たつじん
早川は美人を見る**が早いか**、隣の席に座る達人だ。
하야가와는 미인을 보자마자 옆자리에 앉는 달인이다.

❸ せんせい　　　　　　　　　な　　はや　　　　きょうしつ　はい　　き
先生はチャイムが鳴る**が早いか**、教室に入って来た。
선생님은 차임벨이 울리자마자 교실에 들어왔다.

❹ つりいと　た　　はや　　　　さかな　　　　つ
釣糸を垂らす**が早いか**、魚がすぐに釣れた。
낚싯줄을 드리우자마자 물고기가 바로 낚였다.

❺ ゆうしょう　　　　はや　　　　かんとく　どうあ
優勝する**が早いか**、監督を胴上げにした。
우승하자마자 감독을 헹가래쳤다.

Tip

ケーキ 케이크
席 좌석
座る 앉다
達人 달인
鳴る 울리다
腕 팔, 솜씨
釣糸 낚싯줄
垂らす 드리우다
監督 감독
胴上げ 헹가래

Dialogue

A : このマジックはすごいね。
이 마술은 대단하네.

B : なか　はい　　はや　　　　ふく　か
うん、中に入る**が早いか**、服が変わるんだもん。
응. 안에 들어가자마자 옷이 바뀌어.

A : きが　　　　　　じかん　びょう　た
着替えている時間に10秒も経っていないよ。
갈아입는 시간이 10초도 지나지 않았어.

B : どうやっているんだろうね。
어떻게 하는 걸까.

マジック 매직, 마술
着替える 갈아입다
戻る 돌아오다

나도 해보기

A : きのしたくん　　　　　　いそが
木下君、ものすごく忙しそうだったね。

B : かいしゃ　　　　　　　　　　　　　　で
会社に＿＿＿＿＿＿＿＿＿、また出ていったよね。

A : 키노시타 군, 굉장히 바쁜 것 같아.
B : 회사로 돌아오자마자 또 나갔어.

답
もど　　　はや
戻るが早いか

本を出版するやいなや、人気作家になった。

책을 출판하자마자 인기 작가가 되었다.

▶▶▶ **동사기본형 + やいなや** ~하자마자

「~やいなや」는 「~がはやいが」와 동일한 표현으로 '~하자마자'라고 해석됩니다.

기본 표현

① ソファーに横になるやいなや、眠りこんでしまった。
소파에 눕자마자 잠들어 버렸다.

② デビューするやいなや、人気歌手になってしまった。
데뷔하자마자 인기 가수가 되어 버렸다.

③ 弟は家に帰るやいなや、外に遊びに行ってしまった。
남동생은 집에 오자마자 밖에 놀러가 버렸다.

④ 血を見るやいなや、気絶してしまった。
피를 보자마자 기절하고 말았다.

⑤ 彼氏を見つけるやいなや、追いかけて行ってしまった。
남자친구를 발견하자마자 뒤쫓아가고 말았다.

Tip

ソファー 소파
横になる 눕다
眠りこむ 깊이 잠들다
デビュー 데뷔
気絶 기절
追いかける 뒤쫓아가다

Dialogue

A : すごくお腹が空いていたみたいね。
엄청 배가 고픈 것 같아.

B : うん、朝からほとんど何も食べていなかった。
응, 아침부터 거의 아무것도 먹지 않았어.

A : うどんを見るやいなや、一気に食べていたもん。
우동을 보자마자 단숨에 먹었어.

B : 早朝練習で、朝食もまともに食べてこられなかったんだ。
아침 연습 때문에 아침도 똑바로 먹고 올 수 없었어.

一気に 단숨에
朝食 조식
まともに 똑바로, 제대로,
　　　진지하게
組み 조, 동아리
転校 전학(=転学)
イケ面 꽃미남
注目 주목

나도 해보기

A : B組みの桐野君は転校を_____人気者になったね。

B : あれだけイケ面だと、注目されるよ。

　　　A : B조인 키리노 군은 전학을 오자마자 인기있는 사람이 됐어.

　　　B : 저만큼 꽃미남이라면 주목받을 거야.

답

するやいなや

先生は教室に入るなり、昨日学校に泥棒が入ったことを告げた。
せんせい きょうしつ はい　　　きのう がっこう どろぼう はい　　　　つ

선생님은 교실에 들어오자마자, 어제 학교에 도둑이 들었다는 것을 알렸다.

▶▶▶ **동사기본형 + なり** 〜하자마자

「なり」는 접속 형태에 따라 다양한 쓰임이 있는데, 동사의 기본형에 접속될 경우 '〜하자마자'라는 의미로 쓰입니다.

기본 표현

❶ 弟は家に着くなり、トイレに駆け込んだ。
おとうと いえ つ　　　　　　　　　　か こ
남동생은 집에 도착하자마자 화장실로 뛰어갔다.

❷ 壊れたおもちゃを見るなり、妹は泣き出した。
こわ　　　　　　　　み　　　　いもうと な だ
부서진 장난감을 보자마자 여동생은 울기 시작했다.

❸ 屋上に上がるなり、大きな声で叫んだ。
おくじょう あ　　　　　おお こえ さけ
옥상에 올라가자마자 큰 목소리로 소리쳤다.

❹ テストの点を見るなり、カバンに入れて隠してしまった。
てん み　　　　　　　　　い　　　かく
시험 점수를 보자마자 가방에 넣어 숨겨 버렸다.

❺ 暑くて、家に帰るなり、水でシャワーをしたよ。
あつ　　　いえ かえ　　　　みず
더워서 집에 가자마자 물로 샤워를 했다.

Dialogue

A : 昨日の学園祭の舞台は楽しかったね。
きのう がくえんさい ぶ たい たの
어제 학원 축제 무대는 즐거웠어.

B : うん、2年の先輩たちが舞台に上がるなり、女装で踊るんだもん。
ねん せんぱい ぶ たい あ　　　　じょそう おど
응. 2학년 선배들이 무대에 오르자마자 여장하고 춤을 췄잖아.

A : あの人たちは男子バスケットボール部の人たちなんだそうだよ。
ひと　　　だんし ぶ ひと
그 사람들은 남자 농구부의 사람들이라고 해.

B : 普段のかっこいい姿が台無しだね。
ふ だん　　　　　　すがた だいな
평소의 멋있는 모습이 완전히 망가졌네.

나도 해보기

A : 良子は試験勉強に一生懸命よ。今日も_____、
よしこ し けんべんきょう いっしょうけんめい　　きょう
勉強しているもの。
べんきょう

B : あんまり根をつめるのも体に良くないけどな。
こん　　　　　　　からだ よ

A : 요시코는 시험 공부를 열심히 하고 있어. 오늘도 식사를 하자마자 공부하고 있어.
B : 지나치게 집중해서 하는 것도 몸에는 안 좋은데.

Tip

泥棒 도둑
告げる 알리다
駆け込む 뛰어 들어가다
壊れる 부서지다
おもちゃ 장난감
屋上 옥상
叫ぶ 소리치다
点 점, 점수
隠す 숨기다
シャワー 샤워

学園祭 학원 축제
舞台 무대
女装 여장
踊る 춤추다
バスケットボール 농구
普段 평소
台無しだ 엉망이 되다, 망가지다
一生懸命 (목숨을 걸고) 열심임
根をつめる 끈기 있게 하다, 한 가지 일에 집중하다

답
食事をするなり
しょくじ

朝食はごはんを食べる**なり**、パンを食べる**なり**好きにしなさい。

조식은 밥을 먹든 빵을 먹든 좋을 대로 하세요.

▶▶▶ **동사기본형 + なり、동사기본형 + なり** ~든지 ~든지

「なり」가 「동사기본형＋なり、동사기본형＋なり」 형태로 쓰일 경우, 대등하거나 비슷한 내용을 예시하는 표현으로 '~든지 ~든지'로 해석됩니다.

기본 표현

❶ さばがあるから煮る**なり**、さしみにする**なり**して食べて。
고등어가 있으니까 조리든지 회로 하든지 해서 먹어.

❷ 背広を誰かに借りる**なり**、新しく買う**なり**準備しないといけない。
정장을 누군가에게 빌리든 새로 사든 준비하지 않으면 안 된다.

❸ 今日は飲む**なり**、食べる**なり**して楽しみましょう。
오늘은 마시든지 먹든지 해서 즐깁시다.

❹ 旅行先が寒い**なり**、暑い**なり**して風邪をひいた。
여행지가 춥든지 덥든지 해서 감기에 걸렸다.

❺ 海辺で本を読む**なり**、日光浴をする**なり**して過ごした。
해변에서 책을 읽거나 일광욕을 하거나 하며 보냈다.

Tip

さば 고등어
煮る 끓이다
背広 정장
借りる 빌리다
海辺 해변
日光浴 일광욕
各自 각자
過ごす 보내다, 지내다

Dialogue

A : ここのガラス工房では、コップ**なり**、花瓶**なり**自由に選んで、
自分で作れる体験コースがあるんだよ。
여기 유리공방에서는 컵이든 꽃병이든 자유롭게 고르고, 스스로 만들 수 있는 체험 코스가 있어.

B : わあ、おもしろそうだね。 와, 재미있겠다.

A : 体験をしてみる？ 체험해 볼래?

B : うん、やってみたい。 응, 해보고 싶어.

工房 공방
花瓶 화병
選ぶ 고르다
体験コース 체험 코스
しょうがない 어쩔 수
　없다
やけっぱち 자포자기

나도 해보기

A : 試験の結果を気にしてもしょうがない。
＿＿＿＿＿＿＿＿＿＿＿好きにしろという感じだ。

B : 何やけっぱちになっているの。頑張ったんだから、だいじょ
うぶだよ。

　A : 시험 결과를 신경 써도 어쩔 수 없어. 죽이 되든 밥이 되든 될 대로 돼라야.
　B : 뭘 자포자기하고 있어? 열심히 했으니까, 괜찮아.

답

煮る**なり**、焼く**なり**

この時期は雪崩れが起こるおそれがある。

이 시기는 눈사태가 일어날 우려가 있다.

▶▶▶ **동사기본형 + おそれがある** ~할 우려가 있다

「おそれがある」라는 표현은 '~할 우려가 있다'라는 의미로 좋지 않은 일이 발생할 위험성이 있음을 나타낼 때 쓰는 표현입니다.

기본 표현

❶ 早く手術をしないと手遅れになるおそれがあります。
빨리 수술하지 않으면, 손쓸 수 없게 될 우려가 있습니다.

❷ 川の増水で村の人たちが孤立するおそれがある。
강물이 불어나서 마을 사람들이 고립될 우려가 있다.

❸ 吹雪で道が通れないおそれがある。
눈보라로 길을 지날 수 없을 우려가 있다.

❹ このままだとインフルエンザが日本中に広がるおそれがあります。
이대로라면 인플루엔자가 일본 전체로 확산될 우려가 있습니다.

❺ 地震による津波のおそれがありますので、十分に注意してください。
지진으로 인한 해일의 우려가 있기 때문에 충분히 주의하세요.

Tip

手遅れ 손쓸 수 없음, 시기를 놓침
増水 홍수
孤立 고립
吹雪 눈보라
インフルエンザ 인플루엔자
津波 해일

Dialogue

A : ねえ、聞いた？ うちの会社も合併するかもしれないんだって。
있잖아. 들었어? 우리 회사도 합병될지도 모른대.

B : ここ数年の間に、会社の業績が良くないもんね。
최근 수년 동안 회사의 실적이 좋지 않잖아.

A : 合併になったら、人件費削減でリストラされるおそれがあるよ。
합병되면 인건비 삭감으로 정리해고 당할 우려가 있어.

B : そんなの嫌だよ。
그런 거 싫어.

合併 합병
人件費 인건비
削減 삭감
リストラ 정리해고
黄砂 황사
ひどい 매우 심하다

나도 해보기

A : 今日一日、風が強くて、黄砂がひどくなる＿＿＿＿＿＿＿、
外出には気をつけてください。

B : マスクをつけて行くよ。

A : 오늘 하루 종일 바람이 강해서 황사가 심해질 우려가 있다고 하니까, 외출할 때 조심하세요.
B : 마스크 끼고 갈게.

답

おそれがあるそうなので

패턴 111

生活が便利になる一方で、人のやさしさが失われていく。
생활이 편리해지는 한편, 인간의 상냥함이 상실되어 간다.

▶▶▶ **동사기본형 + 一方で** ~하는 한편

> 「一方で」는 '~하는 한편'이라는 의미로 어떤 두 가지 일이 동시성을 가지는 경우에 앞 문장과 뒤 문장을 대조적으로 비교할 때 쓰는 표현입니다.

 **기본 표현**

❶ 彼はお金がないと言う一方で、かなり貯金していた。
그는 돈이 없다고 하면서도, 꽤 저금을 했다.

❷ 彼はバイトをする一方で、ボランティアもしていた。
그는 아르바이트를 하는 한편, 자원봉사도 하고 있었다.

❸ 教育はしかる一方で、ほめることが大切だ。
교육은 혼내는 한편, 칭찬하는 것이 중요하다.

❹ 父親が厳しくする一方で、母はいつも私に優しかった。
아버지가 엄격한 한편, 엄마는 항상 나에게 상냥했다.

❺ 彼は苦しい生活をしている一方で、勉学にも励んでいた。
그는 궁색한 생활을 하고 있는 한편, 면학에도 힘쓰고 있었다.

Dialogue

A : この間、中国語をしゃべっているところを見たんだけど、英会話を習うって言っていなかったっけ?
지난번에 중국어하는 거 봤는데 영어회화 배운다고 하지 않던가?

B : あっ、中国語のことを見ていたの?
앗, 중국어하는 거 봤어?

A : うん、中国語もしゃべれるんだと驚いたよ。
응, 중국어도 할 수 있구나 하고 놀랐어.

B : 実は英会話を習う一方で、同じ塾で中国語も習っているの。
실은 영어회화를 배우는 한편으로 같은 학원에서 중국어도 배우고 있어.

나도 해보기

A : 笑美子、急にアメリカに留学すると言って、本当に行っちゃたね。

B : うん、でも会社で＿＿＿＿＿＿、英会話も習っていて、準備していたそうだよ。

> A : 에미코, 갑자기 미국으로 유학한다고 말하고, 정말로 가 버렸어.
> B : 응, 하지만 회사에서 일하는 동안 영어회화도 배우며 준비를 하고 있었대.

Tip

貯金 저금
バイト 아르바이트
ボランティア 볼런티어, 자원봉사자
しかる 꾸짖다, 나무라다
ほめる 칭찬하다
厳しい 엄격하다
優しい 상냥하다
苦しい 괴롭다, 궁색하다
勉学 면학
励む 힘쓰다

しゃべる 말하다
驚く 놀라다
塾 학원
働く 일하다

답
働く一方で

패턴 112

景気は悪くなる一方だ。

경기는 나빠지기만 한다.

▶▶▶ **동사기본형 + 一方だ** ~하기만 하다

동사의 기본형에 「一方だ」가 접속될 경우, '~하기만 하다'라는 의미로 쓰이며 어떤 일이 점점 한쪽 방향으로만 진행되는 경우를 나타내고 마이너스 평가가 많습니다.

기본 표현

❶ 少子化で学校の生徒も減る一方だ。
저출산화로 학교의 학생도 줄어들기만 한다.

❷ IT分野は発展する一方だ。
IT분야는 발전하고만 있다.

❸ これからはだんだん暑くなる一方だ。
앞으로는 점점 더워지기만 한다.

❹ 金をとる一方のやぶ医者もいる。
돈벌이만 하는 돌팔이 의사도 있다.

❺ 私欲を肥やす一方の議員はやめさせるべきだ。
사욕을 채우기만 하는 의원은 해직시켜 마땅하다.

少子化 저출산화
減る 줄다
分野 분야
発展 발전
やぶ医者 돌팔이 의사
私欲を肥やす 사욕을 채우다

Dialogue

A : 俺、どうしよう…。
나, 어쩌지….

B : 何かあったの?
무슨 일 있어?

A : 今まで友だちだと思っていた美加を、最近女性として気になる一方なんだ。 지금까지 친구라고 생각했던 미카가 최근 여자로 계속 신경이 쓰여.

B : それはもう恋だね。
그건 이제 사랑이야.

恋 사랑
悩む 고민하다
財テク 재테크
株 주식
投資 투자

나도 해보기

A : 最近は銀行の利子も＿＿＿＿＿＿＿＿、財テクをどうしたらいいのか悩むよ。

B : 不景気で、株に投資するにも不安だよな。

　　A : 요즘은 은행의 이자도 내려가기만 해서, 재테크를 어떻게 하면 좋을지 고민이야.
　　B : 불경기라서 주식에 투자하는 것도 불안해.

답

減る一方で

こちらが気_きをつかうにはあたらない。

이쪽에서 신경을 쓸 것까지는 없다.

▶▶▶ **동사기본형 + にはあたらない**　~할 것까지는 없다

「にはあたらない」는 동사기본형에 접속하여, '~할 것까지는 없다'라는 의미로 '~할 정도는 아니다'는 뜻을 나타내는 표현으로 권고나 조언을 할 때 주로 사용됩니다.

기본 표현

Tip

① なにも君_{きみ}が責任_{せきにん}をもつにはあたらないよ。
아무것도 네가 책임질 것까지는 없다.

葬式 장례식
むきになる 정색을 하고 화내다(대들다)
弁償 변상

② 私_{わたし}たちまでお葬式_{そうしき}にいくにはあたらないでしょう。
우리들까지 장례식에 갈 것까지는 없죠.

③ あなたまでむきになるにはあたらないんじゃない?
너까지 정색하고 화낼 것까지는 없잖아?

④ この事故_{じこ}は、私_{わたし}が弁償_{べんしょう}をするにはあたらないと思_{おも}います。
이 사고는 제가 변상을 할 것까지는 없다고 생각합니다.

⑤ あなたまで彼_{かれ}のことを悪_{わる}くいうにはあたらないと思_{おも}うんだけど。
너까지 그를 나쁘게 말할 것까지는 없다고 생각하는데.

Dialogue

A : 今回_{こんかい}赴任_{ふにん}してきた水口_{みずぐち}さんは、ぜんぜん課長_{かちょう}にあたらない人_{ひと}だと思_{おも}わない?
이번에 부임해 온 미즈구치 씨는 전혀 과장에 어울리지 않는 사람이라고 생각하지 않아?

赴任 부임
ふりをする ~체하다
つけが回ってくる 이전의 잘못된 행위에 대한 응보가 돌아오다

B : そうだね。仕事_{しごと}をしているふりをしてインターネットをしていたし…。
그렇지. 일하는 척하면서 인터넷을 하고 있고….

A : あんな上司_{じょうし}でうちの部署_{ぶしょ}は大丈夫_{だいじょうぶ}なのかな?
저런 상사로 우리 부서는 괜찮을까?

B : う～ん、課長_{かちょう}のつけが私_{わたし}たちに回_{まわ}ってきそう。
음. 과장으로 인한 나쁜 일이 우리들에게 돌아올 것 같아.

나도 해보기

A : この間_{あいだ}は本当_{ほんとう}にお世話_{せわ}になりました。

B : いや、あれぐらいのことで、お礼_{れい}を＿＿＿＿＿＿＿＿＿。

A : 지난번에는 정말로 신세가 많았습니다.
B : 아니, 그 정도의 일로 감사 인사를 할 것까지는 없어.

답
言_いわれるにはあたらないよ

だめだと思っても結局、タバコを吸ってしまう**しまつだ**。

안된다고 생각해도 결국, 담배를 피우고 마는 꼴이다.

▶▶▶ **동사기본형 + しまつだ** ~하는 꼴이다

「しまつだ」는 '~하는 꼴이다'라는 의미로 '앞에 그러한 상황이 발생해서 결국은 ~라는 좋지 않은 결과가 되어 버렸다'는 뉘앙스의 표현이고, 동사의 기본형에 접속됩니다.

기본 표현

① 仕事についてもすぐにやめてしまう**しまつだ**。
취업을 해도 금방 그만둬 버리고 마는 식이다.

② 食事をする以外は、自分の部屋に閉じこもってしまう**しまつだ**。
식사를 하는 것 외에는 자기 방에 틀어박혀 있는 지경이다.

③ 息子は会社をやめてから、アルバイトを転々としている**しまつです**。
아들은 회사를 그만두고 나서, 아르바이트를 전전하고 있는 형편입니다.

④ 今でも妻に頭が上がらない**しまつです**。
지금도 아내에게 고개를 들지 못하는 상황입니다.

⑤ 一人息子なので、つい甘やかしてしまう**しまつです**。
외아들이라 무심코 응석을 받아들이고 마는 식이다.

Tip

閉じこもる 칩거하다,
　틀어박히다
転々 전전
頭が上がらない 고개를
　들 수 없다
一人息子 외아들
つい 무심코
甘やかす 응석을 받아주
　다

Dialogue

A : あいつが最近おかしくない?
저 녀석이 요즘 이상하지 않아?

B : 大木のことだろ?
오오키 말이지?

A : 何かあったのか?
뭔가 있는 건가?

B : この間、彼女にふられただろう? それ以来、ため息をついては
ボーとしている**しまつなんだ**。
얼마 전 여자 친구에게 차였다지? 그때부터 한숨 쉬며 멍하게 있는 꼴이야.

あいつ 저 녀석
おかしい 이상하다
ボーとしている 멍하게
　있다
停滞 정체
原因 원인
電力不足 전력 부족
生産 생산
おいつく 따라붙다

나도 해보기

A : わが社の売り上げの停滞の原因は何だ?
B : 国の電力不足で、生産がおいついて＿＿＿＿＿＿＿＿＿。

A : 우리 회사 매출의 정체 원인은 뭐지?
B : 국가의 전력 부족으로, 생산이 미치지 못하는 형국입니다.

패턴 115

息子の進路は息子が決めるのだから、親が干渉するまでもない。

아들의 진로는 아들이 정하는 것이니까, 부모가 간섭할 것도 없다.

▶▶▶ **동사기본형 + までもない** ～할 것도 없다

「までもない」는 동사기본형에 접속하여 '～할 것도 없다'라는 의미로 '～하지 않아도 좋다 혹은 그렇게까지 할 필요는 없다'고 말할 때 사용하는 표현입니다.

기본 표현

❶ 今日の試合相手なら、試合を最後まで見るまでもない。
오늘 시합 상대라면 시합을 끝까지 볼 필요도 없다.

❷ アメリカにいたのなら、英語を勉強するまでもないだろう。
미국에 있었다면 영어를 공부할 필요도 없겠지.

❸ 家事も一通りできるのだから、一人暮しも心配するまでもない。
집안일도 대충 할 수 있으니까 독신생활도 걱정하지 않아도 된다.

❹ あんなひどいやつに同情をするまでもないよ。
저런 지독한 놈에게 동정을 할 필요도 없다.

❺ 症状が落ち着いてきたから、救急車を呼ぶまでもないです。
증상이 가라앉고 있기 때문에 구급차를 부를 것까지는 없습니다.

Dialogue

A : 外はすごく暑かったね。
밖은 굉장히 더웠어.

B : 私の部屋は風がよく入るんだけど、エアコンをつけようか?
내 방은 바람이 잘 불지만 에어컨을 켤까?

A : いや、これだけ涼しければエアコンをつけるまでもないよ。
아니, 이만큼 시원하면 에어컨을 켤 필요는 없어.

B : ジュースを持ってくるからちょっと待っていてね。
주스를 가지고 올 테니까 잠깐 기다리고 있어.

나도 해보기

A : 先輩、さっきは慌てていてぶつかっても何も言わずにいてすみません。

B : ＿＿＿＿＿＿＿＿＿＿＿＿＿＿＿＿。でも、あんなに慌てていて何かあったの?

A : 선배, 아까는 서두르다 부딪쳤는데 아무 말도 못해서 죄송해요.

B : 사과할 것까진 없어. 하지만 그렇게 허둥거리고, 무슨 일 있었어?

Tip

試合 시합
相手 상대
一通り 대충, 대강
一人暮し 독신생활
ひどい 지독하다, 형편없다
やつ 놈
同情 동정
症状 증상
落ち着く 진정되다, 가라앉다
救急車 구급차
呼ぶ 부르다

すごい 굉장하다
涼しい 시원하다, 선선하다
さっき 아까, 앞서
慌てる 당황하다, 몹시 서두르다
ぶつかる 부딪치다
あやまる 빌다

답

あやまるまでもないよ

chapter 07

동사 ます형 패턴

テレビを見ながら勉強します。
텔레비전을 보면서 공부합니다.

▶▶▶ **동사 ます형 + ながら** 〜하면서

동사 ます형에 접속되는 「ながら」는 「AながらB」의 형태로 한 가지 일을 하면서 또 다른 일을 한다는 의미의 동시동작을 나타내는 표현으로 두 동작 모두 동일인물에 의해 일어납니다. 또한, A와 B의 순서를 바꾸어 말할 경우, 실질적인 동작에는 차이가 없지만 문장의 초점은 달라집니다. A는 어떤 상태인가를 나타내고, B는 무엇을 하고 있는가를 표현하고 있기 때문입니다.

기본 표현

❶ 歩きながら音楽を聞きます。
걸으면서 음악을 듣습니다.

❷ 外を見ながら電話をしています。
밖을 보면서 전화를 하고 있습니다.

❸ コーヒーを飲みながら新聞を読みます。
커피를 마시면서 신문을 읽습니다.

❹ おかしを食べながら写真を見ています。
과자를 먹으면서 사진을 보고 있습니다.

❺ 私はいつもテレビを見ながら晩ごはんを食べます。
나는 항상 텔레비전을 보면서 저녁을 먹습니다.

Tip

歩く 걷다
おかし 과자

危ない 위험하다
若い 젊다

답
食べながら

Dialogue

A : 危ないですね。あの自転車。
위험하네요. 저 자전거.

B : 本当に私の家の近くでも自転車が多くて。
정말 우리 집 근처도 자전거가 많아서.

A : 若い人は電話しながら乗りますから。
젊은 사람은 전화하면서 타기 때문에.

B : 歩いている人にも注意しないですからね。
걷고 있는 사람에게도 주의하지 않기 때문이죠.

나도 해보기

A : この仕事、昼ごはんを_____やりましょうか。

B : ちょっと休んだほうがいいですよ。

A : 이 일, 점심을 먹으면서 할까요?
B : 조금 쉬는 편이 좋겠어요.

패턴 117

また来たいです。
또 오고 싶습니다.

▶▶▶ **동사 ます형 + たい** ~하고 싶다

희망의 조동사 「たい」는 동사의 ます형에 접속되며 1인칭 주어가 희망하는 행위를 표현할 때 사용합니다.

기본 표현

❶ 新しい帽子が買いたいです。
새로운 모자를 사고 싶습니다.

❷ また食べたいですね。
또 먹고 싶네요.

❸ 映画を見に行きたいです。
영화를 보러 가고 싶습니다.

❹ いい天気ですから散歩がしたいです。
날씨가 좋아서 산책을 하고 싶습니다.

❺ 食べる前にやりたいですね。
먹기 전에 하고 싶네요.

Tip

帽子 모자
やる 하다

Dialogue

A : まだ11月ですが、寒いですね。
아직, 11월입니다만 춥네요.

B : ええ、今年の冬は寒くなると言っていましたよ。
예, 올해의 겨울은 추워진다고 들었어요.

A : じゃ、雪も多いですね。今年も早くスキーに行きたいわ。
그럼, 눈도 많이 내리겠네요. 올해도 빨리 스키 타러 가고 싶어요.

B : そうですか。私は暖かいところに行きたいです。
그렇습니까? 나는 따뜻한 곳에 가고 싶습니다.

寒い 춥다
暖かい 따뜻하다

나도 해보기

A : 今、いちばん_____？

B : 映画を見に行きたいな。

　A : 지금 가장 무엇을 하고 싶어?

　B : 영화를 보러가고 싶어.

답

何がしたい

패턴 118

みんなあなたに会いたがっています。

모두 당신을 만나고 싶어합니다.

▶▶▶ **동사 ます형 + たがる** ~하고 싶어하다

제3자의 희망을 나타내는 표현인 「たがる」는 '~하고 싶어하다'라는 의미로, 동사의 ます형에 「~たがっている」의 형태로 접속되며 조사는 「を」를 취합니다.

기본 표현

❶ 田中さんは韓国料理を食べたがっています。
다나카 씨는 한국요리를 먹고 싶어합니다.

❷ 金さんは退職後、世界旅行に行きたがっている。
김 씨는 퇴직 후, 세계여행을 가고 싶어한다.

❸ 何かあるとすぐ他人と比べたがる人がいる。
뭔가 있으면 바로 다른 사람과 비교하고 싶어하는 사람이 있다.

❹ 早く結婚したがっている友達がいます。
빨리 결혼하고 싶어하는 친구가 있습니다.

❺ 共働きでも、家事を分担したがらない男性もいる。
맞벌이라고 해도 집안일을 분담하고 싶어하지 않는 남성도 있다.

Tip

退職 퇴직
共働き 맞벌이
分担 분담

Dialogue

A : 子育てで何かお悩みですか。
육아에서 뭔가 고민 있어요?

B : そうなんです。子供がなかなか野菜を食べたがらなくて困っています。
글쎄요, 아이가 좀처럼 채소를 먹고 싶어하지 않아서 고민이에요.

A : ハンバーグなど子供が好きな食べ物に、野菜をすりつぶして混ぜてみたらどうですか。うちは気づかず食べてましたよ。
햄버거 등 아이가 좋아하는 음식에 채소를 갈아 으깨서 섞어 보면 어때요? 우리 애들은 알아채지 못하고 먹었어요.

B : そうですか。一度やってみます。
그래요? 한번 해 볼게요.

子育て 육아
野菜 채소
ハンバーグ 햄버거
すりつぶす 갈아 으깨다
混ぜる 섞다
気づく 눈치채다, 알아차리다
飼う (동물을) 기르다

나도 해보기

A : ほら、誕生日のプレゼントだよ。犬、_____?

B : お父さん、ありがとう！

　A : 자, 생일 선물이야. 강아지, 키우고 싶어 했었지?
　B : 아빠, 고마워요.

답

飼いたがっていただろう

144 **일본어회화 패턴으로 정복하기**

りんごを買いに行きます。

사과를 사러 갑니다.

▶▶▶ **이동동사·동작성 명사 + に行きます / 来ます** ~하러 갑니다 / 옵니다

「~に行く/来る」라는 표현은 이동동사나 '운동'이나 '쇼핑' 등과 같이 동작성이 있는 명사에 접속하여 '~하러 가다/오다'라는 의미의 표현이 됩니다. 이는 조사 「に」가 '~하러'라는 의미의 동작이나 행위의 목적을 나타내는 기능을 갖기 때문입니다.

기본 표현

❶ **あさってから旅行に行きます。**
모레부터 여행 갑니다.

❷ **田中さんと一緒に食事に行きます。**
다나카 씨와 함께 식사하러 갑니다.

❸ **来週から働きに来ます。**
다음 주부터 일하러 옵니다.

❹ **明日、映画を見に行きます。**
내일 영화를 보러 갑니다.

❺ **友だちの家に遊びに行きます。**
친구 집에 놀러 갑니다.

Tip

あさって 모레
来週 다음 주

Dialogue

A : **今までありがとうございました。**
지금까지 고마웠습니다.

B : **来週はアメリカですね。**
다음 주는 미국이네요.

A : **はい。また学生になります。**
네. 또 학생이 됩니다.

B : **来年は遊びに行きますね。**
내년에 놀러 갈게요.

来年 내년
お酒 술
遊ぶ 놀다

나도 해보기

A : **今晩、友だちが_____。**
B : **お酒も飲むんでしょう。**

A : 오늘 밤 친구가 놀러 옵니다.
B : 술도 마시겠죠.

답

遊びに来ますよ

この雑誌は、字が大きくて読みやすい。

이 잡지는 글자가 커서 읽기 쉽다.

▶▶▶ **동사 ます형 + やすい** ~하기 쉽다, ~하기 편하다

동사 ます형에 '쉽다'라는 의미의 형용사 「やすい」가 접속되어 '~하기 쉽다, ~하기 편하다'라는 표현으로, 좋은 평가와 나쁜 평가에 모두 사용할 수 있습니다.

기본 표현

❶ このノートパソコンは軽くて使いやすいです。
이 노트북은 가볍고 사용하기 편합니다.

❷ 覚えやすい電話番号ですね。
기억하기 쉬운 전화번호네요.

❸ 分かりやすく教えてくださいね。
알기 쉽게 가르쳐 주세요.

❹ このケーキは、食べやすいサイズにカットしてあります。
이 케이크는 먹기 편한 크기로 잘려 있습니다.

❺ このお酒は甘口で飲みやすいので、女性にも人気です。
이 술은 단맛이 나서 마시기 쉽기 때문에 여성에게도 인기가 있습니다.

Dialogue

A : 何かいい参考書はないかな?
뭔가 좋은 참고서는 없을까?

B : 私が使っている参考書を見てみる?
내가 쓰고 있는 참고서를 한번 참고해 보는 게 어떠니?

A : この参考書は見やすいね。
이 참고서는 보기 쉽네.

B : それにとてもわかりやすく説明をしているんだよ。
게다가 매우 알기 쉽게 설명하고 있어.

나도 해보기

A : このボールペン、_____。

B : いいでしょう? そのボールペン、日本製だよ。

A : 이 볼펜 쓰기 편하네.
B : 좋지? 그 볼펜, 일본 제품이야.

このコップは割^われにくい。

이 컵은 잘 깨지지 않는다.

▶▶▶ **동사 ます형 + にくい**　~하기 어렵다, ~하기 힘들다

동사 ます형에 '어렵다'라는 의미의 형용사 「にくい」가 접속된 표현으로, 어떤 동작 자체를 해내기 어렵거나 거북하다는 뉘앙스를 풍기며 우리말의 '~하기 어렵다'라는 의미를 나타냅니다.

기본 표현

❶ 乗^のりにくい自転車^{じてんしゃ}ですね。

타기 힘든 자전거네요.

❷ 若^{わか}い人^{ひと}の言葉^{ことば}がわかりにくいです。

젊은 사람의 말을 알아듣기 힘듭니다.

❸ この料理^{りょうり}は箸^{はし}では食^たべにくいね。

이 요리는 젓가락으로는 먹기 어렵네요.

❹ 周^{まわ}りの友^{とも}だちはみんな彼女^{かのじょ}がいるので、週末^{しゅうまつ}は誘^{さそ}いにくい。

주변 친구들은 모두 여자 친구가 있어서 주말에 불러내기 어렵다.

❺ 知^しり合^あいから頼^{たの}まれた仕事^{しごと}は断^{ことわ}りにくい。

지인으로부터 부탁받은 일은 거절하기 어렵다.

Tip

言葉 말
箸 젓가락
周り 주변
誘う 권하다, 꾀다, 불러내다
知り合い 지인
頼む 부탁하다
断る 거절하다

Dialogue

A : 朝天気^{あさてんき}がよかったので洗濯^{せんたく}しましたが…。

아침에 날씨가 좋아서 세탁했습니다만….

B : また雨^{あめ}ですね。

또 비가 오네요.

A : この季節^{きせつ}は洗濯物^{せんたくもの}が乾^{かわ}きにくくて困^{こま}ります。

이 계절은 세탁물이 잘 마르지 않아서 곤란해요.

B : 同感^{どうかん}です。

동감이에요.

洗濯 세탁
乾く 마르다
使う 사용하다
~心地 ~하는 기분, ~감(느낌)
操作 조작
複雑 복잡

나도 해보기

A : 金さん、最近買^{さいきんか}ったパソコン、使^{つか}い心地^{ごこち}はどうですか。

B : デザインはいいんですが、操作^{そうさ}が複雑^{ふくざつ}で_____。

A : 김 씨, 최근에 산 컴퓨터, 사용감은 어때요?

B : 디자인은 좋은데 조작이 복잡해서 쓰기 어려워요.

답

使^{つか}いにくいです

ケーキを食べすぎました。
케이크를 너무 많이 먹었습니다.

▶▶▶ **동사 ます형 + すぎる** 지나치게 ~하다

「동사 ます형+すぎる」는 '(도리나 정도를 넘어) 지나치게 ~하다'라는 의미로, 적당한 수준을 넘어서 정도가 지나치도록 하는 것은 좋지 못하다는 뉘앙스를 내포하고 있는 표현입니다.

기본 표현

❶ 笑い**すぎる**と涙が出てくることもあるね。
너무 웃으면 눈물이 나올 때도 있어.

❷ 食べ**すぎて**太っても知らないよ。
너무 많이 먹어서 살 쪄도 몰라.

❸ バーゲンで安かったので、買い**すぎて**しまいました。
바겐세일로 저렴했기 때문에 지나치게 사고 말았습니다.

❹ 子供には成績のことばかり言い**すぎない**ほうがいいですよ。
아이에게는 지나치게 성적만 얘기하지 않는 것이 좋아요.

❺ このごろ君は働き**すぎた**と思う。
요즘 너는 지나치게 일한다고 생각해.

Tip

笑う 웃다
涙が出る 눈물이 나다
太る 살찌다

Dialogue

A : どうしたの? 頭がいたいの?
왜 그래? 머리 아파?

B : うん。夕べちょっと飲み**すぎて**。
응. 어젯밤에 좀 지나치게 마셔서.

A : 体によくないわよ。もう飲まないほうがいいんじゃない?
몸에 안 좋아. 이제 마시지 않는 편이 좋지 않아?

B : そうだね。もうやめようかな。
그래, 이제 끊을까.

頭 머리
夕べ 어젯밤
前日 전날

나도 해보기

A : 今回のテストの結果、あまりよくなかったみたいね。

B : そうなの。前日、友達の誕生日パーティーで_____。

A : 이번 시험 결과, 별로 좋지 않나 봐.
B : 응, 전날, 친구 생일 파티에서 너무 놀아버려서….

답

遊びすぎちゃって…

駅までの行き方を教えてください。
역까지 가는 방법을 가르쳐 주세요.

▶▶▶ **동사 ます형 + 方** ～하는 방법

동사의 「ます형」에 「方」를 접속시켜 '～하는 방법'이라는 표현으로 나타낼 수 있습니다. 이 경우 「方」가 쓰인 문장은 명사화가 되기 때문에 앞에 오는 조사 「を」가 대부분 「の」로 바뀌고, 「運動する(운동하다)/勉強する(공부하다)」와 같이 3그룹동사인 「する」에 접속될 때에는 반드시 조사 「の」를 수반하여 「運動のしかた(운동하는 방법)/勉強のしかた(공부하는 방법)」의 형태를 취합니다.

기본 표현

❶ 漢字の読み方を教えてください。
한자 읽는 방법을 가르쳐 주세요.

❷ カタカナのいい覚え方はありませんか。
가타카나의 좋은 암기 방법은 없습니까?

❸ 添付メッセージの送り方がわかりません。
첨부 메시지를 보내는 방법을 모릅니다.

❹ 汚い食べ方はやめなさい。
지저분하게 먹지 마세요.

❺ 国際電話のかけ方を知っていますか。
국제전화 거는 방법을 알고 있습니까?

Tip

漢字 한자
添付 첨부
汚い 더럽다
国際電話 국제전화

Dialogue

A : 李さん、それ、スマートフォンですか。
이 씨, 그거 스마트 폰이에요?

B : はい、そうです。昨日買ったばかりで使い方がよくわからないんです。
네, 맞아요. 어제 막 사서 사용법을 잘 몰라요.

A : 見せてください。あ、私のと同じですね。よかったら教えましょうか。
보여 주세요. 아, 제 것이랑 같은 거네요. 괜찮으면 가르쳐 줄까요?

B : ありがとうございます。ぜひお願いします。
고마워요. 꼭 가르쳐 주세요.

スマートフォン 스마트폰
新幹線 신칸센

나도 해보기

A : すみません。新幹線のチケットの＿＿＿＿＿を教えてください。

B : はい、少々お待ちください。

　　A : 실례합니다. 신칸센 티켓 사는 방법을 가르쳐 주세요.

　　B : 네, 잠시만 기다리세요.

답

買い方

패턴 124

スマートフォンを使いはじめる。

스마트폰을 사용하기 시작하다.

▶▶▶ **동사 ます형 + はじめる**　～하기 시작하다

「동사 ます형＋はじめる」는 동작이나 작용의 개시를 나타내는 표현으로 '～하기 시작하다'로 해석하고, 말하는 사람의 의지를 나타내는 일반적인 경우에 주로 쓰입니다. 이때, 「行く」와 같이 이동동사에 접속되면 반복되는 행위나 습관을 시작한다는 의미의 표현이 되고, 동작동사나 일어난 사건을 나타내는 동사에 접속되면 개별적인 동작이나 일어난 사건의 시작점을 나타내는 표현이 됩니다.

기본 표현

❶ 兄は今年から貿易会社で働きはじめた。
형은 올해부터 무역회사에서 일하기 시작했다.

❷ 妹が急に韓国の歌を歌いはじめた。
여동생이 갑자기 한국 노래를 부르기 시작했다.

❸ 前の席の二人が、こそこそと話しはじめた。
앞좌석의 두 사람이 소곤소곤 이야기하기 시작했다.

❹ 私の子供は、最近ひとりで歩きはじめたばかりです。
우리 아이는 최근에 막 혼자서 걷기 시작했습니다.

❺ ここ数年、韓国でもハイブリッドカーがよく売れはじめています。
최근 수년, 한국에서도 하이브리드 자동차가 잘 팔리기 시작하고 있습니다.

Dialogue

A : お父さん、遅いね。
아빠가 늦네.

B : そうね。今日は早く帰るって言ってたんだけど。先に食べはじめようか。
그러게. 오늘은 일찍 들어온다고 했는데. 먼저 먹기 시작할까?

A : ううん、もうちょっと待つ。
아니, 조금 더 기다릴래.

B : そう？じゃ、いっしょに待とう。
그래? 그럼, 함께 기다리자.

나도 해보기

A : 最近、退勤後すぐ帰るのね。
B : うん。今月から英語を＿＿＿＿＿＿＿から。

　A : 요즘, 퇴근 후에 바로 들어가네.
　B : 응. 이번 달부터 영어를 배우기 시작했거든.

Tip

貿易会社 무역회사
急に 갑자기
こそこそ 소곤소곤
ばかり 막, 방금
ここ数年 최근 수년
売れる 팔리다

遅く 늦다
退勤 퇴근
習う 배우다

답

習いはじめた

彼は家を飛び出した。

그는 집을 뛰쳐나갔다.

▶▶▶ **동사 ます형 + 出す** ~하기 시작하다

「동사 ます형+出す」 역시 「동사 ます형+はじめる」와 마찬가지로 동작이나 작용의 개시를 나타내는 표현으로 '~하기 시작하다'로 해석되나 말하는 사람의 의지를 나타내는 문장에는 쓰이지 않습니다. 주로 돌발성이 강한 자연현상이나 새로운 사태의 발생 또는 성립, 감정, 생리작용 등 무의지성이 강하기 때문에 「急に(갑자기)/突然(돌연)」 등과 같은 부사와 함께 쓰이는 경우가 많습니다.

기본 표현

❶ 倉庫から荷物を運び出した。
창고에서 짐을 옮기기 시작했다.

❷ 図書館では来週から新刊を貸し出します。
도서관에서는 다음 주부터 신간을 대여해 주기 시작합니다.

❸ 赤ちゃんが急に泣き出した。
아기가 갑자기 울기 시작했다.

❹ 厳しい環境から逃げ出すのは簡単だ。
힘겨운 환경에서 도망치는 것은 간단하다.

❺ 新しい方法を考え出す。
새로운 방법을 궁리해 내다.

Tip

倉庫 창고
運び出す 옮기기 시작하다
図書館 도서관
新刊 신간
厳しい 엄하다, 험하다, 힘겹다
逃げ出す 달아나다
考え出す 생각하기 시작하다, 궁리해 내다

Dialogue

A: あら? 今日はフランス料理? 何か特別なことでもあるの?
어? 오늘은 프랑스 요리야? 뭔가 특별한 일이라도 있어?

B: え? 最近二人で外食していないから、たまにはフランス料理でも食べたいって言い出したのは君じゃなかった?
응? 최근 둘이서 외식하지 않으니, 가끔씩은 프랑스 요리라도 먹고 싶다고 말한 건 너 아니었어?

A: そう言えば言ったような…。
그러고 보니 말한 것 같네.

B: 何だよ、わざわざ予約したのに。
뭐야, 일부러 예약했는데.

特別だ 특별하다
外食 외식
わざわざ 일부러
ライバル 라이벌
売り出す 팔기 시작하다
市場調査 시장조사

나도 해보기

A: 最近、ライバル会社の一つが体にいいダイエット食品を
＿＿＿＿＿＿＿ そうですよ。

B: そうなの? 今から近所のスーパーへ市場調査に行ってくるわ。

A: 최근, 라이벌 회사 중 한 곳이 몸에 좋은 다이어트 식품을 팔기 시작했다고 합니다.
B: 그래요? 지금부터 근처 슈퍼에 시장 조사하러 갔다 올게요.

답
売り出した

彼は私の胸の中で生きつづける。
かれ　わたし　むね　なか　い

그는 나의 가슴 속에 계속 살아 있다.

▶▶▶ **동사 ます형 + つづける**　계속 ~하다

동사 ます형에 '계속하다'라는 의미의 동사 「つづける」가 접속하여 동작이나 작용이 계속됨을 나타냅니다.

기본 표현

❶ 母は赤ちゃんを抱きつづけた。
はは　あか　　　　　だ
엄마는 아기를 계속 안아 주었다.

❷ 彼女はその事件を調べつづけた。
かのじょ　　　じけん　しら
그녀는 그 사건을 계속 조사했다.

❸ 写真家の彼は、死ぬまで妻の写真を撮りつづけた。
しゃしんか　かれ　　し　　　つま　しゃしん　と
사진가인 그는 죽을 때까지 부인 사진을 계속 찍었다.

❹ 彼は彼女がプロポーズを受け入れるまで手紙を書きつづけた。
かれ　かのじょ　　　　　　　　う　い　　　　てがみ　か
그는 그녀가 프로포즈를 받아줄 때까지 편지를 계속 썼다.

❺ 社会人の子供に、まだおこづかいをやりつづける親もいる。
しゃかいじん　こども　　　　　　　　　　　　　　　　　おや
사회인인 자식에게 여전히 용돈을 주고 있는 부모도 있다.

Tip

抱く 안다, 끌어안다
事件 사건
調べる 조사하다
写真家 사진가
死ぬ 죽다
妻 부인
写真を撮る 사진을 찍다
プロポーズ 프로포즈
受け入れる 받아들이다
手紙 편지
おこづかい 용돈
親 부모

Dialogue

A: 加藤さん、前から言いつづけていることですけど…。
　　かとう　　　　まえ　　　い
카토 씨, 전부터 계속 말하는 거지만….

B: はい。
네.

A: 家が遠いのはわかりますが、出勤時刻はきっちり守らないと。
　　いえ　とお　　　　　　　　　　しゅっきん　じこく　　　　　　まも
집이 먼 것은 알겠지만 출근 시각은 정확하게 지켜주지 않으면 곤란해.

B: すみません。気をつけます。
　　　　　　　　き
죄송합니다. 조심할게요.

出勤 출근
時刻 시각
きっちり 꼭 들어맞는 모
　　　양, 꼭, 딱
守る 지키다
軍隊 군대

나도 해보기

A: 彼が軍隊から戻るまで_____と思っています。
　　かれ　ぐんたい　　もど　　　　　　　　　　　　　　おも

B: そうですか。がんばってください。

A: 그가 군대에서 돌아올 때까지 계속 기다리려고 생각하고 있어요.

B: 그래요? 힘내세요.

답

待ち続けよう

手紙を書き終わった。
편지를 다 썼다.

▶▶▶ **동사 ます형 + 終わる** 다 ~하다

「동사 ます형+終わる」는 '다 ~하다'라는 의미로, 동작의 완료를 나타내는 표현입니다. 이때, 「走る(뛰다)/遊ぶ(놀다)」와 같이 명확한 종결점을 갖지 않는 동사나 「いる(있다)」와 같은 상태동사, 「割れる(깨지다)」와 같은 변화동사, 「行く(가다)/来る(오다)」와 같이 과정과 종결점이 없는 이동동사(위치변화동사)에는 접속할 수 없습니다.

기본 표현

❶ **読み終わった本を友達に貸した。**
다 읽은 책을 친구에게 빌려주었다.

❷ **彼女が歌い終わると、観客は一斉に拍手をした。**
그녀가 노래를 마치자, 관객은 일제히 박수를 쳤다.

❸ **洗い終わった食器は、食器棚に片付けましょう。**
다 씻은 식기는 선반에 정리합시다.

❹ **使い終わったら、もとに戻してください。**
다 썼으면 원래대로 되돌려 주세요.

❺ **今食べ終わったばかりだから、ちょっと待ってください。**
지금 막 다 먹은 참이라 잠시만 기다려 주세요.

Dialogue

A : **この荷物はどうしますか。**
이 짐은 어떻게 할까요?

B : **この箱に全部入れ終わったら、あそこに運んでください。**
이 상자에 전부 다 넣었다면 저기로 옮겨 주세요.

A : **はい、わかりました。**
네, 알겠습니다.

B : **じゃ、お願いします。**
그럼, 부탁할게요.

나도 해보기

A : **歯を_____、これでうがいしてください。**

B : **はい、わかりました。**

A : 이를 다 닦았으면, 이걸로 헹구세요.
B : 네, 알겠습니다.

おやすみなさい。

안녕히 주무세요.

▶▶▶ **동사 ます형 + なさい** ~하세요, ~해라

「なさい」는 무례한 표현은 아니지만, 권위나 지배력이 있는 사람이 아랫사람에게 쓰는 명령표현으로 주로 부모가 자식에게 또는 스승이 제자에게 사용합니다.

기본 표현

❶ 好き嫌いしないで、何でも食べなさい。
편식하지 말고 뭐든지 먹으세요.

❷ 遅くまで起きていないで、早く寝なさい。
늦게까지 있지 말고 빨리 자세요.

❸ もっと大きい声で話しなさい。
조금 더 큰 소리로 이야기하세요.

❹ 気をつけて学校へ行きなさい。
조심해서 학교에 가세요.

❺ ごはんを食べる前に、手を洗いなさい。
밥을 먹기 전에 손을 씻으세요.

Dialogue

A : お母さん、今日は友だちの誕生日だから、帰りが少し遅くなってもいい?
엄마, 오늘은 친구 생일이니까 조금 늦게 들어와도 되지?

B : 8時までには帰ってきなさいよ。
8시까지는 들어와.

A : もう少し遅くなるかも…。
조금 더 늦어질지도 몰라….

B : だったらお友だちの家を出る前に、一度電話しなさい。迎えに行くから。
그러면 친구 집에서 나오기 전에 한번 전화해. 마중나갈 테니까.

나도 해보기

A : アイスクリームが食べたいな。

B : じゃ、妹の分と2つ＿＿＿＿＿＿＿＿＿＿＿。

A : 아이스크림이 먹고 싶어.

B : 그럼. 여동생 거랑 두 개 사 와.

Tip

好き嫌い 좋아함과 싫어함, 편식
洗う 씻다

迎える 맞이하다
アイスクリーム 아이스크림

답

買ってきなさい

最近何かと短気になりがちだ。

최근 왠지 성미가 급해지는 경향이 있다.

▶▶▶ **동사 ます형 + がちだ** 자주 ~하다, 자주 ~하는 경향이 있다

동사 ます형에 접속하는 「がち」는 '자주 ~하다'라는 의미로, 외적으로 보이는 것이 아니라 내적으로 저절로 그렇게 되기 쉬운 경향을 나타내며, 주로 부정적인 경향을 말할 때 사용됩니다.

기본 표현

❶ 最近、体の調子が悪くて、会社を休みがちです。
최근 컨디션이 나빠서 회사를 자주 쉽니다.

❷ 家と会社を往復する毎日で、生活がマンネリ化しがちです。
매일 집과 회사를 왕복하는 생활이 매너리즘화되는 경향이 있습니다.

❸ 彼女は何でもネガティブに考えがちです。
그녀는 뭐든지 부정적으로 생각하는 경향이 있습니다.

❹ お正月で食べてばかりいたから、最近太り身になりがちです。
설날에 먹기만 하다 보니 최근 살이 찌는 것 같습니다.

❺ 社会人になってから運動不足になりがちです。
사회인이 되고 난 후부터는 운동이 부족해지기 쉽습니다.

Dialogue

A : 上の子が下の子ができてから、何かと甘えがちになってしまって…。
첫째 아이가 둘째가 태어난 후, 여러모로 자주 응석을 부리게 되어 버려서….

B : お母さんを弟にとられると思っているんじゃない?
엄마를 동생에게 빼앗겼다고 생각하고 있는 것 아니야?

A : 言うことを聞かなくなって困っているの。
말도 듣지 않아서 힘들어.

B : 面倒くさがらずに、上の子をたくさん愛してあげると、ちゃんと弟の面倒をみるようになるわよ。
귀찮아하지 말고 첫째를 많이 사랑해 주면 틀림없이 동생을 돌봐주게 될 거야.

나도 해보기

A : こう、毎日雨が降ると、気分も＿＿＿＿＿＿＿＿＿。
B : からっと晴れた青空が見たい。

　　A : 이렇게 매일 비가 오면 기분도 자주 우울해져.
　　B : 활짝 갠 파란 하늘이 보고 싶어.

Tip

短気 성급함
調子 상태, 컨디션
往復 왕복
マンネリ化 매너리즘화
ネガティブ 네거티브,
　소극적, 부정적
お正月 설날
身になる ~의 입장(처
　지)이 되다
運動不足 운동부족

甘える 응석부리다
とられる 빼앗기다
面倒くさい 귀찮다
面倒をみる 돌봐주다,
　보살피다
憂鬱 우울
からっと 활짝

답

憂鬱になりがちだね

私はあきっぽい性格だ。

나는 싫증을 잘 내는 성격이다.

▶▶▶ **동사 ます형 + っぽい** 잘 ~하다, ~하는 경향이 강하다

「~っぽい」는 동사 ます형에 접속되어 '잘 ~하다, ~하는 경향이 강하다'라는 의미로 대상의 성질을 나타내는데, 주로 바람직하지 않은 일에 사용됩니다.

기본 표현

❶ プラモデルが趣味だなんて、子どもっぽいところがあるんだね。

프라모델이 취미라니 어린아이 같은 면이 있네.

❷ あきっぽい性格で、何でも長続きできないんだ。

잘 싫증내는 성격으로 뭐든지 오래 할 수 없다.

❸ 母は忘れっぽくて、よく物を忘れる。

엄마는 곧 잘 잊어버려서 자주 물건을 잃어버린다.

❹ 友だちはよく黒っぽいTシャツを着ている。

친구는 자주 거무스름한 티셔츠를 입고 있다.

❺ しばらく見ないうちに、すっかり男っぽくなったね。

잠시 안 본 사이에 완전히 남자다워졌네.

> **Tip**
>
> プラモデル 프라모델
> 趣味 취미
> あく[飽く] 싫증나다
> 性格 성격
> 長続き 오래 계속됨
> Tシャツ 티셔츠
> しばらく 잠시, 잠깐
> すっかり 모두, 몽땅

Dialogue

A : 来週の友だちの結婚式に行くのに新しい服を買いに行かなくちゃ。

다음 주 친구의 결혼식에 가는데 새 옷을 사러 가야 해.

B : この間も服を買っていたんじゃない?

얼마 전에도 옷을 사지 않았어?

A : 結婚式に行くのに、安っぽい服装はできないでしょ?

결혼식에 가는데 싸구려 복장은 안 되잖아.

B : それはそうだね。ショッピングに行くとき、私もいっしょに行くよ。

그건 그렇지. 쇼핑하러 갈 때 나도 같이 갈게.

> 結婚式 결혼식
> ショッピング 쇼핑
> すごく 아주, 몹시, 엄청
> 怒る 화를 내다

나도 해보기

A : お姉ちゃんがいるなんて、うらやましいな。

B : そんなことないよ。うちのお姉ちゃん、＿＿＿＿＿＿＿＿＿。

A : 언니가 있다니. 부러워.

B : 그렇지 않아. 우리 언니는 엄청 화를 잘 내.

> **답**
>
> すごく怒りっぽいんだよ

最近だらけ気味でやる気がでない。

최근 나태해져서 의욕이 생기지 않는다.

▶▶▶ **동사 ます형 + 気味** ~하는 경향, ~하는 기분

「気味」는 동사의 ます형에 접속되어 '~하는 경향/기분/기미/기색이 있음'을 나타내는 표현으로, 좋지 않은 상황에 주로 쓰입니다.

기본 표현

❶ あの人気あった俳優も、今は人気が下がり気味だ。
저 인기 있던 배우도 지금은 인기가 떨어지고 있다.

❷ カゼ気味でのどが痛い。
감기 기운으로 목이 아프다.

❸ 相手チームは焦り気味だから、一挙に攻めていこう。
상대 팀은 초조한 기색이니까 단번에 공격해 나가자.

❹ 最近疲れ気味だ。
최근 피곤한 기색이다.

❺ ここの床、ちょっと片寄り気味じゃない?
여기 마루, 조금 치우친 것 같지 않아?

Tip

だらける 나태해지다, 게
  을러지다
俳優 배우
焦る 초조하게 굴다, 안달
  하다
一挙 일거, 한 번의 행동
攻める 공격하다
床 마루
片寄る 기울다, 치우치다

Dialogue

A : 絵をここに掛けたいんだけど、こんな感じかな?
그림을 여기에 걸고 싶은데 이 정도면 돼?

B : ちょっと右が上がり気味かな。
잠깐, 오른쪽이 올라간 것 같아.

A : これでどう?
이렇게 어때?

B : うん、OK。
응. 됐어.

掛ける 걸다. 달다
痩せる 살이 빠지다

나도 해보기

A : 最近ちょっと痩せ_____。

B : わかる? ダイエットしているんだ。

  A : 최근, 살이 좀 빠진 것 같지 않아?
  B : 알겠어? 다이어트하고 있어.

답
気味なんじゃない

この壁紙は貼り立てです。
이 벽지는 막 붙였습니다.

▶▶▶ **동사 ます형 + 立て** 막 ~했다

「~たて」는 동사의 ます형에 접속되어, 앞에 오는 동작을 끝낸 직후를 나타내는 표현으로, '막 ~했다, 갓 ~했다'로 해석하고, 보통 かな로 표기합니다.

기본 표현

❶ 焼きたてのパンが食べたいな。
갓 구운 빵을 먹고 싶다.

❷ おばあちゃんの家に行くと、生みたての卵が食べられるんだよ。
할머니 댁에 가면 갓 낳은 달걀을 먹을 수 있다.

❸ 捕りたての魚をさしみにしているところを知っています。
갓 잡은 물고기를 회로 하는 곳을 알고 있습니다.

❹ 炊きたてのごはんはおいしい。
갓 지은 밥은 맛있다.

❺ つきたてのおもちは手につく。
방금 친 떡은 손에 붙는다.

Tip

壁紙 벽지
貼る 붙이다
焼く 굽다
手につく 손에 붙다
捕る 잡다
炊く 밥을 짓다

Dialogue

A : 今度の作品はこの墨絵ですか?
이번 작품은 이 수묵화입니까?

B : そうです。あっ、描きたてなので気をつけてください。
그렇습니다. 앗, 방금 그린 것이니까 조심해 주세요.

A : まだ乾いていないんですか?
아직 안 말랐어요?

B : ええ、今乾かしているところです。
네, 지금 말리고 있는 중이에요.

墨絵 수묵화
描く 그리다
乾く 마르다
植える 심다
採る 따다. 수확하다

나도 해보기

A : 庭に野菜をいろいろと植えたんだ。

B : _____野菜が食べられていいな。

　　A : 정원에 채소를 여러 가지 심었어.
　　B : 막 뽑은 채소를 먹을 수 있어서 좋네.

답

採りたての

女性の就職率が上がりつつある。

여성의 취업률이 높아지고 있다.

▶▶▶ **동사 ます형 + つつある** ~하고 있다, ~중이다

동사 ます형에 접속되는 「つつある」는 '~하고 있다, ~중이다'라는 의미로 장시간에 걸쳐 어떤 동작이나 작용이 진행되고 있음을 나타내는 표현입니다.

기본 표현

❶ 経済も少しずつ回復しつつある。
경제도 조금씩 회복되고 있다.

❷ 北海道もだんだん暖かくなりつつあります。
홋카이도도 점점 따뜻해지고 있습니다.

❸ ここ数年、女性の大学進学者の数は増えつつある。
최근 수년, 여성의 대학 진학자 수는 증가하고 있다.

❹ 業績が下がりつつあるという危機的な状況だ。
업적이 계속해서 떨어지고 있는 위기적인 상황이다.

❺ 私たちの町にもインフルエンザが広がりつつあります。
우리 마을에도 인플루엔자가 확산되고 있습니다.

Tip

就職率 취업률
経済 경제
回復 회복
数年 수년
進学者 진학자
増える 증가하다
危機的 위기적
状況 상황
インフルエンザ 인플루엔자

Dialogue

A : スマートフォンの人気はすごいよね。
스마트폰의 인기는 대단하네.

B : 若者を中心に、利用者が増えつつあるよね。
젊은이들을 중심으로 이용자가 증가하고 있는 중이야.

A : あれだけの多機能で便利なものはないからね。
그만큼 많은 기능으로 편리한 물건이 없으니까.

B : ケータイの時代はどこまで行くんだろうね。
핸드폰의 시대는 어디까지 갈 것인지.

若者 젊은이
多機能 다기능
ケータイ 핸드폰
様子 상황, 상태
観客 관객
集まる 모이다

나도 해보기

A : 会場の様子はどうだ?

B : 観客がどんどん_____。

A : 회장의 상황은 어때?

B : 관객이 점점 모이는 중이에요.

답

集まりつつあります

こんなひどい雨では頂上まで登れっこない。
이런 억수 같은 비로는 정상까지 올라갈 수 없다.

▶▶▶ **동사 ます형 + っこない** 절대 ～없다, 절대 ～않다

「～っこない」는 동사의 ます형에 접속되어 '절대 ～없다, 절대 ～않다'라는 의미의 강한 부정을 나타내는 표현으로 쓰이는 회화체로 문어체에서는 사용하지 않습니다.

기본 표현

❶ 去年の優勝チームに勝てっこない。
작년의 우승 팀에게 승리할 리가 없다.

❷ こんなに難しい問題を解けっこないよ。
이렇게 어려운 문제를 풀 수 있을 리가 없다.

❸ 私と約束したんだから、言いっこないよ。
나와 약속했기 때문에 말할 리가 없다.

❹ 時間にうるさい人だから、彼に限って、遅刻しっこないよ。
시간에 엄격한 사람이기 때문에 그 사람만은 지각할 리가 없다.

❺ 彼は体が頑丈な人だから、これぐらいのことでは倒れっこないよ。
그는 몸이 건장한 사람이기 때문에 이 정도로는 쓰러질 리가 없다.

Tip

ひどい 지독하다, 심하다
頂上 정상
登る 올라가다
問題 문제
解ける 풀리다
に限って ～에 한해서,
　～만은
頑丈だ 건장하다
倒れる 쓰러지다

Dialogue

A : クリスマス会にだすお菓子袋の準備をしているの？一つもらうよ。
크리스마스 모임에 낼 과자 봉투 준비를 하고 있어? 하나 가져갈게.

B : あっ、勝手に持っていったらダメよ。
앗, 마음대로 가져가면 안 돼.

A : こんなにあるんだから一つぐらいなくてもわかりっこないよ。
이렇게 많으니까 1개 정도 없어도 알 리가 없어.

B : しょうがないな、もう。
어쩔 수 없다니까, 참 나.

勝手だ 제멋대로다
掃除 청소
どうせ 어차피
サボる 게으름을 피우다

나도 해보기

A : 加藤君、今日が掃除当番の日だって、知っているのかな？
B : どうせ＿＿＿＿＿＿＿＿＿＿＿＿。サボりでしょう。

　　A : 카토 군, 오늘이 청소당번 날이라는데 알고 있으려나?
　　B : 어차피 절대 안 와. 게으름을 잘 피우잖아.

답
来っこないよ

패턴 135

この雪だと出掛けようがない。
이렇게 눈이 오면 외출할 방법이 없다.

▶▶▶ **동사 ます형 + ようがない** ~할 방법이 없다

「ようがない」는 동사 ます형에 접속되어 '~할 방법이 없다'라는 의미로, '하고 싶지만 그 수단과 방법이 없어서 불가능하다' 라는 뉘앙스를 나타내는 표현입니다.

기본 표현

❶ こう人が多いとパレードも見ようがない。
이렇게 사람이 많으면 퍼레이드를 볼 방법이 없다.

❷ すごい剣幕で怒鳴り込んで行ったから、止めようがなかった。
서슬이 퍼런 얼굴로 격하게 항의하고 있어서 말릴 방법이 없었다.

❸ 書類が多すぎてどこから整理すればいいのか整理のしようがない。
서류가 너무 많아서 어디서부터 정리하면 좋을지 정리할 방법이 없다.

❹ 残念ですが、現在の医学ではこれ以上の治療のしようがありません。
유감스럽지만 현재 의학으로는 이 이상의 치료 방법은 없습니다.

❺ 課長は何も言ってくれないから、課長の考えを読みようがないよ。
과장님은 아무것도 말해 주지 않으니까 과장님의 생각을 읽을 방법이 없다.

> **Tip**
>
> 出掛ける 나가다
> パレード 퍼레이드
> 剣幕 무서운 얼굴이나 서슬
> 怒鳴り込む 거세게 비난하다
> 書類 서류
> 整理 정리
> 現在 현재
> 医学 의학
> 治療 치료

Dialogue

A : 彼がプラモデル好きとは聞いていたけれど、あそこまでとは思わなかった。 그가 프라모델을 좋아한다고 들었지만 그 정도일 줄은 몰랐어.

B : 何かあったの？
무슨 일 있었어?

A : 掃除してあげようと部屋に入ったんだけど、部屋中にプラモデルがあって、手のつけようがなかったの。
청소해 주겠다고 방에 들어갔는데, 방안에 온통 프라모델이 있어서 손을 델 방법이 없었어.

B : オタクだったんだ。
오타쿠였구나.

> 油 기름
> 食べ残す 다 먹지 않고 남기다

나도 해보기

A : あんなに油っこいと ＿＿＿＿＿＿＿＿＿＿＿。

B : うん、私も食べ残しちゃった。

　　A : 저렇게 기름지면 먹을 방법이 없어.
　　B : 응, 나도 먹다 남겼어.

> **답**
>
> 食べようがないよね

描きかけの作品
그리다 만 작품

▶▶▶ 동사 ます형 + かけの / かける ~하다 만 / 하다 말다

동사 ます형에 접속하는 「かけ」는 뒤에 반드시 명사를 수반하고, 어떤 동작의 진행이 중단된 상태를 나타내는 표현으로 '~하다 만'으로 해석합니다.

기본 표현

Tip

❶ 電話をしていたら、食べかけのラーメンがのびてしまった。
전화를 하고 있다가 먹다 만 라면이 불어 버렸다.

のびる 늘어지다, 붇다
仕上げる 완성하다

❷ 書きかけのレポートを今週中に仕上げなければいけません。
쓰다 만 레포트를 이번 주 중에 끝내지 않으면 안 됩니다.

素手 맨손
捕まえる 잡다, 붙들다

❸ 素手で魚を捕まえかけたのに、逃した。
맨손으로 물고기를 거의 잡을 뻔했는데 놓쳤다.

逃す 놓아주다, 놓치다
編む 뜨다, 엮다

❹ 編みかけのマフラーを完成させなくちゃ。
짜다 만 머플러를 완성시키지 않으면 안 된다.

マフラー 머플러
完成 완성

❺ そっちは私の飲みかけのコーヒーだよ。
그건 내가 마시다 만 커피다.

Dialogue

A : 本が好きなの?
책을 좋아해?

B : そうだね。時間がある時は読んでいるね。
응. 시간이 있을 때는 읽어.

A : どんな本が好きなの?
어떤 책을 좋아해?

推理小説 추리소설
宿題 숙제

B : 推理小説かな。今読みかけの本も推理小説だよ。
추리소설. 지금 읽다 만 책도 추리소설이야.

나도 해보기

A : 遊びに行かない?

B : ＿＿＿＿＿＿＿＿＿＿＿＿、終わったら電話をするよ。

A : 놀러 갈래?

B : 하다 만 숙제가 있어서, 끝나면 전화할게.

답

やりかけの宿題があるから

패턴 137

その意見には賛成しかねる。

그 의견에는 찬성할 수 없다.

▶▶▶ **동사 ます형 + かねる** ～하기 어렵다, ～할 수 없다

「동사 ます형＋かねる」는 '～하기 어렵다, ～할 수 없다'라는 의미로 사정이 있어서 어떤 행동을 하기 어렵다는 뉘앙스를 내포하고 있으며, 상대방에게 공손하게 부정하거나 거절할 때 주로 쓰이는 표현입니다.

기본 표현

❶ 会員でない方のご利用は許可しかねます。

회원이 아닌 분의 이용은 허가할 수 없습니다.

❷ こんなにひどい仕打ちをされては、耐えるにも耐えかねます。

이렇게 심한 처사를 당하고는 참으려고 해도 참을 수 없습니다.

❸ 階段を上るおばあさんを見かねて、荷物を持ってあげた。

계단을 오르는 할머니를 보고 있을 수 없어서 짐을 들어 드렸다.

❹ あの態度はがまんしかねるよ。

저 태도는 참을 수 없다.

❺ 彼の言い訳は信じかねる。

그의 변명을 믿기 어렵다.

Tip

許可 허가
仕打ち 처사
耐える 견디다, 참다
態度 태도
がまんする 참다
言い訳 변명
信じる 믿다

Dialogue

A : 先日の商品納入の件につきまして、ご検討していただけたでしょうか。

지난번 상품납입 건에 대해서 검토해 보셨습니까?

B : 実は商品売買の契約内容に納得しかねる点がありまして…。

사실은 상품판매의 계약 내용에 납득할 수 없는 점이 있어서….

A : はい、どのようなことでしょうか。

네, 어떤 점입니까?

B : 契約変更の際の内容をもう一度詳しくご説明していただけるでしょうか。

계약 변경 시의 내용을 한 번 더 상세하게 설명해 주실 수 있습니까?

納入 납입
検討 검토
詳しい 상세하다
休暇 휴가

나도 해보기

A : 一週間ほど休暇をいただけないでしょうか。

B : うちの会社は今が一番、忙しいんだよ。_____。

A : 일주일 정도 휴가를 낼 수 있을까요?

B : 우리 회사는 지금이 가장 바빠. 승낙할 수 없어.

답

承諾しかねるね

패턴
138

彼に用事を頼むと、余計に時間がかかりかねない。

그에게 용무를 부탁하면, 쓸데없이 시간이 걸릴지도 모른다.

▶▶▶ **동사 ます형 + かねない**　~할지도 모른다

「동사 ます형＋かねない」는「かねる」의 반대의 의미로 쓰이지 않고, '~할 가능성이나 위험성이 있다'는 뉘앙스의 표현으로 나쁜 결과가 이어질 가능성이 높을 때 사용하며 '~할지도 모른다'로 해석합니다.

기본 표현

❶ 春子に言ったら、他の人にもばらしかねないよ。
하루코에게 말하면 다른 사람에게 폭로할지도 모른다.

❷ おぼれかねないから、水が深いところでは泳がないように。
물에 빠질지도 모르니까 물이 깊은 곳에서는 수영하지 않도록.

❸ マンガが先生に見つかったら、没収されかねない。
만화가 선생님에게 발견되면 압수될지도 몰라.

❹ お姉ちゃんの服を着たら、お姉ちゃんに怒られかねない。
언니 옷을 입으면 언니에게 혼날지도 모른다.

❺ 谷口だったら超大盛りラーメンも全部食べかねないだろう。
다니구치 씨라면 왕곱빼기 라면도 전부 먹을 수 있을지도 몰라.

Dialogue

A : スーパーにおつかいに行ってくれる？
슈퍼에 심부름하러 다녀올래?

B : うん、いいよ。何を買えばいいの？
응. 알았어. 뭐 사면 돼?

A : メモに書いてあるから。お金はちゃんとお財布に入れないと、落しかねないわよ。 메모에 적혀 있으니까. 돈은 지갑에 잘 넣지 않으면 잃어버릴지도 몰라.

B : ポケットにちゃんと入れたから大丈夫だよ。
주머니에 잘 넣었으니까 괜찮아.

나도 해보기

A : なんだよ。今日はあんまり飲まないんだな。
B : 飲んでいるよ。これ以上に飲んだら、明日は二日酔いに
_____。

A : 뭐야. 오늘은 별로 안 마시네.
B : 마시고 있어. 이 이상 마시면, 내일은 숙취로 힘들어질지도 몰라.

Tip

余計に 쓸데없이
ばらす 폭로하다
おぼれる 물에 빠지다, 익사하다
深い 깊다
泳ぐ 수영하다
没収 압수
超大盛り 왕곱빼기

つかい 심부름
ちゃんと 확실히, 똑바로
二日酔い 숙취

답
なりかねない

164　일본어회화 패턴으로 정복하기

仕事が終り次第飲みに出かけよう。

일이 끝나자마자 한잔 하러 나가자.

▶▶▶ 동사 ます형 + 次第 ~하자마자

「동사 ます형+次第」는 '~하자마자'라는 뜻으로 어떤 일이 실현되면 바로 다음 행위를 한다는 의미를 내포하고 있는 표현입니다. 그러나 「次第」가 명사 뒤에 접미사로 쓰일 경우, 뒤에 이어지는 상황은 명사에 의해 좌우된다는 의미를 내포하여 '~에 달려 있다, ~에 따라 달라진다' 등으로 해석할 수 있습니다.

기본 표현

❶ 犯人のモンタージュ写真ができ次第指名手配します。
범인의 몽타주 사진이 완성되자마자 지명 수배할 것입니다.

❷ 全員到着次第出発しよう。
전원 도착하는 대로 출발하자.

❸ 検査の結果がで次第ご連絡いたします。
검사 결과가 나오자마자 연락드리겠습니다.

❹ 状況次第では、商品のご到着が遅れる場合がございます。
상황에 따라서는 상품의 도착이 늦어질 경우가 있습니다.

❺ 明日の運動会ができるかどうかはお天気次第だね。
내일 운동회를 할 수 있을지 없을지는 날씨에 달려 있다.

Dialogue

A : 志望大学が決まったの?
지망대학이 결정됐어?

B : いろいろ迷ったけど、やっと決めたよ。
여러 모로 고민했지만 겨우 정했어.

A : 後はただ受験に向けて勉強するだけだね。
앞으로는 오로지 수험을 목표로 공부하는 것만 남았네.

B : うん、合格できるかは自分の努力次第だ。
응, 합격할 수 있을지는 자신의 노력에 달려 있어.

나도 해보기

A : お父さんから＿＿＿＿＿＿＿＿出掛けるから、準備をしておいてね。

B : わかった。

A : 아버지한테 전화가 오자마자 나갈 테니까 준비를 해둬.

B : 알았어.

くつを脱ぎっぱなしにする。

구두를 벗은 채로 있다.

▶▶▶ **동사 ます형 + っぱなし**　~한 채로

「동사 ます형+っぱなし」는 '~한 채로'라는 의미로 어떤 동작이나 상태가 진행된 후 그 상태가 지속되고 있음을 나타내는 표현입니다.

기본 표현

❶ 物を置きっぱなしにしていると、なくすよ。
물건을 제멋대로 내버려 두면 잃어버려.

❷ 電気のつけっぱなしをしていると、電気料がもったいない。
전기를 켠 채로 있으면 전기료가 아깝다.

❸ 本を借りっぱなしにしていて、返すのを忘れていた。
책을 빌리기만 하고 반납하는 것을 잊고 있었다.

❹ 立ちっぱなしの仕事で、足がむくんでいる。
선 채로 하는 일이라서 다리가 부어 있다.

❺ カラオケで朝まで歌いっぱなしにしていたら、声がでない。
노래방에서 아침까지 노래를 불렀더니 목소리가 나오지 않는다.

Tip

電気料 전기료
もったいない 아깝다
返す 되돌려주다
むくむ 부어오르다
声がかすれる 목이 쉬다.
　잠기다

Dialogue

A : 部屋を散らかしっぱなしにしないで片付けてよ。
방을 어지른 채로 두지 말고 정리해.

B : 後でやるよ。
나중에 할게.

A : 雑誌も読みっぱなしで置いてあるし。
잡지도 읽은 채로 놔 두고.

B : 後でまとめて片付けるよ。
나중에 한꺼번에 정리할게.

散らかす 어지르다
片付ける 정리하다

나도 해보기

A : いけない！ 窓を＿＿＿＿＿＿＿＿＿ でてきちゃった。
B : 家に戻って窓を閉めておいでよ。

A : 큰일이다! 창문을 열어둔 채로 나와 버렸어.
B : 집에 돌아가서 창문을 닫고 와.

답 開けっぱなしにして

弟は遊び放題で、いつも夜遅くに帰ってきます。

남동생은 실컷 놀고, 항상 밤늦게 들어옵니다.

▶▶▶ **동사 ます형 + 放題** 마음껏 ~하다

「동사 ます형+放題」는 '마음대로 하다, 하고 싶은 대로 거리낌없이 하다'라는 「放題」의 뜻을 그대로 받아 앞에 오는 동작을 '마음껏, 실컷 ~하다'라는 의미의 표현으로 쓰입니다.

기본 표현

❶ 日本では1時間半の飲み放題をしている居酒屋が多いです。
일본에서는 1시간 반 동안 실컷 마실 수 있는 선술집이 많습니다.

❷ あの家はどら息子がお金を使い放題にして落ちぶれたそうだよ。
저 집은 방탕한 자식이 마음대로 돈을 써서 망했다고 한다.

❸ 遊園地でフリー券を買うと、一日中乗り物に乗り放題です。
유원지에서 프리권을 사면 하루 종일 놀이기구를 마음껏 탈 수 있습니다.

❹ ここのカラオケは月1回、2時間歌い放題の日があります。
여기 노래방은 월 1회 2시간 마음껏 부르는 날이 있습니다.

❺ ケーキバイキングではケーキが食べ放題だよ。
케이크 뷔페에서는 케이크를 마음껏 먹을 수 있다.

Tip

居酒屋 선술집
どら息子 방탕한 자식, 건달자식
落ちぶれる 몰락하다, 망하다
遊園地 유원지
フリー券 프리권
バイキング 뷔페

Dialogue

A : 昨日のお客さんには困ったよね。
어제 손님은 곤란했어.

B : 本当に。なんでもかんでも言いたい放題に要求してくるんだもん。
정말로. 이것저것 말하고 싶은 대로 요구했지.

A : いくら旅館でもできることと、できないことがあるのにね。
아무리 여관이라도 되는 것과 안 되는 것이 있는데 말이야.

B : 常識も知らない人は恥ずかしく思われるだけなのにね。
상식도 모르는 사람은 부끄럽게 여겨질 뿐인데.

なんでもかんでも 이것저것 모두, 무엇이든
要求 요구
常識 상식

나도 해보기

A : 明日からのツアー旅行が楽しみ。

B : いろんな温泉に＿＿＿＿＿＿＿＿＿＿。

A : 내일부터의 관광여행이 기대돼.

B : 여러 온천에 마음껏 들어가는 투어군.

답

入り放題のツアーだもんね

バッティングセンターで、球を打ちまくる。

배팅센터에서 공을 마구 친다.

▶▶▶ **동사 ます형 + まくる**　　마구 ~하다, 계속 ~해대다

「동사 ます형+まくる」는 어떤 동작이나 행위를 심하게 하는 것을 나타내는 표현으로, '마구 ~하다, 계속 ~해대다'라고 해석됩니다.

기본 표현

❶ 食べまくって、失恋したことも忘れてやる。
마구 먹어 대서 실연한 것도 잊혀진다.

❷ 母が兄の合格を親戚中に電話をかけまくっていた。
엄마가 형의 합격을 온 친척에게 전화를 계속했다.

❸ 昔は小説家になりたくて、小説を書きまくっていました。
옛날에는 소설가가 되고 싶어서 소설을 마구 썼습니다.

❹ 悔しくて、大声で叫びまくった。
분해서 큰 소리로 마구 소리쳤다.

❺ 20代の時は痩せたくて、いろんなダイエットをしまくった。
20대 때는 날씬해지고 싶어서, 여러 가지 다이어트를 마구 했었다.

Dialogue

A : 課長の性格にはついていけないよ。
과장님의 성격에는 따라갈 수 없어.

B : あのねちねちと言う言い方は気分が悪いよね。
저 치근치근하게 말하는 말투는 기분이 나빠.

A : 俺は今日も嫌味を言われたよ。
나는 오늘도 불쾌한 말을 들었어.

B : まあまあ、今日は飲みまくって、嫌なことは忘れよう。
자자, 오늘은 마구 마시고 불쾌한 일은 잊자.

나도 해보기

A : 今まで一番悲しかったときはどんなときだった?

B : 愛犬が死んだときかな。あの時は＿＿＿＿＿＿＿。

A : 지금까지 가장 슬펐던 때는 언제였어?

B : 애견이 죽었을 때일까. 그때는 마구 울었어.

彼はどんなスポーツも、やりこなす。

그는 어떤 스포츠도 잘할 수 있다.

▶▶▶ **동사 ます형 + こなす** ~을 능숙하게 잘하다

'어려운 것을 배우고 익혀 잘하게 되었다'라는 뉘앙스를 내포하여 '~을 능숙하게 잘하다'라는 의미로 쓰이고 인간의 능력 및 기술적인 면에 주목하는 표현입니다.

기본 표현

❶ あれだけの書類を一日で整理しこなすなんて、さすがだね。
그만큼의 서류를 하루에 정리하다니 과연 대단하다.

❷ モデルはどんな服も着こなせなければいけません。
모델은 어떤 의상도 맵시 있게 입을 수 있어야 합니다.

❸ 読解はちゃんと文の内容を読みこなせないと、問題を解けません。
독해는 정확히 문장의 내용을 제대로 읽어서 이해할 수 없으면 문제를 풀 수 없습니다.

❹ やせてロングブーツもはきこなせるようになった。
살이 빠져서 롱부츠도 신을 수 있게 되었다.

❺ 健康を取り戻して、9時間勤務もやりこなしています。
건강을 되찾아서 9시간 근무도 해낼 수 있습니다.

Tip

こなす 처리하다, 해치우다
着こなす 옷을 맵시 있게 입다
読解 독해
ちゃんと 정확히, 제대로
ロングブーツ 롱부츠
取り戻す 되찾다

Dialogue

A : 最新のオーブンを買ったんだ。
최신 오븐을 샀어.

B : ちゃんと使いこなせているの?
제대로 사용할 수 있어?

A : 大丈夫。この間も早速パンを焼いてみたんだ。
걱정 마. 얼마 전에도 재빨리 빵을 구워 봤어.

B : 今度私にもパンをごちそうしてよ。
다음에 나한테도 빵을 구워 줘.

オーブン 오븐
早速 재빨리, 당장
見直す 달리 보다

나도 해보기

A : 免許をとったばかりなのに、もう車を＿＿＿＿＿＿＿＿？

B : 見直しただろう。

A : 이제 막 면허를 땄는데, 벌써 능숙하게 차를 타고 다니는 거야?

B : 달리 보게 되었지?

답

乗りこなしているの

彼はゴールまで泳ぎぬいた。
그는 결승점까지 끝까지 수영했다.

▶▶▶ 동사 ます형 + ぬく　끝까지 ~하다

「동사 ます형+ぬく」는 '끝까지 ~하다'라는 의미로 '고통을 이겨내고 이루어내다'라는 의미가 강한 표현입니다.

기본 표현

❶ 私は15年もの間、苦労しぬいて、今の地位を築きました。
나는 15년 동안 고생한 끝에 지금의 지위를 쌓아올렸습니다.

❷ 将来について悩みぬいた末、大学院に行くことにした。
장래에 관해서 고민한 끝에 대학원에 가기로 했다.

❸ 大変だったけれど、販売責任を最後までやりぬいた。
힘들었지만 판매책임을 끝까지 졌다.

❹ 甲子園球場には地区大会を勝ちぬいた高校が行けます。
코시엔 구장에는 지역대회에서 끝까지 승리한 고교가 갈 수 있습니다.

❺ お金に困りぬいて、借金までしてしまった。
돈에 몹시 쪼들려서 빚까지 내고 말았다.

Tip

ゴール 골, 결승점
地位 지위
築く 쌓다
末 ~끝에
球場 구장
地区大会 지역대회
借金 빚

Dialogue

A : 無人島でも一人で生きぬいていける自信がある?
무인도에서도 혼자서 끝까지 살아남을 수 있을 자신이 있어?

B : 何でいきなりそんなこと聞くの?
어째서 갑자기 그런 걸 물어봐?

A : 昨日のテレビでそんな内容の番組があって、ちょっと考えてみたんだ。
어제 TV에서 그런 내용의 프로그램이 있어서, 잠깐 생각해 봤어.

B : う~ん、数日だったら、耐えられるかもしれないけれど、何年もの間を一人でいられるかどうかは、わからないな。
응, 며칠이라면 견딜 수 있을지도 모르지만, 몇 년 동안을 혼자서 있을 수 있을지 어떨지는 모르겠어.

番組 프로그램
だいぶ 상당히

나도 해보기

A : 日本語で書かれた小説を最後まで＿＿＿＿＿＿＿＿＿。

B : 頑張ったね。日本語がだいぶ上達したんじゃない?

A : 일본어로 된 소설을 마지막까지 다 읽었어.
B : 분발했네. 일본어 실력이 상당히 향상된 거 아니야?

답

読みぬいたよ

量が多くて食べきれない。
양이 많아서 다 먹을 수 없다.

▶▶▶ **동사 ます형 + きれない** 끝까지 ~할 수 없다

동사 ます형+きれない는 '끝까지 ~할 수 없다'라는 의미의 표현으로 쓰이고, 기본형인 「切る」가 접속되면 '끝까지 ~하다'라는 반대의 의미로 쓰입니다.

기본 표현

Tip
借りる 빌리다
期日 기일

❶ これ以上待ちきれない。
더 이상 기다릴 수 없다.

❷ カップが大きくて、コーヒーを飲みきれない。
컵이 커서 커피를 다 마실 수 없다.

❸ 紙が小さくて、書ききれません。
종이가 작아서 다 쓸 수 없습니다.

❹ 借りた本を期日まで読みきれなかった。
빌린 책을 기일까지 다 읽을 수 없었다.

❺ ゴールまで走りきれなかった。
결승점까지 끝까지 뛰지 못했다.

Dialogue

A : 今日の工作の時間はここまでにします。
오늘 공작시간은 여기까지입니다.

B : 先生、作品ができあがらなかったんですが。
선생님, 작품이 완성되지 않았는데요.

A : 作品を作りきれなかった人は、今週中に完成させて、提出してください。
작품을 완성하지 못한 사람은 이번 주 중으로 완성시켜서 제출하세요.

B : はあい。
네.

工作 공작
できあがる 완성되다
提出 제출
ワールドカップ 월드컵
最後まで 마지막까지, 끝
　끝내
録画 녹화

나도 해보기

A : ワールドカップを見ていたのに、眠くなって＿＿＿＿＿＿＿。

B : 録画しているから、テープを貸すよ。

A : 월드컵을 보고 있었는데, 졸려서 마지막까지 볼 수 없었어.

B : 녹화했으니까, 테이프를 빌려줄게.

답
最後まで見きれなかった

彼が会社の社長だなんて信じがたい。

그가 회사의 사장이라니 믿기 어렵다.

▶▶▶ **동사 ます형 + がたい** ～하기 어렵다

「동사 ます형+がたい」는 '～하기 어렵다'는 의미로 어떤 행동을 하고 싶지 않거나 받아들이고 싶지 않다는 뉘앙스의 표현으로 쓰입니다.

기본 표현

❶ 戦場での悲惨さは、私たちには想像しがたいだろう。
전쟁터에서의 비참함은 우리들은 상상하기 힘들 것이다.

❷ 香港に来たのに夜景を見ずに韓国に帰るなんて帰りがたいよ。
홍콩에 왔는데 야경을 보지 않고 한국으로 돌아갈 수 없다.

❸ ヨーロッパ旅行は生涯で忘れがたい思い出となりました。
유럽 여행은 일생에서 잊기 힘든 추억이 되었습니다.

❹ 彼女は何か近寄りがたい雰囲気がある。
그녀는 뭔가 다가가기 힘든 분위기가 있다.

❺ 耐えがたい苦労も耐えてみせます。
참기 힘든 고생도 참아 보겠습니다.

Tip

戦場 전쟁터
悲惨さ 비참함
想像 상상
香港 홍콩
夜景 야경
生涯 생애
思い出 추억
近寄る 접근하다. 다가가다

Dialogue

A : あこがれの川口さんがつきあっている人を知っている?
동경하는 가와구치 씨가 사귀고 있는 사람을 알고 있어?

B : 経理の森さんでしょ?
경리인 모리 씨지?

A : 川口さんがどうしてさえない森さんとつきあっているのか、理解しがたいよね。
가와구치 씨가 어째서 신통찮은 모리 씨와 사귀고 있는지 이해하기 힘들어.

B : 人の好みはそれぞれだよ。
사람의 취향은 제각각이야.

あこがれ 동경함
つきあう 사귀다
経理 경리
理解 이해
好み 취향, 취미
それぞれ 각각, 각기
本気 진심

나도 해보기

A : おまえが学年20位に入るなんて＿＿＿＿＿＿＿。

B : 俺が本気をだせば、これぐらいの実力はだせるんだよ。

　　A : 네가 학년 20위에 들어가다니 믿기 힘들어.
　　B : 내가 진심으로 하면 이 정도의 실력은 낼 수 있어.

답

信じがたい

chapter 08

동사부정형 패턴

甘いものは食べないでください。
단 것은 먹지 마세요.

▶▶▶ **동사부정형 + ないでください** ～하지 말아 주세요

「ないでください」는 동사의 부정형에 접속하여 의뢰 및 지시의 뜻을 가지고 있으며, 부드러운 금지의 표현으로 많이 사용됩니다. 우리말로는 '～하지 말아 주세요, ～하지 마세요'로 해석됩니다.

기본 표현

Tip
ぜったいに 절대로
激しい 심하다
吸う 들이마시다

❶ この薬はぜったいにジュースやお茶で飲まないでください。
이 약은 절대로 주스나 차와 함께 마시지 마세요.

❷ 激しい運動はしないでください。
심한 운동은 하지 말아 주세요.

❸ 駅の前に自転車を止めないでください。
역 앞에는 자전거를 세우지 말아 주세요.

❹ たばこは吸わないでください。
담배는 피우지 말아 주세요.

❺ このコンピューターは使わないでください。
이 컴퓨터는 사용하지 말아 주세요.

Dialogue

A : 新しい医療機器が入荷しました。今から使い方を説明します。
새로운 의료기기를 들였습니다. 지금부터 사용법을 설명하겠습니다.

B : おねがいします。
부탁드립니다.

A : まず、この部分は故障の原因になりますから触らないでください。
우선, 이 부분은 고장의 원인이 되므로 만지지 마세요.

B : はい、わかりました。
네, 알겠습니다.

医療 의료
機器 기기
入荷 입하
使い方 사용법
説明 설명
部分 부분
触る 만지다
故障 고장
原因 원인

나도 해보기

A : 会議室に_____。

B : まだ、会議中なんですか。

　　A : 회의실에 들어가지 말아 주세요.
　　B : 아직 회의 중입니까?

답
入らないでください

わさびをつけないで、すしを食べます。

와사비를 묻히지 않고 초밥을 먹습니다.

▶▶▶ **동사부정형 + ないで** ~않고

「ないで」는 동사의 부정형에 접속하고, '~하지 않고, ~하지 말고'라는 의미로 부대상황이나 대리, 수단을 나타낼 때 사용할 수 있습니다.

기본 표현

❶ 昨日は疲れていたので、お風呂に入らないで寝ました。
어제는 피곤했기 때문에 목욕을 하지 않고 잤습니다.

❷ 遅くまで起きていないで早く寝なさい。
늦게까지 깨어 있지 말고 얼른 자.

❸ 朝ごはんを食べないで来たので、おなかが空いた。
아침을 안 먹고 와서 배고파.

❹ 歯を磨かないで寝ると、虫歯になります。
이를 닦지 않고 자면 충치가 생깁니다.

❺ 週末は勉強しないで一日ゆっくり休みます。
주말은 공부하지 않고 하루 종일 편히 쉽니다.

Tip

疲れる 지치다, 피로해지다
お腹が空く 배가 고프다
歯を磨く 이를 닦다
虫歯 충치

Dialogue

A : 山田さん、今日はあまりお酒を飲みませんね。
야마다 씨, 오늘은 술을 별로 안 마시네요.

B : ええ、昨日から風邪を引いていて。
네, 어제부터 감기에 걸려서요.

A : そうですか。じゃ、今日はあまり飲まないで早く帰りましょう。
그래요. 그럼, 오늘은 많이 마시지 말고 일찍 갑시다.

B : どうもすみません。
정말 미안합니다.

仕方がない 어쩔 수 없다, 방법이 없다

나도 해보기

A : (金さんの家の前)金さん、いないのかしら？

B : _____来たから、仕方がないね。

　　A : (김 씨 집 앞) 김 씨는 없을려나.

　　B : 연락하지 않고 왔으니까 어쩔 수 없어.

답
連絡しないで

山田じゃなくて、山下です。
야마다가 아니라 야마시타입니다.

▶▶▶ **동사부정형 + なくて** ~하지 않아서 / **AではなくてB** A가 아니라 B

「なくて」는 동사의 부정형에 접속하여 '어떤 일이 행해지고 있지 않다, 어떤 상태가 아니다'라고 할 때 사용하는 표현으로 '~하지 않아서'라는 의미로 쓰입니다. 또한 「なくて」는 명사에 접속되기도 하는데, 명사에 접속될 경우, 「AではなくてB」의 형태로 열거를 나타내는 표현으로 쓰이고, 'A가 아니라 B'로 해석됩니다.

기본 표현

❶ 雪でバスが来なくて、地下鉄に乗ってきました。
눈 때문에 버스가 오지 않아서 지하철을 타고 왔습니다.

❷ 昨日の夜は眠れなくて、朝の6時まで起きていました。
어젯밤은 잠이 오지 않아서 아침 6시까지 깨어 있었습니다.

❸ 朝食は、パンではなくてごはんを食べる。
아침 식사는 빵이 아닌 밥을 먹는다.

❹ コーヒーではなくて紅茶をください。
커피 말고 홍차를 주세요.

❺ 明日の約束は3時ではなくて5時です。
내일 약속은 3시가 아니고 5시입니다.

Dialogue

A : おひさしぶりですね。お元気ですか。
오랜만입니다. 잘 지내시죠?

B : ええ、おかげさまで。田中さんは?
그럼요, 덕분에요. 다나카 씨는요?

A : 先月会社が変わってから残業ばかりでゆっくりできなくて忙しくしています。
지난 달 회사를 옮긴 후 잔업 때문에 마음 편히 쉴 수 없어서 바쁩니다.

B : それはたいへんですね。
그것 참 힘드시겠어요.

나도 해보기

A : 夏休みにニューヨークへ行ってきたんですか。

B : いえ、＿＿＿＿＿＿＿＿＿＿＿＿ロサンゼルスです。

  A : 여름방학 때 뉴욕에 갔다 왔어요?
  B : 아니요, 뉴욕이 아니라 로스엔젤레스에 다녀왔어요.

Tip

今朝 오늘아침
朝食 조식
紅茶 홍차

変わる 바뀌다
残業 잔업
忙しい 바쁘다
ニューヨーク 뉴욕

답

ニューヨークじゃ(では)なくて、

きょうしつ ごぜん じはん はい
教室には午前8時半までに入らなければならない。

교실에는 오전 8시 반까지 들어가지 않으면 안 된다.

▶▶▶ **동사부정형 + なければならない** ~하지 않으면 안 된다

「なければならない」는 '~하지 않으면 안 된다'라는 뜻으로 동사의 부정형에 접속하여 법률·규칙·도덕·습관 등의 의무나 규정을 나타낼 때 또는 개인의 의지로 선택할 수 없는 경우나 필연적인 경우에 주로 쓰입니다.

기본 표현

❶ はや お
もっと早起きし**なければならない**。
좀 더 일찍 일어나지 않으면 안 된다. (일어나야 된다.)

❷ あした しりょう だ
明日までにこの資料を出さ**なければならない**。
내일까지 이 자료를 제출하지 않으면 안 된다.(제출해야 된다.)

❸ がくせい べんきょう
学生は勉強し**なければならない**。
학생은 공부하지 않으면 안 된다.(해야 된다.)

❹ きょう はや かえ
今日は早く帰ら**なければならない**。
오늘은 일찍 귀가하지 않으면 안 된다. (가야 된다.)

❺ よやく
このレストランは予約し**なければならない**のですか。
이 레스토랑은 예약하지 않으면 안 됩니까? (예약해야 됩니까?)

Tip

早起き 일찍 일어남
資料 자료

Dialogue

きのう れんらく
A : 昨日はどうしましたか。連絡もしないで。
어제는 무슨 일이 있었습니까? 연락도 없이.

からだ ちょうし ほんとう わる い
B : すみません。体の調子が本当に悪くて行けませんでした。
죄송합니다. 몸이 너무 안 좋아서 갈 수 없었습니다.

れんらく しんぱい
A : それでも連絡はし**なければなりません**よ。心配しました。
그래도 연락은 주셔야죠. 걱정했습니다.

き
B : ほんとうにすみません。これから気をつけます。
정말 죄송합니다. 앞으로 주의하겠습니다.

体の調子が悪い 몸의
　상태가 나쁘다
喫煙所 흡연실
吸う (담배를) 피우다, 호
　흡하다

나도 해보기

きつえんじょ
A : たばこは喫煙所で＿＿＿＿＿＿＿＿＿＿＿＿＿。

B : あ、すみません。

A : 담배는 흡연실에서 피워야 됩니다.

B : 아, 죄송합니다.

답

す
吸わなければなりませんよ

私の学校は制服を着なくてはならない。

우리 학교는 교복을 입지 않으면 안 된다.

▶▶▶ **동사부정형 + なくてはならない** ~하지 않으면 안 된다

「なくてはならない」는 「なければならない」, 「なくてはいけない」와 같이 동사의 ない형에 접속하여 법률·규칙·도덕·습관 등의 의무나 규정을 나타낼 때나 개인의 의지로 선택할 수 없는 경우나 필연적인 경우에 주로 쓰입니다.

기본 표현

❶ もっとよくかんで食べなくてはなりませんよ。
좀 더 잘 씹어서 먹지 않으면 안 됩니다.

❷ 明日友だちが来るから、部屋を掃除しなくてはならない。
내일 친구가 오니까, 방 청소를 하지 않으면 안 된다.

❸ 肌の調子が悪いなら、野菜をたくさん食べなくてはならない。
피부 상태가 나쁘다면 야채를 많이 먹어야만 한다.

❹ 今日まとめてごみを捨てなくてはならない。
오늘 쓰레기를 한데 모아 버리지 않으면 안 된다.

❺ 月曜日までにレポートを書かなくてはならない。
월요일까지 보고서를 쓰지 않으면 안 된다.

Tip

制服 제복, 유니폼
かむ 씹다
肌 피부
まとめる 정리하다
ごみ 쓰레기
捨てる 버리다

Dialogue

A : お父さん、お母さん、おやすみなさい。
아버지, 어머니, 안녕히 주무세요.

B : 歯は磨いたの?
이는 닦았니?

A : あ、忘れてた。
아, 깜빡했다.

B : 寝る前に必ず歯を磨かなくてはならないわよ。虫歯になるから。
자기 전에 반드시 이를 닦지 않으면 안 돼. 충치가 생기니까.

磨く 닦다
虫歯 충치
点数 점수
取る 받다, 들다

나도 해보기

A : そんなに勉強してどうしたの?
B : 今回の中間テストでは、必ずいい点数を＿＿＿＿＿＿。

　　A : 그렇게나 공부하다니 무슨 일이야?
　　B : 이번 중간고사에서는 반드시 좋은 점수를 받아야 되거든.

패턴 152

鉄は熱いうちに打て。
철은 뜨거울 때 두들겨라.

▶▶▶ **〜うちに / 〜ないうちに** ~동안에 / ~하기 전에

「うち」는 처음부터 특정 상태나 동작이 계속되는 범위를 설정하고, 그 상태가 끝나기 전에 일이 성립되는 것을 뜻합니다. 즉, 변화가 일어나기 전에 무엇인가를 한다는 의미라고 할 수 있습니다. 동사의 기본형에「うちに」가 접속되면 '~동안에'로 해석되고, 동사의 부정형에「ないうちに」의 형태로 접속되면 '~하기 전에'로 해석됩니다.

기본 표현

❶ では、冷めないうちにどうぞ。
그럼, 식기 전에 드세요.

❷ 雨も止まないうちに今度は台風が襲ってきた。
비도 그치기도 전에 이번에는 태풍이 덮쳤다.

❸ 金さんと仕事で毎日顔を合わせているうちに、親しくなった。
김 씨와 일 관계로 매일 만나다 보니 친해졌다.

❹ 子供が寝ているうちに、家事を済ませよう。
아이가 자고 있을 동안 집안일을 끝내자.

❺ 両親が健康なうちに親孝行できればいいですね。
부모님이 건강할 때 효도를 할 수 있다면 좋지요.

Tip

冷める 식다
止む 멎다
襲う 덮치다
顔を合わせる 얼굴을 대하다, 만나다
親しい 친하다
家事 가사, 집안일
済ます 끝내다
親孝行 효도

Dialogue

A : ここの海鮮スープはおいしいんですよ。
여기 해산물 스프 맛있어요.

B : 海の物がいろいろ入っていますね。
해산물이 여러 가지 들어 있네요.

A : さ、熱いうちにどうぞ。
자, 따뜻할 동안에 드세요.

B : じゃ、いただきます。
그럼, 잘 먹겠습니다.

海鮮 신선한 해산물
召し上がる 드시다

나도 해보기

A : ＿＿＿＿＿＿＿＿＿＿、どうぞ召し上がってください。

B : では、遠慮なく。

A : 식기 전에 어서 드세요.
B : 그럼, 편히 먹겠습니다.

답
冷めないうちに

ストレスをためないようにしています。

스트레스를 받지 않도록 하고 있습니다.

▶▶▶ **～ように / ～ないように** ～하도록 / ～하지 않도록

「ように」는 가벼운 명령·의뢰·목적·사고나 발언의 내용을 표현하는 등 다양한 용법을 가지고 있습니다. 그 중 목적의 용법으로 쓰인 「ように」에 관해 살펴보도록 합시다. 목적을 나타내는 「ように」는 동사의 기본형에 접속되어 '～하도록'이라는 의미로, 동사의 부정형에 「ように」가 접속되어 '～하지 않도록'이라는 의미를 나타냅니다. 또한, 「A(ない)ようにB」의 형태로 쓰여, A가 B에 오는 내용의 목적이 됨을 표현합니다. 따라서 B에는 의지적인 동작에 관련된 내용이 올 수 있지만, A에는 의지를 포함하는 동작이 아닌 가능표현이나 부정표현 등이 오기 때문에 「ために」와 치환하여 사용할 수 없습니다.

기본 표현

❶ 道を説明できる**ように**練習する。
길을 설명할 수 있도록 연습한다.

❷ もっと早くする**ように**言ってください。
좀 더 빨리 하도록 말해 주세요.

❸ 次の試合に勝てる**ように**、今から一生懸命練習します。
다음 시합에 이길 수 있도록 지금부터 열심히 연습하겠습니다.

❹ 遅刻し**ないように**気をつけています。
지각하지 않도록 주의하고 있습니다.

❺ バスに乗り遅れ**ないように**、毎朝早めに起きます。
버스를 놓치지 않도록 매일 아침 일찍 일어납니다.

Tip

説明 설명
試合 시합
遅刻 지각
乗り遅れる 늦어서 못 타다
早めに 일찍

Dialogue

A : 今、どうして日本語を勉強しているんですか。
지금, 왜 일본어를 공부하고 있어요?

B : 取引先が日本なので、そこの担当者と日本語で自由に話せる**よ うに**がんばっています。
거래처가 일본이기 때문에, 그쪽 담당자와 일본어로 자유롭게 이야기할 수 있도록 노력하고 있어요.

A : 勉強してみてどうですか。
공부해 보니 어때요?

B : 思っていたより難しいですね。でも、おもしろいです。
생각보다 어려워요. 하지만, 재미있어요.

取引先 거래처
担当者 담당자
自由 자유
聞こえる 들리다

나도 해보기

A : 後ろまで _____ 大きな声でお願いします。

B : はい、わかりました。

A : 뒤쪽까지 들릴 수 있도록 큰 목소리로 부탁합니다.
B : 네, 알겠습니다.

답

聞こえるように

패턴 154

連絡しないわけにはいかない。

> 연락해야만 한다.

▶▶▶ **동사부정형 + ないわけにはいかない** ~하지 않을 수 없다, ~해야 한다

「ないわけにはいかない」는 동사의 부정형에 접속하여, 심리적·법률적·도덕적·사회적 등의 이유로 인해 그렇게 해야만 한다는 뉘앙스를 띠고 있는 표현으로 '~하지 않을 수 없다, ~해야 한다'라는 뜻으로 해석됩니다.

기본 표현

❶ 山を下るには、足が痛くても歩かないわけにはいかない。
산을 내려갈 때는 발이 아파도 걸어가야 한다.

❷ 夫婦ゲンカしているからって、家に帰らないわけにはいかない。
부부 싸움을 했다고 해도 집에는 돌아가야 한다.

❸ 小さい子が一人で泣いているのに、声をかけないわけにはいかない。
어린아이가 혼자서 울고 있어서 말을 걸지 않을 수 없었다.

❹ 小遣いが足りなくてアルバイトをしないわけにはいかない。
용돈이 모자라서 아르바이트를 해야만 한다.

❺ 母が病気だと聞いて、実家に帰って来ないわけにはいかなかった。
엄마가 아프다고 해서 본가로 돌아가야 했다.

> **Tip**
>
> 下る 내려가다
> 夫婦ゲンか 부부 싸움
> 声をかける 말을 걸다
> 小遣い 용돈
> 実家 본가, 생가, 친정

Dialogue

A : 今日も残業で遅くなりそうだよ。
오늘도 잔업으로 늦어질 것 같아.

B : ここのところ、毎日残業ね。
요즘 매일 잔업이네.

A : 人手不足で残業をしないわけにはいかないんだ。
일손 부족으로 잔업을 하지 않으면 안 돼.

B : 体に気をつけてね。
몸조심해.

> 残業 잔업
> 遅い 늦다
> 誘う 꾀다, 유혹하다

나도 해보기

A : 明日、ゴルフに行かなきゃだめ？ 一緒にどこかに行きたいのに。

B : 部長に誘われて、＿＿＿＿＿＿＿＿＿＿＿＿。

A : 내일 골프 치러 안 가면 안 돼? 함께 어딘가 가고 싶은데.
B : 부장님이 가자고 하셔서 가지 않으면 안 돼.

> **답**
>
> 行かないわけにはいかない。

패턴 155

図書館まで歩いて行けないことはないが遠いです。

도서관까지 걸어서 갈 수 없는 것은 아니지만 멉니다.

▶▶▶ 동사부정형 + ないことはない ~하지 않는 것은 아니다

「ないことはない」는 동사의 부정형에 접속되어 '~하지 않는 것은 아니다'라는 의미의 이중부정을 나타내는 표현입니다.

기본 표현

❶ 料理をしないことはないが得意ではありません。
요리를 하지 않는 것은 아니지만 잘하진 못합니다.

❷ ペンキをきれいに塗ったら使えないことはないですよ。
페인트를 깨끗하게 칠하면 사용 못할 것도 없어요.

❸ 今から一生懸命勉強すれば、大学に行けないことはない。
지금부터 열심히 공부한다면, 대학에 못 갈 것도 없다.

❹ ゲームをしないことはないが、本当に時々しかしない。
게임을 안 하는 건 아니지만 정말 가끔씩만 한다.

❺ 英語は全然しゃべれないことはないが、自信がない。
영어는 전혀 못하는 건 아니지만 자신이 없다.

Dialogue

A : 明日、いっしょに遊べる？
내일, 같이 놀 수 있어?

B : 遊べないことはないけれど、3時までしか時間がないよ。
놀 수는 있는데, 3시까지밖에 시간이 없어.

A : 3時まででもいいから会おうよ。
3시까지라도 괜찮으니까 만나자.

B : わかった。明日の午前中にまた電話するね。
알았어. 내일 오전 중에 다시 전화할게.

나도 해보기

A : ボーリングはできる？

B : _____、あまりうまくないよ。

　　A : 볼링은 할 수 있어?
　　B : 할 수는 있는데, 그다지 잘하진 못해.

Tip

得意だ 잘 하다
ペンキ 페인트
塗る 칠하다, 바르다
しゃべる 말하다

午前中 오전중
ボーリング 볼링

답

できないことはないけれど

패턴 156

今にも殴らんばかりの顔で、怒り狂っている。

당장이라도 때릴 듯한 얼굴로, 몹시 화내고 있다.

▶▶▶ **동사부정형 + んばかりの** 마치 금방이라도 ~할 듯한

동사의 부정형에 접속하는 「んばかり」는 '마치 금방이라도 ~할 듯하다'라는 의미를 나타내는 표현입니다. 이 표현이 뒤에 오는 명사를 꾸밀 경우, 반드시 조사 「の」를 수반하고, '금방이라도 ~할 듯한 ~'라고 해석됩니다.

기본 표현

❶ 今にも吹きださんばかりの笑いをこらえて司会をしたよ。
당장이라도 터질 듯한 웃음을 참으며 사회를 봤어.

❷ 気に入らないといわんばかりの顔だね。
마치 마음에 들지 않는다고 말하는 듯한 얼굴이네.

❸ その時は、気が狂わんばかりの悲しさでした。
그때는 미칠 것 같은 슬픔이었습니다.

❹ 父が倒れたと聞いて心臓が飛びださんばかりの驚きだった。
아버지가 쓰러졌다는 말을 듣고 심장이 튀어나올 만큼 놀랐다.

❺ 彼女はとびあがらんばかりの勢いで抱きついてきた。
그녀는 날아오르는 듯한 기세로 껴안았다.

Tip

殴る 때리다
怒り狂う 제정신이 아닐 정도로 심하게 혼내다
吹きだす 참지 못하고 웃음을 터뜨리다
こらえる 참다
気に入る 마음에 들다
倒れる 쓰러지다
心臓 심장
飛びだす 뛰어나오다, 튀어나오다
とびあがる 뛰어오르다, 펄쩍 뛰다
勢い 기세
抱きつく 끌어안다

Dialogue

A : いったい何があったんだ?
도대체 무슨 일이 있었던 거야?

B : 同僚の岡田がミスしたみたいだよ。
동료인 오카다가 실수한 모양이에요.

A : それで係長が爆発せんばかりの顔だったのか。
그래서 계장이 폭발할 듯한 얼굴이었구나.

B : なんでも得意先に送った見積書の金額が大きく違っていたそうだよ。
아무래도 단골집에 보낸 견적서 금액이 크게 차이가 났나 봐요.

同僚 동료
係長 계장
爆発 폭발
得意先 단골집, 단골손님
見積書 견적서
言い分 주장하고 싶은 말

나도 해보기

A : 不満が _____ 顔だね。

B : 僕の言い分も聞いてください。

　　A : 불만이 있는 듯한 얼굴이네.

　　B : 제 말도 들어 주세요.

답

あるといわんばかりの

面接をして みないことには、どんな人なのかわからない。
면접을 해보지 않고서는 어떤 사람인지 알 수 없다.

▶▶▶ **동사부정형 + ないことには～ない** ～하지 않고서는 ～없다

동사의 부정형에 접속되는 「ないことには～ない」라는 표현은 '～하지 않으면 뒤에 오는 내용은 실현되지 않는다'라는 가정의 의미를 나타내고 주로 말하는 사람의 소극적인 기분을 표현합니다.

기본 표현

❶ 話を聞いてみないことには、詳しい事情がわからない。
얘기를 듣지 않고서는 자세한 사정을 알 수가 없다.

❷ 食べてみないことには、おいしいかどうかもわからない。
먹어 보지 않고서는 맛이 있는지 어떤지 알 수가 없다.

❸ データーの集計を見てみないことには、状況判断ができない。
데이터 집계를 보지 않고서는 상황판단을 할 수 없다.

❹ 使ってみないことには、自分に合っているのかどうかもわからない。
사용해 보지 않고서는 자신에게 맞는지 어떤지 알 수가 없다.

❺ スポーツは実際にやってみないことには、楽しさもわからないですよ。
스포츠는 실제로 해보지 않고서는 즐거움을 알 수가 없습니다.

Tip

詳しい 상세하다
事情 사정
データー 데이터
集計 집계
状況判断 상황판단
実際 실제

Dialogue

A : 恵美はどうして急に結婚するのをやめたんだろうね。
메구미는 어째서 갑자기 결혼을 그만둔 걸까.

B : さあ… 本人に聞いてみないことには、事情がわからないけれど…。
글쎄… 본인에게 물어보지 않고서는 사정을 알 수 없지만….

A : 彼氏とあんなに仲が良さそうだったのにね。
애인과 그렇게 사이가 좋은 것 같더니.

B : 見ただけじゃ、わからないこともあるよ。
보기만 해서 알 수 없는 것도 있어.

仲が良い 사이가 좋다
台湾 대만
条件 조건
大方 대부분

나도 해보기

A : 台湾との取引はどうなっているんだ?

B : 台湾に行っている、山下が＿＿＿＿＿、詳しいことはわか

らないのですが、こちらの条件を大方受け入れているそうです。

　A : 대만과의 거래는 어떻게 되어 가고 있어?

　B : 대만에 간 야마시타가 돌아오지 않고서는 자세한 일은 알 수 없습니다만, 이쪽 조건을
　　　대부분 받아들이고 있다고 합니다.

답

戻らないことには

これからは、無駄遣いをしないことにする。

이제부터는 낭비를 하지 않겠다.

▶▶▶ **동사부정형 + ないことにする** ～하지 않기로 하다

동사의 부정형에 「ないことにする」의 형태로 접속되어 주체의 의지로 인한 결정을 나타내는 표현으로 '～하지 않기로 하다'로 해석됩니다.

기본 표현

❶ これからは甘い物を食べないことにする。
이제부터는 단 것은 먹지 않겠다.

❷ 子供たちに極力小言を言わないことにするわ。
아이들에게 심한 잔소리를 하지 않겠어.

❸ これからゲームは2時間以上しないことにした。
앞으로 게임은 2시간 이상 하지 않기로 했다.

❹ 煙草を吸わないことにする。
담배를 피우지 않겠다.

❺ 夜更かしをしないことにする。
밤샘을 하지 않겠다.

Dialogue

A : いっしょに寝てもいい?
같이 자도 돼?

B : いいけど、どうしたの? お姉ちゃん。
괜찮은데, 무슨 일이야? 언니.

A : 友だちとホラー映画を見たら、怖くて寝れなくなっちゃったの。もう、絶対、ホラーは見ないことにする!
친구랑 호러영화를 봤더니, 무서워서 잘 수가 없어. 이제, 절대로 호러는 안 볼 거야!

B : いい歳して、何を言っているの。
그 나이에 무슨 소릴 하는 거야.

나도 해보기

A : 昨日は酔って、グチを言いまくっていたそうだね。

B : 覚えてないんだ。もう酒は＿＿＿＿＿＿＿＿＿＿。

　　A : 어제는 취해서 불평을 쏟아냈다는 것 같더라.

　　B : 기억이 안 나. 이제 과음하지 않을 거야.

패턴 159

頼まれたから、いっしょに行かざるを得ない。

부탁받아서 함께 가지 않을 수 없다.

▶▶▶ **동사부정형 + ざるを得ない** ~하지 않을 수 없다

「ざるを得ない」는 '~하지 않을 수 없다'로 해석되는 표현으로, 다소 격식을 차린 딱딱한 표현이지만 '뭔가 사정이 있어서 ~할 수밖에 없다'는 의미를 내포하고 있습니다. 이 표현은 동사의 부정형에 접속하지만 「する」에 접속될 경우에는 「せざるを得ない」의 형태로 접속됩니다.

기본 표현

❶ 約束したからには行かざるを得ない。
약속한 이상은 가지 않을 수 없다.

❷ 割引の特権を得るためには、会員にならざるを得ない。
할인 특권을 얻기 위해서는 회원이 되지 않을 수 없다.

❸ 友だちの頼みなんだから、引き受けざるを得ないよ。
친구의 부탁이니까 받아들이지 않을 수 없다.

❹ 売れ残りをなくすためには、値引きもせざるを得ないよ。
재고품을 없애기 위해서는 가격 인하라도 하지 않을 수 없다.

❺ 悪天候で、電気の復旧工事に時間がかからざるを得なかった。
악천후로 전기 복구공사에 시간이 걸리지 않을 수 없었다.

> **Tip**
>
> 割引 할인
> 特権 특권
> 得る 얻다
> 引き受ける 받아들이다.
> 부담하다
> 売れ残り 재고품
> 値引き 할인
> 悪天候 악천후
> 復旧工事 복구공사

Dialogue

A : 部長、我が部署に異例の人事があると聞いたのですが。
부장님, 저희 부서에 이례적인 인사가 있다고 들었습니다만

B : ああ、何でも専務直々の頼みで、受け入れざるを得なかった。
아, 그게 전무가 직접적으로 부탁해서 받아들이지 않을 수가 없었네.

A : 専務の息子さんなんですか。
전무님의 아드님입니까?

B : そうだ。君がいろいろと教えてやってくれないか。
그렇네. 자네가 여러 가지 가르쳐 주지 않겠나?

> 異例 이례
> 専務 전무
> 直々 직접, 바로
> トラブル 트러블
> 中止 중지

나도 해보기

A : せっかくコンサートを楽しみにして来たのに、見れないだなんて。

B : しょうがないよ。急なトラブルで中止になったんだから。
家に＿＿＿＿＿＿＿＿＿＿＿＿。

A : 모처럼 콘서트를 기대하면서 왔는데 볼 수 없다니.

B : 어쩔 수 없지. 갑작스런 트러블로 중지되었으니까, 집으로 돌아갈 수밖에 없네.

> **답**
> 帰らざるを得ないでしょう

連絡せずに来てしまったから、家にいないかもしれない。

연락하지 않고 왔기 때문에 집에 없을지도 모른다.

▶▶▶ **동사부정형 + ずに** ~하지 않고

'~하지 않고'라는 뜻의 「ずに」는 「ないで」의 문어체로 부정의 의미를 나타내는 표현으로 동사의 부정형에 접속됩니다.

기본 표현

❶ 業務報告書を提出せずに、机の上に置きっぱなしにしてしまった。
업무보고서를 제출하지 않고 책상 위에 올려둔 채로 둬버렸다.

❷ 「憂鬱」という漢字を辞書を見ずに書ける?
「우울」이라는 한자를 사전을 보지 않고 쓸 수 있어?

❸ テレビに牛乳を口で飲まずに鼻で飲む人がでていた。
TV에서 우유를 입으로 마시지 않고 코로 마시는 사람이 나왔다.

❹ 今日はこのまま帰らずに、一杯やっていかないか?
오늘은 이대로 돌아가지 말고 한잔 하고 가지 않을래?

❺ イベントを中止せずに済む方法はないものか?
이벤트를 중지하지 않고 끝낼 방법은 없을까?

Tip

業務報告書 업무보고서
提出 제출
憂鬱 우울
辞書 사전
鼻 코
済む 끝나다

Dialogue

A : 自分が嫌になっちゃう。
내가 싫어졌어.

B : どうかしたの?
왜 그래?

A : 彼氏が仕事のことで悩んでいるのも知らずに、自分のことばか
り考えていた。
애인이 일 때문에 고민하고 있는 것도 모른 채 내 일만 생각하고 있었어.

B : 今の気持をちゃんと伝えたら、彼氏もわかってくれるよ。
지금 그 기분을 충분히 전하면 애인도 알아줄 거야.

殺到 쇄도
訴える (불만, 요구) 호소
　하다, 소송하다
慌てる 당황하다

나도 해보기

A : 新製品に対するクレームが殺到していますが、どうしたらい
いのでしょうか?

B : _____、まず、顧客の訴えを把握してほしい。

　　A : 신제품에 대한 클레임이 쇄도하고 있습니다만 어떻게 하면 좋을까요?
　　B : 당황하지 말고 우선 고객의 호소를 파악해 줬으면 해.

답

慌てずに

あんなひどいことをされて、仕返しをしないではいられない。

저런 심한 일을 당하고, 복수를 하지 않을 수 없다.

▶▶▶ **동사부정형 + ないではいられない / ずにはいられない** ~하지 않을 수 없다

「ないではいられない/ずにはいられない」는 '~하지 않을 수 없다'로 해석되는데, 어떤 일의 상태나 사정을 보고 '~하려는 마음이 생겨 견딜 수 없다'라는 뉘앙스의 표현입니다.

기본 표현

❶ あまりにも悲しい話で、泣かずにはいられない。
너무 슬픈 이야기라서 울지 않을 수 없다.

❷ あんなにバカにされては、一発殴らないではいられない。
그렇게 바보취급 당하면 한 대 치지 않을 수 없다.

❸ 今更スキャンダルのことを知らないではいられない。
이제 와서 스캔들에 관한 것을 모르지 않을 수 없다.

❹ あんな男と結婚したいだなんて、親として反対せずにはいられない。
그런 남자와 결혼하고 싶다니 부모로서 반대하지 않을 수 없다.

❺ 持病で、毎日この薬を飲まないではいられないんです。
지병 때문에 매일 이 약을 마시지 않을 수 없다.

Tip

仕返し 복수
一発 일발, (주먹으로)한
  대 침
殴る 치다
今更 이제 와서
スキャンダル 스캔들
反対 반대
持病 지병

Dialogue

A : 明日は朝から年末の大掃除をするわよ。
내일은 아침부터 연말 대청소를 할 거야.

B : 面倒くさいよ。今年は掃除を適当にしようよ。
귀찮아. 올해는 청소를 대충 하자.

A : 新年をちゃんと迎えるには大掃除をしないではいられないでしょう。
새해를 제대로 맞이하려면 대청소를 하지 않을 수는 없잖아.

B : 日本の伝統とはいえ、毎年この大掃除をするのは大変だ。
일본의 전통이라고 해도 매년 대청소를 하는 건 힘들어.

年末 연말
大掃除 대청소
適当 적당
迎える 맞이하다
伝統 전통
保険 보험

나도 해보기

A : 保険に入ったそうだね。

B : うん、友だちの頼みだったから、サインを＿＿＿＿＿＿＿＿。

A : 보험 들었다면서.
B : 응, 친구의 부탁이어서 사인하지 않을 수 없었어.

답

しないではいられなかったの

情報が漏れた原因を調べないではおかない。

정보가 샌 원인을 반드시 조사하겠다.

▶▶▶ **동사부정형 + ないではおかない / ずにはおかない**　반드시 ~하다

「ないではおかない/ずにはおかない」는 '반드시 ~하다'라는 의미를 갖습니다. '반드시 ~하고야 말겠다'라는 뜻을 내포하여 강한 의지나 의욕, 방침을 나타내는 표현으로 능동적이면서 적극적인 표현이라고 할 수 있습니다.

기본 표현

❶ 彼女の歌声は全ての観客の心を感動させずにはおかない魅力がある。
그녀의 노랫소리는 모든 관객의 마음을 (반드시) 감동시키는 매력이 있다.

❷ 宣戦布告をしてきたのだから、わが国も戦わずにはおかないだろう。
선전포고를 해 왔으니까 우리나라도 반드시 싸워야 할 것이다.

❸ 映画好きの俺が話題作を見ないではおかないのはあたりまえだろう。
영화광인 내가 화제작을 (반드시) 보는 것은 당연하다.

❹ せっかくのごちそうを食べないではおかない。
모처럼 맛있는 음식을 어찌 안 먹을 수 있겠는가.

❺ スポーツ好きの俺が競技に参加しないではおかないよ。
스포츠광인 내가 경기에 반드시 참가한다.

漏れる 새다, 누설되다	
魅力 매력	
宣戦布告 선전포고	
好き 애호가, 광	
せっかく 모처럼	
ごちそう 맛있는 음식	
競技 경기	
参加 참가	

Dialogue

A : 2次会はカラオケに行くそうよ。
2차는 노래방으로 간대.

B : あ〜また課長の歌を聞かないといけないのか。
아〜 또 과장님 노래를 듣지 않으면 안 되는 거야.

A : 歌好きの課長が歌わないではおかないよ。
노래를 엄청 좋아하는 과장님이 부르지 않을 수는 없을 거야.

B : 課長が歌う歌はみんな古い歌なんだよね。
과장님이 부르는 노래는 전부 옛날 곡뿐이야.

古い 낡다
当然 당연함
コンパ 모임, 친목회

나도 해보기

A : 大森君もコンパに参加するでしょう？

B : 俺がコンパに＿＿＿＿＿＿＿＿＿＿ことを知っているだろう？
当然、参加するよ。

　A : 오오모리 군도 친목회에 참가할 거지?
　B : 내가 친목회에 반드시 참가한다는 것을 알고 있었지? 당연히 참가하지.

답　参加しないではおかない

子供の教育費のためにも働かないでは済まない。

아이의 교육비를 위해서도 일을 해야 한다.

▶▶▶ **동사부정형 + ないでは済まない / ずには済まない** ~하지 않고서는 해결되지 않는다

「ないでは済まない / ずには済まない」는 '~하지 않고서는 해결되지 않는다'라는 의미로, 장소나 상황, 사회적인 규칙 등을 생각했을 때 '그렇게 하지 않는 것이 허용되지 않거나, 말하는 사람의 기분상 그렇게 하지 않으면 안 된다'는 뉘앙스로 수동적이고 소극적인 표현이라고 할 수 있습니다.

기본 표현

❶ 君の顧客なのだから、クレームのことも知らないでは済まない。
자네의 고객이니까 반드시 클레임도 알아야 한다.

❷ これだけ散らかしたのだから、片付けないでは済まない。
이 정도로 어질러 놨으니까 반드시 정리해야 한다.

❸ 自分からすると言ったのだから、できないでは済まない。
스스로 한다고 했으니까 반드시 해야 한다.

❹ 海に連れていくと約束をしたのだから、行かないでは済まない。
바다에 데려가겠다고 약속을 했기 때문에 가야 한다.

❺ 勉強は嫌いだが、合格のためにもしないでは済まない。
공부는 싫지만 합격을 위해서라도 해야 한다.

Tip

教育費 교육비
顧客 고객
片付ける 정리하다
連れていく 데려가다

Dialogue

A : 彼女との結婚に迷っているんだ。
그녀와의 결혼을 망설이고 있어.

B : 今更どうして?
이제 와서 왜?

A : やっぱり、根本的な考え方が違いすぎるよ。結婚してもうまくやれない気がする。
역시, 근본적으로 사고방식이 너무 달라. 결혼해서도 잘 해내지 못할 것 같아.

B : 婚約までしたのだから、今更、結婚できないでは済まないだろう?
약혼까지 했는데 이제 와서 결혼 못한다고 할 수 없잖아?

今更 이제 와서
婚約 약혼
腰 허리
痛い 아프다
病院 병원

나도 해보기

A : 腰が痛いんだよね。

B : そんなに痛いんだったら、病院に＿＿＿＿＿＿＿＿＿＿。
病院に行っておいで。

A : 허리가 아파.　　B : 그렇게 아프면, 병원에 가야지. 병원에 다녀와.

답

行かないでは済まないよ

人間は、生きんがために働く。

인간은 살기 위해서 일한다.

▶▶▶ **동사부정형 + んがため(に)** ～하기 위해서

「～んがため(に)」는 '～하기 위해서'라는 뜻으로 반드시 실현시키고자 하는 적극적인 목적을 갖고 어떤 일을 한다고 할 때 쓰는 표현입니다. 「する」에 접속 될 경우에는 「せんがために」의 형태로 접속됩니다.

기본 표현

❶ 出世せんがために、一生懸命やってきた。
출세하기 위해서 열심히 해 왔다.

❷ 子供を自立させんがために、親は子供を厳しくしつける。
아이를 자립시키기 위해서 부모는 아이를 엄하게 예의범절을 가르친다.

❸ 事実を明らかにせんがために証拠を探しまわった。
사실을 밝히기 위해서 증거를 찾아다녔다.

❹ 子どもを救わんがために川にとびこんだ。
아이를 구하기 위해서 강으로 뛰어들었다.

❺ 自分の店をもたんがために頑張って働いてきた。
자신의 가게를 갖기 위해서 열심히 일해 왔다.

Dialogue

A : さっき香代が泣いていたね。どうしたんだろう？
아까 카요가 울고 있었어. 무슨 일이야?

B : あ～、あれは大好きな橋場君の気をひかんがための演技だよ。
아～, 그게 좋아하는 하시바 군의 관심을 끌기 위한 연기야.

A : え～?! そうだったの？課長に叱られて泣いたのかと思った。
뭐～?! 그런 거였어? 과장님에게 혼나서 우는 줄 알았어.

B : 香代は課長に叱られたぐらいでは泣かないよ。
카요는 과장님에게 혼나는 정도로는 울지 않아.

나도 해보기

A : 今年はダイエットを＿＿＿＿＿＿＿＿＿、努力するぞ。
B : 毎年、新年の決意だけは力が入っているね。

　A : 올해는 다이어트에 성공하기 위해서 노력하자!
　B : 매년, 새해 결심만큼은 힘이 들어간다니까.

彼が店の売り上げを使わないともかぎらない。

그가 가게의 매상액을 쓰지 않는다고 할 수는 없다.

▶▶▶ **동사부정형 + ないともかぎらない** ～할지도 모른다

「ないともかぎらない」는 '~하다고만 할 수는 없다'라는 의미로, '결코 단정할 수 없다'는 숨은 뜻을 내포하고 있으며 이중부정을 통한 긍정표현입니다.

기본 표현

❶ 彼が裏切ら**ないともかぎらない**。
그가 배신할지도 모른다.

❷ このままでは国の経済が悪くなら**ないともかぎらない**。
이대로라면 나라 경제가 나빠질지도 모른다.

❸ 油断していると、ライバル社に追い抜かれ**ないともかぎらない**。
방심하고 있다가 라이벌사에게 추월당할지도 모른다.

❹ このままでは店の客を他の店にとられ**ないともかぎらない**。
이대로는 가게 손님을 다른 가게에 빼앗길지도 모른다.

❺ 無理をすると健康を悪くし**ないともかぎらない**。
무리를 한다면 건강을 해칠 수도 있다.

Tip

売り上げ 매상액
裏切る 배신하다
経済 경제
油断 방심, 부주의
追い抜く 추월하다

余裕 여유
うっかり 깜빡
宿題 숙제
ちゃんと 제대로, 분명히
しかられる 혼내다, 꾸중
듣다

Dialogue

A : 遊んでばかりいないで勉強をしたら?
놀지만 말고 공부 좀 하지?

B : 試験が終わったばかりだよ。それに今回のテストは成績が上がったじゃない。
시험이 끝난 직후야. 그리고 이번 테스트는 성적이 올랐잖아.

A : 余裕をこいていると、成績が下ら**ないともかぎらない**わよ。
여유 부리고 있다가 성적이 떨어질 수도 있잖아.

B : 今日まで遊んで、明日からまた頑張るよ。
오늘까지 놀고, 내일부터 다시 열심히 할게.

나도 해보기

A : 宿題をしてきた? 俺、うっかりして忘れていた。

B : 宿題をちゃんとしないと、先生に＿＿＿＿＿＿＿＿。

A : 숙제했어? 난 깜빡 잊고 있었어.

B : 숙제를 제대로 안하면, 선생님께 혼날지도 몰라.

답

しかられないともかぎらないよ

親であるなら、子を愛しがらないものはない。

부모라면 자식을 사랑스러워하지 않는 사람은 없다.

▶▶▶ **동사부정형 + ないものはない** ~하지 않는 것은 없다

「ないものはない」는 동사의 부정형에 접속하는 이중부정 표현으로 '~하지 않는 것은 없다'라는 의미입니다.

기본 표현

❶ 命に大切でないものはない。
생명이 소중하지 않은 것은 없다.

❷ 心があるものなら、良心の呵責を感じないものはない。
마음이 있다면 양심의 가책을 느끼지 않을 수는 없다.

❸ 生きた種であるなら、花を咲かせないものはない。
살아 있는 씨앗이라면 꽃을 피게 할 수 없는 것은 없다.

❹ この映画については知らないものはないです。
이 영화에 관해서는 모르는 것이 없습니다.

❺ 美食家の彼が食べられないものはないです。
미식가인 그가 먹을 수 없는 것은 없습니다.

Tip

命 목숨, 생명
良心 양심
呵責 가책
種 씨앗
美食家 미식가

Dialogue

A : 昨日のライブはつまらなかったね。
어제의 라이브는 재미없었어.

B : 本当にそうね。あそこまで盛り上がらないものはないっていう
感じだったよね。
정말로 그래. 그렇게까지 (라이브 분위기가) 고조되지 않았던 적은 없었던 것 같은 느낌이랄까.

A : 今までに行ったライブの中で最低だった。
지금까지 간 라이브 중에 최악이었어.

B : 私も期待はずれでがっかりした。
나도 기대에 못 미쳐서 실망했어.

つまらない 재미없다
盛り上がる 고조되다
感じる 느끼다
がっかりする 실망하다
離れる 떠나다
慕う 우러르다, 흠모하다

나도 해보기

A : 川口先生が急に学校を離れるなんて、本当にショックね。
B : 川口先生はうちの学校で生徒が＿＿＿＿＿＿＿＿という
先生だったよね。。

　　A : 가와구치 선생님이 갑자기 학교를 떠나시다니 정말 충격이야.
　　B : 가와구치 선생님은 우리 학교에서 그분을 흠모하지 않는 학생이 없다고 할 정도의 선생님이셨지.

답
慕わないものはない

サービスがいいとは言え**ないまでも**、まあまあ満足できたホテルだった。
서비스가 좋다고까지는 말하지 못해도, 그럭저럭 만족스러웠던 호텔이었다.

▶▶▶ **동사부정형 + ないまでも** ~하지 않더라도

「ないまでも」는 '~하지 않더라도'라는 의미로 「AないまでもB」의 형태로 쓰이고, A에는 정도가 높은 사항 등이 제시되고, B에는 그보다 낮은 사항이 와서 'A만큼은 미치지 못하더라도 어느 정도는 된다'라고 할 때 쓰는 표현입니다.

 **기본 표현**

❶ おいしいと言え**ないまでも**、なんとか食べられる。
맛있다고는 할 수 없지만 먹을 만하다.

❷ 漢字は書け**ないまでも**、読むことと意味はわかる。
한자는 쓸 수 없을지언정 읽기와 의미는 안다.

❸ 市内までいっしょに行け**ないまでも**、途中まで送ってあげる。
시내까지 함께 갈 수 없더라도 도중까지 바래다 줄게.

❹ キャンプに行け**ないまでも**、その気分を味わえる方法はあるよ。
캠프에는 갈 수 없더라도 그 기분을 맛볼 수 있는 방법은 있어.

❺ 踊れ**ないまでも**パーティーを楽しむことはできる。
춤추지 않더라도 파티를 즐길 수는 있어.

Tip

まあまあ 그럭저럭, 그런 대로
なんとか 어떻게든
意味 의미
途中 도중
キャンプ 캠프
庭 정원
テント 텐트
味わう 맛보다
踊る 춤추다

Dialogue

A : 加奈の彼氏はどんな人だった？
카나의 애인은 어떤 사람이었어?

B : かっこいいとは言え**ないまでも**、印象はよかったよ。
멋있지는 않더라도 인상은 좋았어.

A : 加奈はいつも彼氏のことを自慢しているもんね。
카나는 항상 애인을 자랑하니까.

B : お似合いのカップルだよ。
잘 어울리는 커플이야.

かっこいい 멋있다, 멋지다
印象 인상
自慢する 자랑하다
似合う 어울리다

나도 해보기

A : 夏の休暇は一週間とは_____、5日間はとれそうだ。

B : じゃあ、それに合わせて、計画を立てようよ。

　A : 여름휴가는 일주일이 채 되지 않더라도 5일간은 얻을 수 있을 것 같아.

　B : 자, 거기에 맞춰서 계획을 세우자.

답

言えないまでも

努力しない限り、実りもない。

노력하지 않는 한 결실도 없다.

▶▶▶ 동사부정형 + ない限り ~하지 않는 한

「ない限り」는 '~하지 않는 한'이란 의미로 뒤에 이어지는 내용이 성립되기 위한 조건을 나타내는 표현으로 쓸 수 있습니다.

기본 표현

❶ バレーボールはみんなが力を合わせない限り、勝てない競技だ。
배구는 모두가 힘을 합치지 않는 한 이길 수 없는 경기다.

❷ ちゃんと食べない限り、大きくなれないよ。
제대로 먹지 않는 한 성장할 수 없어.

❸ 理由を聞かない限り、本当のことはわからない。
이유를 듣지 않는 한 진실은 알 수 없다.

❹ 練習しない限り、泳ぐことはできない。
연습하지 않는 한 헤엄칠 수 없다.

❺ 単語を覚えない限り、語学を習得するのは無理だ。
단어를 외우지 않는 한 어학을 습득하는 것은 무리다.

Tip

バレーボール 배구
力を合わせる 힘을 합치다
競技 경기
理由 이유
本当 진실

Dialogue

A : 理恵の誕生日の時、サプライズパーティーにしようと思うんだけど…。
리에 생일 때, 서프라이즈 파티를 할까 하는데….

B : いいね。楽しそう。他の人もこの事を知っているの?
괜찮은데. 재밌을 것 같아. 다른 사람도 이 일을 알고 있어?

A : あなたが言わない限り、まだ誰も知らないの。それで、理恵に気付かれないように皆に、伝えてくれる?
네가 이야기하지 않는 한, 아직 아무도 몰라. 그러니까 리에가 눈치채지 않게 모두에게 전해 줄래?

B : うん、いいよ。まかせておいてよ。
응. 알았어. 맡겨 둬.

サプライズ 서프라이즈
気付く 눈치 채다, 알아차리다
皆 모두
伝える 전하다

나도 해보기

A : この薬を_____、病気は良くなりませんよ。

B : はい、薬はちゃんと飲みます。

A : 이 약을 먹지 않는 한, 병이 좋아지지 않아요.
B : 네, 약은 잘 챙겨 먹을게요.

답

❶飲まない限り

大惨事につながらないものでもない。

だいさんじ

대참사로 이어지지 않을 것도 없다.

▶▶▶ **동사부정형 + ないものでもない** ~하지 않는 것도 아니다, ~할 수도 있다

「ないものでもない」는 '경우에 따라서 조건이 맞으면 ~못할 것도 없다'라는 의미를 내포하는 소극적인 긍정을 나타냅니다. 주로 개인적인 판단이나 추측, 기호 등을 말할 때 많이 쓰입니다.

기본 표현

❶ 君の事情を理解できないものでもない。
きみ じじょう りかい
너의 사정을 이해 못할 것도 없다.

❷ 現地に行って、調査できないものでもない。
げんち い ちょうさ
현지에 가서 조사 못할 것도 없다.

❸ あなたの立場もわからないものでもない。
たちば
당신 입장도 이해 못할 것도 없다.

❹ このペースで行けば、3月までに完成しないものでもない。
い がつ かんせい
이 페이스로 가면 3월까지 완성하지 못할 것도 없다.

❺ ちゃんと謝ってくれれば、許してやらないものでもない。
あやま ゆる
제대로 사과한다면 용서 못할 것도 없다.

Tip

事情 사정
理解 이해
現地 현지
調査 조사
立場 입장
ペース 페이스, 보조
謝る 사과하다
許す 용서하다

Dialogue

A : 部長、今回の新製品販売計画を私にやらせていただけないでしょうか?
ぶちょう こんかい しんせいひんはんばいけいかく わたし
부장님, 이번 신제품 판매 계획을 저에게 맡겨 주시면 안 되겠습니까?

B : 君を担当にできないものでもないが、自信があるのか?
きみ たんとう じしん
자네를 담당자로 못할 것도 없지만 자신 있어?

A : 以前より温めておりました策がありまして、この機会にやらせ
いぜん あたた さく きかい
ていただけないかと思いまして。
おも
이전부터 품어 왔던 책략이 있어서 이번 기회에 활용하게끔 해 주시지 않을까 하고 생각했습니다.

B : わかった。今回のことは君に任せるよ。
こんかい きみ まか
알았네. 이번 일은 자네에게 맡기겠네.

温める 데우다, (알을) 품다, 간직하다
任せる 맡기다
賞味期限 유통기한

나도 해보기

A : 賞味期限が過ぎても食べられるかしら?
しょうみきげん す た

B : 悪くなっていなければ、＿＿＿＿＿＿＿＿＿＿＿＿。
わる

A : 유통기한이 지났는데 먹어도 될까?

B : 상하지 않았다면, 먹을 수 있다고 생각해.

답

食べられないものでもないと思う
た おも

chapter 09

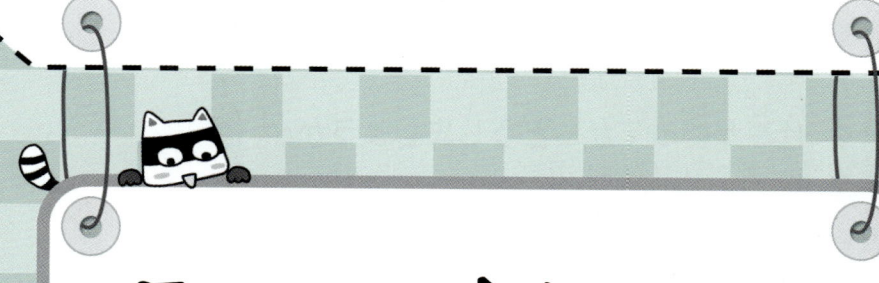

동사 て형 패턴

日本に来てからもう1年です。
일본에 온 지 벌써 1년입니다.

▶▶▶ ～てから ～하고 나서, ～한 뒤

「～てから」역시「後で」와 마찬가지로, 시간의 전후관계를 나타내는 표현으로, 시간의 흐름상 사건이 연속되어 일어남을 표현할 때는「後で」와 치환하여 사용할 수 있습니다. 그러나 순서가 명확하게 정해져 있는 경우이거나 앞의 사건이 뒤의 사건이 일어나기 위해 필요한 행위일 경우에는「～てから」를 사용하는 것이 더 자연스러운 표현이 됩니다.

기본 표현

① 昼ごはんを食べてから行きませんか。
점심을 먹고 나서 가지 않겠습니까?

② 私はコーヒーを飲んでから行きます。
나는 커피를 마시고 나서 갑니다.

③ バスを降りてから電車に乗ります。
버스에서 내려 전철로 갈아탑니다.

④ 仕事が終ってからどうしましょうか。
일이 끝나고 나서 어떻게 할까요?

⑤ バスに乗ってから電車です。
버스를 타고 나서 전철입니다.

Tip

降りる 내리다
終わる 끝나다

Dialogue

A : 昨日はとても忙しかった。
어제는 매우 바빴어.

B : そうですか。何をしましたか。
그렇습니까? 무엇을 했습니까?

A : 洗濯をしてから掃除をして、買い物に行って犬に散歩をさせました。
세탁을 하고 나서 청소를 하고, 쇼핑 가고 개를 산책시켰습니다.

B : 一日は短いですね。
하루는 짧네요.

忙しい 바쁘다
洗濯 세탁
掃除 청소
買い物 쇼핑
一日 하루
短い 짧다

나도 해보기

A : 休みは何をしましたか。

B : へやを＿＿＿＿＿＿＿＿映画を見に行きました。

　A : 휴일에는 무엇을 했습니까?
　B : 방을 청소하고 나서 영화를 보러 갔습니다.

답

掃除してから

頑張ってください。

분발해 주세요.

▶▶▶ **～てください** ～해 주세요

「～てください」는 동사의 て형에 접속되는 공손체의 표현이지만, 직접적이고 가벼운 명령에 가까운 의뢰 표현이므로 손아랫사람이나 스스럼없는 사이에 사용되는 경우가 많습니다.

기본 표현

❶ どうぞ、召し上がってください。
자, 드세요.

❷ お肉もお野菜もたくさん食べてくださいね。
고기도 야채도 많이 드세요.

❸ 部屋の電気は消してください。
방의 전기는 꺼 주세요.

❹ 先に行ってください。まだ、仕事がありますから。
먼저 가세요. 아직 일이 있어서요.

❺ 答えは鉛筆で書いてください。
답은 연필로 써 주세요.

Tip

召し上がる 드시다
お肉 고기
野菜 야채
消す 끄다
答え 대답
鉛筆 연필

Dialogue

A : 何階に行きますか。
몇 층에 가십니까?

B : すみません。6階を押してください。
미안합니다. 6층을 눌러 주세요.

A : はい、6階ですね。
예, 6층이네요.

B : ありがとうございます。
고맙습니다.

押す 누르다
安全運転 안전운전

나도 해보기

A : 安全運転を＿＿＿＿＿＿＿＿。

B : はい、気をつけて運転します。

　A : 안전운전을 해 주세요.
　B : 네, 주의해서 운전하겠습니다.

답
してくださいね

運転してもいいですよ。
운전해도 됩니다.

▶▶▶ **～てもいいです / ～なくてもいいです** ～해도 좋습니다 / ～하지 않아도 됩니다
～てもかまいません / ～ても大丈夫です ～해도 상관없습니다 / ～해도 괜찮습니다

동사의 て형에 접속되는 「～てもいいです/～てもかまいません/～ても大丈夫です」는 어떤 행위에 대한 허가나 동의를 나타내는 표현으로 '～해도 좋습니다/～해도 상관없습니다/～해도 괜찮습니다'로 해석됩니다. 또한, 동사의 부정형에 접속되어 「～なくてもいいです」의 형태로 쓰일 경우, '～하지 않아도 됩니다'라는 의미로, 어떤 동작이나 행위의 불필요함을 나타내는 표현이 됩니다.

기본 표현

① 駐車場に車を止めてもいいです。
주차장에는 차를 세워도 됩니다.

② 分からない単語は辞書を引いてもいいです。
모르는 단어는 사전을 봐도 됩니다.

③ そんなに心配しなくてもいいです。
그렇게 걱정하지 않아도 됩니다.

④ 授業は休んでもかまいません。
수업은 쉬어도 상관없습니다.

⑤ 寝る前に紅茶を飲んでも大丈夫です。
자기 전에 홍차를 마셔도 괜찮습니다.

Tip

駐車場 주차장
止める 세우다
単語 단어
辞書を引く 사전을 찾다
授業 수업

Dialogue

A : すみませんが、1万円を千円に両替していただけますか。
죄송합니다만, 1만 엔을 천 엔으로 바꿔주시겠습니까?

B : 千円10枚ですか。
천 엔 10장입니까?

A : 5千円が入ってもいいです。
5천 엔이 들어 있어도 됩니다.

B : 5千円が1枚と千円が4枚しか。あっ、ありました。はい、どうぞ。
5천 엔 1장과 천 엔 4장밖에…. 아, 있습니다. 여기.

両替 환전
止める 세우다

나도 해보기

A : ここに車を＿＿＿＿＿＿＿＿＿＿＿。
B : ええ、短い間ならかまいませんよ。

　　A : 여기에 차를 세워도 됩니까?
　　B : 예, 짧은 시간이라면 상관없습니다.

답

止めてもいいですか

ここでたばこを吸^すってはいけない。

여기서 담배를 피워서는 안 된다.

▶▶▶ **～てはいけない / ～てはいけません** ～해서는 안 된다 / 안 됩니다

동사의 て형에 접속되는 「てはいけない」는 '～해서는 안 된다'라는 의미의 강한 금지를 나타내는 표현으로, 강한 명령조의 어조를 띠고 있으며 대부분 법률이나 규칙, 사회 규범 등의 범주 내에서 허용되지 않음을 나타내는 경우에 쓰이는 표현입니다.

기본 표현

❶ 図書館^{としょかん}で食^たべ物^{もの}を食^たべてはいけない。
도서관에서 음식을 먹어서는 안 된다.

❷ バスの中^{なか}で大^{おお}きな声^{こえ}で話^{はな}してはいけない。
버스 안에서 큰 소리로 이야기해서는 안 된다.

❸ 飛行機^{ひこうき}で携帯電話^{けいたいでんわ}を使^{つか}ってはいけません。
비행기에서 휴대전화를 사용해서는 안 됩니다.

❹ 子供^{こども}はお酒^{さけ}を飲^のんではいけません。
아이는 술을 마셔서는 안 됩니다.

❺ 手術^{しゅじゅつ}の後^{あと}はお風呂^{ふろ}に入^{はい}ってはいけないと医者^{いしゃ}に言^いわれました。
수술 후에는 목욕해서는 안 된다고 의사에게 들었습니다.

Dialogue

A : ほら！
이봐요!

B : え？
네?

A : ここにゴミを捨^すててはいけない（＝捨てちゃだめ）でしょ！
여기에 쓰레기를 버리면 안 되죠!

B : ごめんなさい。
죄송합니다.

나도 해보기

A : すみません、ここに車^{くるま}を止^とめてもいいですか。

B : ここは＿＿＿＿＿＿。あそこの駐車場^{ちゅうしゃじょう}にお願^{ねが}いします。

A : 실례합니다. 여기에 차를 세워도 되나요?

B : 여기는 안 됩니다. 저쪽 주차장으로 부탁합니다.

資料を貸してほしいんです。
자료를 빌려 주었으면 합니다.

▶▶▶ **～てほしい** ～해 주었으면 한다

「ほしい」는 '갖고 싶다'라는 뜻으로 명사에 대한 희망을 나타내는 표현이지만, 자신 이외의 사람이 어떠한 행동을 하기를 희망하는 의뢰나 요구 및 바람의 의미로 사용할 경우에 한해서 동사 て형에 접속되어 쓰입니다. 이때, 조사 「に」를 취하는 대상에 「～てほしい」를 연결시켜 표현하고 '～가 ～해주었으면 한다'로 해석됩니다.

기본 표현

❶ 傘を持って来てほしいと連絡してください。
우산을 갖고 와 주었으면 한다고 연락해 주세요.

❷ 9時前に来てほしいんだ。
9시 전에 와 주었으면 한다.

❸ 韓国語に翻訳してほしい資料があります。
한국어로 번역해 주었으면 하는 자료가 있습니다.

❹ 一日も早く、地下鉄が通ってほしいわね。
하루빨리 지하철이 다녔으면 해.

❺ 商品を送ってほしいんですが。
상품을 보내 줬으면 합니다만.

Dialogue

A : 課長、30分前に東京銀行の田中さんから電話がありました。
과장님, 30분 전에 도쿄은행의 다나카 씨로부터 전화가 왔습니다.

B : 何か言ってた?
뭔가 말씀하셨어?

A : 明日の2時の約束を4時にしてほしいと。
내일 2시 약속을 4시로 했으면 한다고 합니다.

B : わかった。今電話してみるよ。
알겠어. 지금 전화해 볼게.

나도 해보기

A : いらっしゃいませ。どのようになさいますか。

B : 前髪を少し_____。

A : 어서 오세요. 어떻게 해드릴까요?

B : 앞머리를 약간 짧게 했으면 합니다만.

荷物を家に置いていきます。

짐을 집에 두고 갑니다.

▶▶▶ **〜ていく** 〜해 가다

「〜ていく」는 이동을 나타내는 표현으로 이동 시 어떤 수단을 이용해서 간다거나 어떤 동작을 하면서 간다는 것을 나타냅니다. 또한 순차적 동작을 나타내기도 합니다.

기본 표현

❶ 私が水を持っていきます。
제가 물을 가지고 가겠습니다.

❷ もしもの時のために、連絡先を書いていってください。
만일의 경우를 위해서 연락처를 쓰고 가세요.

❸ お腹がすくといけないから、ここでごはんを食べていきましょう。
배가 고프면 안 되니까 여기서 밥을 먹고 갑시다.

❹ 電車の時刻表を確かめていこう。
전철 시각표를 확인해서 가자.

❺ あの病院は予約していったほうがいいですよ。
저 병원은 예약하고 가는 편이 좋습니다.

Dialogue

A : 李さん、今からすぐ運動に行きますか。
이 씨, 지금부터 바로 운동 갑니까?

B : うーん、まだ時間があるから一度家に帰って、着替えていきます。
음, 아직 시간이 있으니까 한 번 집에 가서 옷을 갈아입고 가요.

A : そうですか。じゃ、後で体育館で会いましょう。
그렇습니까? 그럼 나중에 체육관에서 만납시다.

B : はい。
예.

나도 해보기

A : 明日、子供を_____いいですか。

B : ええ、いいですよ。(もちろんです。)

   A : 내일, 아이를 데리고 가도 됩니까?

   B : 네, 괜찮습니다. (물론입니다.)

Tip

荷物 짐
もしもの時 만일의 경우
連絡先 연락처
お腹がすく 배가 고프다
時刻表 시각표
確かめる 확인하다
予約 예약

着替える 옷을 갈아입다
連れる 데리고 가다

답

連れていっても

패턴 176

明日、借りていた本を持ってきます。
내일 빌린 책을 가지고 오겠습니다.

▶▶▶ **〜てくる** ~해 오다

「〜てくる」는 이동을 나타내는 표현으로 이동 시 어떤 수단을 이용해서 온다거나 어떤 동작을 하면서 온다는 것을 나타냅니다. 또한 「〜ていく」처럼 순차적 동작을 나타내기도 합니다.

 **기본 표현**

❶ 久しぶりに高校時代の先生に会ってきました。
오랜만에 고교시절의 선생님을 만나고 왔습니다.

❷ 晩ごはんは取引先の人と食べてくるよ。
저녁은 거래처 사람과 먹고 올게.

❸ 残業で遅くなると妻に連絡してきます。
잔업으로 늦는다고 아내에게 연락하고 오겠습니다.

❹ ちょっと卵を買いに行ってくるよ。
잠깐 계란을 사러 갔다 올게.

❺ 運動したのでちょっと着替えてきます。
운동했기 때문에 잠깐 옷을 갈아입고 오겠습니다.

Tip

久しぶり 오래간만
取引先 거래처
残業 잔업
妻 아내
卵 달걀

資料室 자료실
先月 지난달
事件 사건
調べる 조사하다

Dialogue

A : お母さ〜ん、帰ったぞ〜。
엄마〜, 갔다 왔어〜.

B : あなた! どうしたの? あら、飲んできたのね。
너! 어떻게 된 거야? 어머, 술 마시고 왔니?

A : 少しだけだ。
조금만.

B : 何が少しよ。ちょっと待ってて。お水持ってきますからね。
뭐가 조금이야. 좀 기다려 봐. 물 갖고 올 테니까.

나도 해보기

A : ちょっと資料室で先月の事件について＿＿＿＿＿＿＿＿。

B : はい、お願いします。

A : 잠깐 자료실에서 지난 달 사건에 대해서 조사해 오겠습니다.
B : 네, 부탁드립니다.

답

調べてきます

177

準備<ruby>じゅん<rt></rt></ruby>しておく。
준비해 두다.

▶▶▶ **～ておく** ～해 두다

「～ておく」는 '~해 놓다, ~해 두다'라는 의미로 어떤 목적을 위한 사전 동작이나 준비를 나타내는 경우와 그대로 방치해 두는 상태 유지 및 보존 등을 나타낼 때 사용되며 일반적으로 타동사와 결합하는 표현입니다.

기본 표현

❶ 3日前に作っておきました。
3일 전에 만들어 두었습니다.

❷ お茶でも準備しておきますね。
차라도 준비해 두겠습니다.

❸ ダンスの練習をしておいてよかった。
댄스 연습을 해 둬서 좋았다.

❹ お酒を飲む前にご飯を食べておく。
술을 마시기 전에 밥을 먹어 두다.

❺ 窓を開けておいてください。
창문을 열어 두세요.

準備 준비
ダンス 댄스
窓 창문

Dialogue

A : 来週からサッカーのワールドカップ見に行くんだ。
다음 주부터 축구 월드컵 보러 가.

B : いいな。チケット取れたの?
좋겠다. 티켓 구했어?

A : ずっと前からインターネットで予約しておいたんだ。
훨씬 전부터 인터넷에서 예약해 두었어.

B : 私も友だちに頼んだけどだめだった。テレビで見るしかないわ。
나도 친구에게 부탁했는데 안 됐어. TV로 볼 수밖에 없어.

サッカ 축구
ワールドカップ 월드컵
頼む 부탁하다
消す 끄다
つける 켜다

나도 해보기

A : 電気を消しましょうか。

B : いいえ、＿＿＿＿＿＿＿＿＿＿。

　　A : 전등을 끌까요?
　　B : 아니요, 켜 두세요.

답
つけておいてください
(=そのままにしてお
いてください)

Chapter 9. 동사 て형 패턴 205

道を聞いてみる。
길을 물어 보다.

▶▶▶ **～てみる** ～해 보다

「～てみる」는 '시험삼아 해 보다'라는 의미를 나타내는 표현입니다.

기본 표현

Tip

教科書 교과서
調べる 조사하다, 찾다
お巡りさん 순경
留学 유학

❶ 駐車場の人に聞いてみるよ。
주차장 사람에게 물어 볼게요.

❷ 駅の前に新しくできたスーパーに行ってみましたか。
역 앞에 새로 생긴 슈퍼에 가 봤습니까?

❸ 教科書をよく調べてみます。
교과서를 잘 살펴보겠습니다.

❹ あそこのお巡りさんに聞いてみよう。
저기 순경에게 물어 보자.

❺ 留学のことを今週中に両親に話してみるつもりです。
유학에 관한 것을 이번 주 중으로 부모님께 이야기해 볼 생각이에요.

Dialogue

食費 식비
節約 절약

A : よしこさんのお弁当、おいしそうですね。
요시코 씨의 도시락, 맛있을 것 같아요.

B : そうですか。これ、よかったら一口どうぞ。初めて作ってみたんですけど…。
그래요? 이거 괜찮으면 한 입 드세요. 처음 만들어 봤습니다만….

A : ん、おいしい！ でも、毎日お弁当って大変でしょう。
음. 맛있네요! 하지만, 매일 도시락은 힘들죠.

B : やってみたらそうでもないですよ。食費も節約できるし、自分でメニューを考えられるから体にもいいですよ。
해 보면 그렇지도 않아요. 식비도 절약할 수 있고, 스스로 메뉴를 생각할 수 있으니까 몸에도 좋아요.

답

山本さんに聞いてみて

나도 해보기

A : この中国語を読める？

B : 中国語なら＿＿＿＿＿＿＿＿＿＿＿＿。

　　A : 이 중국어 읽을 수 있어?

　　B : 중국어라면 야마모토 씨에게 물어 봐.

ケーキを全部食べてしまう。

게이크를 전부 먹어 버리다.

▶▶▶ **〜てしまう** 〜해 버리다, 〜하고 말다

「てしまう」는 '〜해 버리다, 〜하고 말다'라는 의미로 어떤 행위나 동작의 완료를 나타내는 표현으로 쓰이기도 하고, '그만 〜하고 말았다'라는 뉘앙스로 어떤 행위나 동작에 대한 후회나 유감스러운 기분을 나타내는 표현으로 쓰이기도 합니다.

기본 표현

❶ 道に迷ってしまったんです。
길을 잃어버리고 말았습니다.

❷ この時計は誰にもらったのか忘れてしまったよ。
이 시계는 누구에게 받았는지 잊어버리고 말았다.

❸ 朝寝坊して試験に遅刻してしまった。
아침에 늦잠 자서 시험에 지각해 버렸다.

❹ 太ってしまってズボンがきついよ。
살이 찌니까 바지가 꽉 껴.

❺ 先週は寝坊をしてしまいました。
지난 주는 늦잠을 자 버렸습니다.

Tip

道に迷う 길을 잃다
忘れる 잊다
朝寝坊する 늦잠을 자다
太る 살찌다
きつい 꽉 끼다

Dialogue

A : すみません。うちの子が迷子になってしまって。
죄송합니다. 저희 아이가 미아가 되어 버렸는데요.

B : お子様の年齢と服装を教えていただけますか。
아이의 나이와 복장을 가르쳐 주시겠습니까?

A : 3歳の女の子で赤い服を着た髪の長い子です。
3살 여자아이로 붉은 옷을 입고 머리가 긴 아이입니다.

B : では、今放送しますので少々お待ちください。
그러면, 지금 방송을 할 터이니 잠시 기다려 주세요.

迷子 미아
年齢 나이
服装 복장
放送 방송
財布 지갑
落とす 잃어버리다

나도 해보기

A : 金さん、何かあったんですか。

B : 財布をどこかに_____。

A : 김 씨, 무슨 일 있었어요?
B : 지갑을 어딘가에서 잃어버리고 말았어요.

답
落としてしまったんです

弟の宿題を見てやりました。

남동생의 숙제를 봐 주었습니다.

▶▶▶ ～てやる ～해 주다

「～てやる」는 동사의 て형에 접속하여 '～해 주다'라는 의미를 나타내는 표현으로, 말하는 사람보다 손아랫사람이나 동·식물에게 어떤 행위를 해 줄 경우에 사용됩니다. 또한,「～てやる」는 수수표현 외에도 말하는 사람 자신의 화난 감정을 상대에게 전달하기 위해 사용하기도 합니다.

기본 표현

❶ 孫の誕生日におもちゃを買ってやった。
손자 생일에 장난감을 사 주었다.

❷ 毎日、犬の水を替えてやります。
매일 개의 물을 갈아 주고 있습니다.

❸ 妹に英語を教えてやった。
여동생에게 영어를 가르쳐 주었다.

❹ 後輩の引っ越しを手伝ってやったら、1万円をくれた。
후배의 이사를 도와 주었더니, 1만 엔을 주었다.

❺ 昨日、妹のコンピューターを修理してやったのに、また壊した。
어제 여동생의 컴퓨터를 수리해 주었는데, 또 고장났다.

Tip

おもちゃ 장난감
替える 바꾸다
後輩 후배
引っ越し 이사
手伝う 도와 주다
修理 수리
壊す 부수다. 고장내다

Dialogue

A : ごめん！お兄ちゃん！
미안, 오빠!

B : おまえ、連絡ぐらいしろよ！わざわざ駅まで迎えに来てやったのに、待たせすぎだろ！
너, 연락 정도는 해라! 일부러 역까지 마중 나왔는데, 너무 오래 기다리게 했잖아!

A : ごめんなさい。携帯の充電、切れちゃって…。
미안해. 핸드폰 배터리가 다 돼서….

B : もういい。早く乗れ。
됐어. 빨리 타.

わざわざ 일부러
充電 충전
切れる 끊어지다

나도 해보기

A : これ、頼まれてたもの、＿＿＿＿＿＿＿＿ぞ。

B : わぁ、ありがとう、お父さん！

　　A : 이거, 부탁한 물건, 사다 줬다.
　　B : 와, 고마워, 아빠!

답

買ってきてやった

友達の荷物を持ってあげました。
친구의 짐을 들어 주었습니다.

▶▶▶ **～てあげる** ～해 주다

> 「～てあげる」는 동사 て형에 접속하여 나 또는 가족 등 나와 가까운 사람이 제3자에게 이익이 되는 동작을 하는 경우에 사용하는 표현으로, '～해 주다'로 해석됩니다.

기본 표현

 **Tip**

❶ 駅まで車で送ってあげるよ。
역까지 차로 배웅해 줄게.

❷ 今度おいしい韓国料理を作ってあげますよ。
이 다음에 맛있는 한국요리를 만들어 줄게요.

❸ 毎晩寝る前に妹に本を読んであげています。
매일 밤 자기 전에 여동생에게 책을 읽어 주고 있습니다.

❹ 外国人に銀行までの道を教えてあげました。
외국인에게 은행까지 가는 길을 가르쳐 주었습니다.

❺ 似顔絵を描いてあげようか。
초상화를 그려 줄까?

毎晩 매일 밤
似顔絵 초상화
描く 그리다

Dialogue

A : 明日のレポート、どうしよう。
내일 보고서 어떡하지?

B : まだ やって いないの?
아직 안 했어?

A : 今週は体の調子が悪くて…。
이번 주는 컨디션이 나빠서….

B : 仕方がないわね、手伝ってあげるわ。
어쩔 수 없지. 도와 줄게.

仕方 방법
貸す 빌리다

나도 해보기

A : どうしよう、傘を持ってきませんでした。

B : あ、二本あるから一本＿＿＿＿＿＿＿＿＿。

A : 어쩌지? 우산을 가지고 오지 않았는데요.

B : 아, 2자루 있으니까 1자루 빌려 줄게요.

답
貸してあげますよ

社長の荷物を持ってさしあげました。

사장님의 짐을 들어 드렸습니다.

▶▶▶ **～てさしあげる** ～해 드리다

「～てさしあげる」는 손윗사람에게 사용하는 공손한 표현으로 '~해 드리다'라는 의미입니다.

※「～てさしあげる」는 문법적으로는 경어의 하나로서 존재하지만 회화에서 사용하면 잘난 척하는 것처럼 들리기 때문에 회사원의 경우는 특히 「～てさしあげます」보다 「(나의 의지로)~いたします」「お~します」를 보통 사용합니다.

기본 표현

❶ 私が代りに出張のスケジュールを聞いてさしあげました。
제가 대신 출장 스케줄을 물어보았습니다.

❷ 社長の娘さん宛ての小包に宛名とご住所を書いてさしあげました。
사장님의 따님 앞으로의 소포에 성명과 주소를 적어 보내 드렸습니다.

❸ 部長の息子さんにジュースを買ってさしあげました。
부장님의 아드님에게 주스를 사 드렸습니다.

❹ お客様にお茶を入れてさしあげて。
손님에게 차를 내드려.

❺ 取引先の部長に大阪の街をご案内してさしあげました。
거래처의 부장님에게 오사카의 거리를 안내해 드렸습니다.

> **Tip**
> 代り 대신
> 宛 ～앞
> 小包 소포
> 宛名 상대편의 이름
> お茶を入れる 차를 끓이다

Dialogue

A : 第一社の大田さんは昨日、無事に帰ったの？
제일회사의 오오타 씨는 어제 무사히 잘 들어가셨어?

B : はい、私が空港まで送ってさしあげました。
네, 제가 공항까지 배웅해 드렸습니다.

A : そうか。取引がうまくいけばいいが…。
그래. 거래가 잘 성사되면 좋을 텐데.

B : 私はうまくいくような気がします。
저는 잘 될 것 같은 느낌이 들어요.

> 無事に 무사히
> 送る 배웅하다
> 取引 거래

나도 해보기

A : さっきのお客さん、急な雨で困っていたでしょう？

B : 私がタクシーを_____ので、そのタクシーで
駅に向かわれました。

  A : 아까 그 손님, 갑자기 비가 내려서 곤란해하셨지?

  B : 제가 택시를 불러 드려서, 그 택시를 타고 역으로 향하셨어요.

> 답
> 呼んでさしあげました

패턴 183

姉は私に英語を教えてくれました。

언니는 나에게 영어를 가르쳐 주었습니다.

▶▶▶ **～てくれる** (남이 나에게) ~해 주다

제3자가 나 또는 가족 등 나와 가까운 사람에게 이익이 되는 동작을 해 주는 경우에는 그 동작을 나타내는 동사의 て형에 「～てくれる」를 접속시켜 '~해 주다'로 표현됩니다.

기본 표현

❶ 私の母は、寝る前によく本を読んでくれました。
우리 엄마는 자기 전에 자주 책을 읽어 주셨습니다.

❷ 荷物はホテルのボーイが部屋まで運んでくれました。
짐은 호텔보이가 방까지 옮겨 주었습니다.

❸ 会議室の電気、消してくれますか。
회의실의 전기, 꺼 줄래요?

❹ 結婚記念日に夫が真珠の指輪をプレゼントしてくれた。
결혼기념일에 남편이 진주 반지를 선물해 주었다.

❺ いつも家事を手伝ってくれてありがとう。
항상 가사 일을 도와 줘서 고마워.

Tip

運ぶ 옮기다
消す 끄다
結婚記念日 결혼기념일
真珠 진주
指輪 반지
手伝う 도와 주다

Dialogue

A : 今日は残業だから遅くなるよ。そのあと同僚とメシ食ってくるから。
오늘은 잔업하기 때문에 늦어질 거야. 그 후에 동료랑 밥 먹고 갈 거야.

B : うん。わかった。帰りは？
응. 알았어. 귀가는?

A : 連絡するから駅まで迎えに来てくれる？
연락할 테니까 역까지 마중 나와 줄래?

B : わかったわ。あんまり飲みすぎないでね。
알았어. 너무 마시지 않도록 해.

同僚 동료
メシ 밥
食う 먹다
送る 보내다, 배웅하다

나도 해보기

A : 駅まで車で＿＿＿＿＿＿＿＿？

B : いいよ。僕もちょうど出かけるから。

A : 역까지 차로 배웅해 줄래?
B : 좋아. 나도 마침 나갈 거니까.

답

送ってくれる

受付の方がお茶を入れてくださった。

접수처 직원이 차를 내 주셨다.

▶▶▶ ～てくださる   ～해 주시다

그다지 친하지 않은 제3자나 손윗사람 나 또는 가족 등 나와 가까운 사람에게 이익이 되는 동작을 해 주는 경우에는 경의를 나타내는 의미로 「～てくださる」를 쓰며 '～해 주시다'로 해석됩니다.

기본 표현

❶ 社長は海外出張のおみやげを買ってきてくださいました。
사장님은 해외출장 선물을 사다 주셨습니다.

❷ お隣の田中さんが留守中の荷物を預かっておいてくださった。
이웃인 다나카 씨가 부재 중에 짐을 맡아 주셨다.

❸ 取引先の方が車で空港まで送ってくださったので助かりました。
거래처 담당자분이 자동차로 공항까지 배웅해 주셔서 도움이 되었습니다.

❹ ATMの使い方を教えてくださいませんか。
ATM의 사용법을 가르쳐 주시지 않겠습니까?

❺ すみません、ドアを閉めてくださいますか。
실례합니다, 문을 닫아 주시겠습니까?

Tip

海外出張 해외출장
留守中 부재 중
預かる 보관하다
空港 공항
助かる 살아남다, 도움이
되다

Dialogue

A : 李さん、明日は引っ越しですね。引っ越しセンターには連絡しましたか。
이 씨, 내일은 이사하시네요. 이삿짐센터에는 연락하셨어요?

B : はい。田中さん、すみませんが、午前中だけ車を貸してくださいませんか。
大事な荷物は自分で運びたいんですが、車がなくて…。
네, 다나카 씨, 실례지만, 오전 중으로만 차를 빌려 주시지 않겠습니까? 중요한 짐은 스스로 옮기고 싶지만, 차가 없어서….

A : あ、だったら私が手伝いに行きますよ。午前中は大丈夫です。
아, 그러면 제가 도우러 갈게요. 오전 중에는 괜찮아요.

B : 本当ですか。ありがとうございます。
정말요? 고마워요.

貸す 빌려 주다
運ぶ 운반하다
명사의 代わりに ～대신
에
研修会 연수회

나도 해보기

A : 昨日は私の代わりに研修会に＿＿＿＿＿＿ありがとうございます。

B : いえいえ。これ、昨日の資料です。どうぞ。

A : 어제는 저 대신 연수회에 가 주셔서 감사했습니다.

B : 아니에요. 이거 어제 자료예요. 받으세요.

답

行ってくださって

友達に本を貸してもらいました。
친구에게 책을 빌렸습니다.

▶▶▶ ～てもらう (상대방이 나에게) ~해 주다

「～てもらう」는 동사 て형에 접속하여, 상대방이 어떤 행위를 해서 자신이 그 영향을 받을 때 사용하는 표현으로 '~해 받다'로 해석하고, 말하는 사람 자신이 받는 경우뿐만 아니라, 3인칭끼리 받는 경우에도 사용할 수 있습니다.

기본 표현

1 毎日母にお弁当を作ってもらいます。
매일 엄마가 도시락을 만들어 줍니다.

2 毎朝7時に妻に起こしてもらっています。
매일 아침 7시에 아내가 깨워 줍니다.

3 銀行で両替してもらいましょう。
은행에서 환전합시다.

4 頭が痛かったので、母に病院へ連れて行ってもらいました。
머리가 아파서, 엄마가 병원에 데려다 주었습니다.

5 彼に重い荷物を持ってもらって助かりました。
그가 무거운 짐을 들어 주어서 도움이 되었습니다.

Dialogue

A: 鈴木さん、そのヘアスタイル、すてきですね。
스즈키 씨, 그 헤어스타일 멋지네요.

B: ありがとうございます。昨日妻に切ってもらったんですよ。
고마워요. 어제 아내가 잘라 주었어요.

A: え？奥さんに？
네? 부인께서요?

B: ええ。昔、美容師だったんです。
네, 옛날에 미용사였어요.

나도 해보기

A: あの子に貸した本、どうなったの？

B: 昨日やっと＿＿＿＿＿＿＿＿＿＿よ。

A: 저 아이에게 빌려 준 책 어떻게 됐어?

B: 어제 겨우 돌려받았어.

패턴 186

こちらで靴を脱いでいただきます。
이쪽에 구두를 벗어 주십시오.

▶▶▶ **～ていただく** ～해 주시다

「～ていただく」는 「～てもらう」의 겸손한 표현입니다.

🐱 기본 표현

❶ もう一度、会っていただきたいのですが。
한 번 더 만나 주실 수 있습니까?

❷ 友だちのお父さんに、駅まで車で送っていただきました。
친구 아버지가 역까지 차로 배웅해 주셨습니다.

❸ 昨日、社長の車に乗せていただきました。
어제, 사장님이 차를 태워 주셨습니다.

❹ こちらにお名前を記入していただきたいのですが。
이쪽에 성함을 적어 주시겠습니까?

❺ 明日当社へ来ていただけますか。
내일 저희 회사로 오실 수 있습니까?

> **Tip**
> 脱ぐ 벗다
> 送る 보내다
> 乗せる 태우다
> 当社 당사

Dialogue

A : いらっしゃいませ。ご用件をお伺いします。
어서 오십시오. 용건을 여쭙겠습니다.

B : 本日はわが社の商品を知っていただくために、パンフレットと

サンプルをお持ちしました。
오늘은 우리 회사의 상품을 알려 드리기 위해서 팸플릿과 샘플을 가져왔습니다.

A : 担当者とアポイントメントはお取りいただきましたでしょうか。
담당자와 약속은 해 주셨습니까?

B : はい、本日担当の鈴木様にご連絡差し上げました。
네, 오늘 담당인 스즈키 씨에게 연락을 드렸습니다.

> 本日 오늘
> 商品 상품
> 担当 담당
> アポイントメント 약
>   속, 어포인트먼트
> 運ぶ 옮기다

나도 해보기 🐱

A : すみません、そちらの荷物、いっしょに_____。

B : これですか。いいですよ。

A : 실례합니다. 저쪽 짐을 함께 옮겨주실 수 있나요?
B : 이거요? 좋아요.

> **답**
> 運んでいただけますか

패턴 187

ごはんを食べている。
밥을 먹고 있다.

▶▶▶ 타동사 + ている ~하고 있다

타동사는 동작이나 작용이 스스로 이루어지지 못하기 때문에 작용을 가하는 주어와 그 받는 대상인 목적어를 갖고, 타동사 앞의 조사는 「を」나 「に」를 취하는 것이 일반적입니다. 이러한 타동사의 て형에 「~ている」가 접속하면 동작의 진행을 나타내는 표현으로 쓰이고, '~하고 있다'라고 해석됩니다.

기본 표현

❶ 母はリビングでコーヒーを飲んでいる。
엄마가 거실에서 커피를 마시고 있다.

❷ 妹はお菓子を食べながら、本を読んでいる。
여동생은 과자를 먹으면서 책을 읽고 있다.

❸ 弟は今シャワーを浴びている。
남동생은 지금 샤워를 하고 있다.

❹ 妹は部屋で宿題をしている。
여동생은 방에서 숙제를 하고 있다.

❺ 彼はよく運動靴をはいています。
그는 자주 운동화를 신고 있습니다.

Dialogue

A : もしもし、田中くん？ 今、電話だいじょうぶ？
여보세요, 다나카 군? 지금 전화 괜찮아?

B : あ、ごめん！ 今EBSのラジオ講座を聞いているんだ。終わったらこっちからかけるよ。
아, 미안! 지금 EBS 라디오 강좌를 듣고 있어. 끝나면 내가 걸게.

A : わかった。じゃ、待ってるね。
알았어. 기다리고 있을게.

B : うん、あとでね。
응, 있다 통화해.

나도 해보기

A : りかちゃん、ごはんよ。
B : 今テレビを_____からあとで食べる。

　A : 리카, 밥 먹어.
　B : 지금 TV를 보고 있으니까 있다가 먹을게.

Tip

リビング 거실
お菓子 과자
シャワーを浴びる 샤워를 하다

講座 강좌
こっちから 이쪽에서

답
見ている

雨が降っている。

비가 내리고 있다.

▶▶▶ **자동사(계속동사) + ている** ~하고 있다

자동사란, 동사 자체만으로 사람과 물건의 동작이나 작용이 저절로 이루어져서 다른 사물과의 관련성이 없는 동작을 나타내는 동사를 의미합니다. 따라서 자동사는 목적어를 필요로 하지 않기 때문에, 자동사 앞의 조사는 「は」나 「が」를 취하는 것이 일반적입니다. 자동사의 경우, 동작의 진행표현과 상태표현의 형태는 「자동사 + ている」로 동일합니다. 따라서 동작의 진행표현으로 나타내기 위해서는 '쓰다, 걷다, 달리다' 등과 같이 동작이 한창 행해지고 있는 계속동사에 「ている」가 이어져야 하고, '~하고 있다'라고 해석됩니다.

기본 표현

❶ **学生が走っている。**
학생이 달리고 있다.

❷ **昨日から強い風が吹いている。**
어제부터 강한 바람이 불고 있다.

❸ **川が流れている。**
강이 흐르고 있다.

❹ **犬が吠えている。**
개가 짖고 있다.

❺ **こまが回っている。**
팽이가 돌고 있다.

Dialogue

A : おばさん、ゆみちゃん、いますか。
아주머니, 유미 있어요?

B : あら、みきちゃん。ゆみは妹と公園で遊んでいるわよ。
어머, 미키! 유미는 여동생하고 공원에서 놀고 있어.

A : そうですか、私も行ってきます。
그래요, 저도 다녀올게요.

B : 気をつけてね。
조심하렴.

나도 해보기

A : 子供が_____ね。どうしたのかしら？

B : その辺で転んだのかな？

A : 아이가 울고 있네요. 무슨 일일까요?

B : 저 근처에서 넘어진 걸까?

お皿が割れている。

접시가 깨져 있다.

▶▶▶ **자동사(순간동사) + ている** ~해져 있다

앞서 설명한 바와 같이 자동사의 상태표현은 자동사의 진행표현과 동일한 형태를 취하고 있으나, '결혼하다, 죽다, 서다, 앉다' 등의 동사처럼 동작이 완료하고, 그 결과가 어떠한 형태로 남아 있는 순간동사에 「ている」가 연결되면 '~해져 있다'라는 자동사 동작의 결과 상태를 나타냅니다. 또한 자동사의 상태표현 역시 목적어를 갖지 않고 조사 「が」를 취합니다.

기본 표현

❶ その紙袋、破れていますよ。
그 종이 봉지 찢어져 있어요.

❷ 洪水で木が倒れている。
홍수로 나무가 쓰러져 있다.

❸ ドアの前に子供が立っています。
문 앞에 아이가 서 있습니다.

❹ 駐車場に車が一台停まっていました。
주차장에 차가 한 대 세워져 있었습니다.

❺ 誰もいないのに会議室の電気がついています。
아무도 없는데 강의실의 전등이 켜져 있습니다.

Tip

割れる 깨지다
紙袋 종이 봉지
破れる 찢어지다
洪水 홍수
倒れる 쓰러지다
停まる 멈추다, 서다

Dialogue

A : 田中さん、ほら、ベンチの下に財布が落ちていますよ。
다나카 씨, 봐요. 벤치 아래에 지갑이 떨어져 있어요.

B : え？ あ、本当ですね。
네? 아, 정말이네요.

A : 近くに交番はありますか。
근처에 파출소가 있나요?

B : ええ、この道路を渡るとすぐ右側にあります。すぐ届けに行きましょう。
네, 이 도로를 건너면 바로 오른편에 있어요. 바로 갖다 주러 갑시다.

交番 파출소
渡る 건너다
右側 오른편
届ける 보내다, 배달하다
枝 가지
折れる 부러지다

나도 해보기

A : あの木、見てください。

B : あ、枝が_____ね。

A : 저 나무 보세요.

B : 아, 가지가 부러져 있네요.

답

折れています

窓が閉めてあります。
창문이 닫혀 있습니다.

▶▶▶ ～(が) 타동사 + てある ～해져 있다

타동사의 상태표현은 타동사의 て형에 「～てある」를 연결시켜 표현하는데, 이때 타동사 앞에 오는 조사는 반드시 「が」를 취하게 되므로 조사 사용에는 혼동이 없도록 유의해야 합니다.

기본 표현

❶ 説明は全部ここに書いてあります。
설명은 전부 여기에 적혀 있습니다.

❷ タクシーはもう呼んであります。
택시는 이미 불러 놓았습니다.

❸ 火事のために、部屋にはいつも消火器が置いてあります。
화재 때문에 방에는 항상 소화기가 비치되어 있습니다.

❹ 冷蔵庫にジュースが冷やしてありますから、自由に飲んでください。
냉장고에 시원한 주스가 있으니까 마음대로 마셔요.

❺ 会議のための資料はもう準備してあります。
회의를 위한 자료는 이미 준비되어 있습니다.

Tip

説明 설명
火事 화재
消火器 소화기
冷蔵庫 냉장고
冷やす 식히다, 차게 하다
自由に 마음대로, 자유롭게
資料 자료
準備 준비

Dialogue

A : 今日は社長の誕生日ですね。
오늘은 사장님의 생일이네요.

B : ええ、そうですね。
네, 맞아요.

A : ケーキ、どうしましょうか。
케이크, 어떻게 할까요?

B : あ、もう買ってありますよ。さっき外に出たついでに買っておきました。
아, 이미 샀어요. 아까 밖에 나간 김에 사 두었어요.

空気 공기
開ける 열다

나도 해보기

A : 窓、閉めましょうか。

B : あ、ちょっと空気が悪いので＿＿＿＿＿＿んですよ。

A : 창문, 닫을까요?
B : 아, 잠깐 공기가 나빠서 열어 놨어요.

답
開けてある

夏休みが終わってからというもの、やる気がでません。
여름휴가가 끝난 후로, 의욕이 없습니다.

▶▶▶ ～てからというもの　～한 후로, ～하고부터는

「동사의 て형＋てからというもの」는 '～한 후로, ～하고부터는'이라는 의미로, 어떤 일이 발생하여 그 후에도 그 상황이 현재까지 계속 이어지고 있음을 나타내는 표현입니다.

기본 표현

❶ 人気まんが家になってからというもの、連載の依頼が後を絶えない。
인기 만화가가 된 후로 연재 의뢰가 끊이지 않는다.

❷ 全国大会で優勝してからというもの、彼の人気はうなぎ上りだ。
전국대회에서 우승한 후로 그의 인기는 계속 높아지고 있다.

❸ 美紀、失恋してからというもの、元気がなくなったね。
미키, 실연한 후로 기운이 없어졌네.

❹ 一流企業に入社してからというもの、国内外へ出張が多くなった。
일류기업에 입사한 후로 국내외로의 출장이 많아졌다.

❺ 引っ越してからというもの、ぜんぜん便りがない。
이사한 후로 전혀 소식이 없다.

Dialogue

A : うちの息子も困ったものだわ。
우리 아들도 큰일이야.

B : あら、どうしたの？
어머, 어째서?

A : 試験が終わってからというもの、遊んでばかりいるのよ。
시험이 끝난 후로 놀기만 하고 있어.

B : うちの子もそうよ。
우리 아이도 그래.

나도 해보기

A : 山口さん、だんなさんが＿＿＿＿＿＿＿＿＿＿、すっかりやせちゃったわね。

B : 大変そうよね。

　A : 야마구치 씨, 남편 분이 입원하신 뒤로 완전히 야위어 버렸어요.
　B : 큰일이네요.

Tip

やる気 어떤 일을 적극적으로 추진하려고 하는 마음
まんが家 만화가
連載 연재
依頼 의뢰
全国大会 전국대회
うなぎ上り (기온, 물가, 지위 등) 자꾸 올라감
失恋 실연
一流企業 일류기업
入社 입사
便りがない 소식이 없다

息子 아들
すっかり 완전히, 남김없이, 몽땅
だんな 주인, 남편
入院 입원

답
入院してからというもの

패턴 192

ふざけてばかりいないで、教室の掃除を早くやろうよ。

장난만 치고 있지 말고, 교실 청소를 빨리 하자.

▶▶▶ **〜てばかりいないで** 〜만 하고 있지 말고

「〜てばかりいないで」는 '〜만 하고 있다'라는 의미의 「〜てばかりいる」의 부정 표현으로, 뒷문장에는 명령이나 의뢰 표현이 이어집니다. 아래의 기본 표현 2, 4와 같이 「명사+ばかり〜ていないで」의 형태를 갖기도 합니다.

기본 표현

❶ 見てばかりいないで、少しは手伝ってよ。
보고 있기만 하지 말고 조금은 도와 줘라.

❷ 肉ばかり食べていないで、野菜も食べなさい。
고기만 먹고 있지 말고 채소도 먹어라.

❸ 寝てばかりいないで、どこかに出掛けてきたらどう?
자고만 있지 말고 어딘가 외출하는 게 어때?

❹ 運動ばかりしていないで、少しは勉強も頑張ってよ。
운동만 하고 있지 말고 약간은 공부도 열심히 해.

❺ しゃべってばかりいないで、仕事をしてよ。
수다만 떨지 말고 일해.

Tip

ふざける 장난치다
肉 고기
出掛ける 외출하다
運動 운동

Dialogue

A : スキーは最高だね。
스키는 최고야.

B : 自分がうまいからといって、滑ってばかりいないで、私にも教えてよ。
자신이 잘한다고 타기만 하지 말고 나에게도 가르쳐 줘.

A : わるいわるい。久しぶりにスキー場に来たものだからつい。
미안 미안. 오랜만에 스키장에 온 거라, 그만.

B : 私は初心者なんだから、ちゃんと教えてよね。
나는 초보자니까 잘 가르쳐 줘.

うまい 훌륭하다, 유리하다
滑る (스케이트 등) 타다, 활주하다
スキー場 스키장
初心者 초보자
宿題 숙제

나도 해보기

A : マンガを＿＿＿＿＿＿＿＿、宿題はしたの?
B : 今日は宿題はないよ。

A : 만화를 읽고 있지만 말고 숙제는 했어?
B : 오늘은 숙제 없어.

답

読んでばかりいないで

220 일본어회화 패턴으로 정복하기

温泉に行きたくてしょうがない。
온천에 가고 싶어서 견딜 수 없다.

▶▶▶ **〜てしょうがない / 〜てしかたがない / 〜てたまらない / 〜てならない**
너무 〜해서 견딜 수 없다

「てしょうがない/てしかたがない/てたまらない/てならない」는 모두 '너무 〜해서 견딜 수 없다'라는 공통된 의미를 나타내는 표현으로 억제할 수 없는 상태를 나타내며, 감정이나 감각 혹은 욕구를 나타내는 단어에 쓰입니다. 「てしょうがない/てしかたがない」는 직접적인 감정이나 감각이 아니더라도 말하는 사람 자신이 억제할 수 없는 상태 등에 사용할 수 있고, 「てたまらない」는 い형용사와 な형용사의 て형에 접속되어 정도가 격렬함을 나타내는 표현이며, 「てならない」는 자연스럽게 우러나는 감정이나 감각 외에는 쓰이지 않으므로 주의하도록 합니다.

 **기본 표현**

Tip

イタリア 이탈리아
コメディー 코미디
おかしい 우습다
痛い 아프다

❶ **イタリアに行きたくてしょうがない。**
이탈리아에 가고 싶어서 견딜 수가 없다.

❷ **今日は寒くてたまらない。**
오늘은 추워서 견딜 수 없다.

❸ **トイレに行きたくてしかたがない。**
화장실에 가고 싶어서 견딜 수가 없다.

❹ **このコメディーはおかしくてならない。**
이 코미디는 우스워 죽겠다.

❺ **歯が痛くてしょうがない。**
이가 아파서 견딜 수가 없다.

Dialogue

A : **このバラエティーを見てよ。おかしくてたまらない。**
이 버라이어티를 봐. 우스워 죽겠어.

B : **これ、今人気の番組でしょう？**
이거, 지금 인기 있는 프로그램이지?

A : **司会者が絶妙なタイミングで笑わせるの。**
사회자가 절묘한 타이밍에서 웃겨.

B : **本当だ。おかしい！**
정말. 재밌다!

バラエティー 버라이어티
番組 프로그램
司会者 사회자
絶妙だ 절묘하다
タイミング 타이밍
布団 이불
だるい 나른하다

나도 해보기

A : **体が_____。**

B : **大丈夫？ 布団にはいって、休んだらいいよ。**

A : 몸이 나른해서 견딜 수가 없어.
B : 괜찮아? 이불 덮고 쉬는 게 좋아.

답

だるくてしょうがない

日本語に変換してからでないと日本語では打てません。

일본어로 변환하지 않고서는 일본어로 칠 수 없습니다.

▶▶▶ ～てからでないと ～하지 않고는, ～한 후가 아니면

「～てからでないと」는 동사의 て형에 접속하여, '～하지 않고는, ～한 후가 아니면'이라는 의미로 '미리 ～할 필요가 있다'라고 말할 때 쓰는 표현으로 뒤 문장에는 곤란이나 불가능을 나타내는 표현이 주로 옵니다.

기본 표현

❶ このコピー機はインクを取り替えてからでないと使えません。
이 복사기는 잉크를 교체하지 않고서는 사용할 수 없습니다.

❷ パンは生地を発酵させてからでないと焼くことができません。
빵은 반죽을 발효시키지 않고서는 구울 수 없습니다.

❸ 下絵を描いてからでないと色をつけられません。
밑그림을 그리지 않고서는 색을 칠할 수 없습니다.

❹ 電球を取り替える時は、電源を消してからでないと危ないです。
전구를 교체할 때는 전원을 끄지 않으면 위험합니다.

❺ 食事をするときは手を洗ってからでないとバイキンが移ります。
식사를 할 때 손을 씻지 않으면 세균이 옮습니다.

Dialogue

A : 眠いよ。
졸려.

B : 寝るなら歯を磨いてからでないと虫歯になるよ。
자기 전에 이를 닦지 않으면 충치가 생겨.

A : 面倒くさい。
귀찮아.

B : だめよ。ちゃんと歯を磨きなさい。
안 돼. 제대로 양치하세요.

나도 해보기

A : トマトジュースを作るときは＿＿＿＿＿＿＿＿＿＿＿
飲んだ時に口あたりが悪いです。

B : 今度から気をつけます。

A : 토마토 주스를 만들 때 껍질을 벗기지 않으면 마실 때에 식감이 좋지 않습니다.
B : 다음부터 주의할게요.

Tip

コピー機 복사기
インク 잉크
取り替える 교환하다, 바꾸다
生地 반죽
発酵 발효
焼く 굽다
下絵 밑그림
電球 전구
電源 전원
消す 끄다
バイキン 세균
移る 옮다, 옮기다

歯を磨く 이를 닦다
虫歯 충치
面倒くさい 귀찮다
皮をむく 껍질을 벗기다
口あたり 입에 닿는 감촉

답
皮をむいてからでないと

母は私が大企業に入社できることを願ってやまない。

엄마는 내가 대기업에 입사할 수 있기를 바라고 있다.

▶▶▶ **〜てやまない** ~해 마지않다

「てやまない」는 '~해 마지않다'라는 의미로 상대방에 대한 기원이나 바람의 느낌이 강하며 주로 '바라다, 희망하다, 기대하다, 존경하다' 등의 동사에 접속되어 쓰입니다.

기본 표현

❶ 無事に合格できますように祈ってやみません。
무사히 합격할 수 있기를 간절히 바랍니다.

❷ 佐々木教授は私が尊敬してやまない方です。
사사키 교수님은 제가 너무나 존경하는 분입니다.

❸ 愛してやまない一人娘が結婚します。
너무나 사랑하는 외동딸이 결혼합니다.

❹ 新人で入ってきた明子がなまいきで、にくくてやまないよ。
신인으로 들어온 아키코가 건방져서 너무 얄미워.

❺ 私が好きでやまない日本の歌手が韓国に来るそうです。
내가 너무나 좋아하는 일본 가수가 한국에 온다고 합니다.

Tip

無事に 무사히
祈る 기도하다, 기원하다
尊敬 존경
一人娘 외동딸
なまいきだ 주제넘다,
　건방지다
にくい 얄밉다

Dialogue

A : いとこの高志君が東大を受けるの?
사촌인 타카시가 도쿄대 시험을 본다고?

B : 昔から頭がよかったもの。
옛날부터 머리가 좋았잖아.

A : 叔父さんも期待してやまなかったもんね。
삼촌도 잔뜩 기대하고 있어.

B : 受かるといいね。
붙으면 좋겠다.

期待 기대
香水 향수
あこがれる 동경하다

나도 해보기

A : ＿＿＿＿＿＿＿＿＿＿＿高見先輩から香水をもらっちゃった。

B : いいな。高見先輩は私もあこがれているのに、うらやましいよ。

A : 너무나 동경하는 타카미 선배로부터 향수를 받았어.

B : 좋겠다. 타카미 선배는 나도 동경하고 있었는데, 부러워.

답

あこがれてやまない

彼とは入社して以来からの友人です。

그와는 입사한 후로 친구입니다.

▶▶▶ ～て以来 ~한 이래

「～て以来」는 '~한 이래'라는 의미로, 어떤 동작이 행해진 후 그 상태가 쭉 이어지고 있음을 나타내는 표현입니다. 의미상 접속 형태를 동사의 た형으로 혼동하지 않도록 유의합니다.

기본 표현

❶ おさしみで食中毒になって以来、おさしみが食べられません。
회를 먹고 식중독에 걸린 후로 회를 먹을 수 없습니다.

❷ 創業して以来、伝統の味を守っています。
창업한 이래 전통의 맛을 지키고 있습니다.

❸ 入院して以来、太れない体になりました。
입원한 후로 살찌지 않는 체질이 되었습니다.

❹ ニンニクエキスを飲んで以来、体力がつきました。
마늘 엑기스를 마신 후 체력이 좋아졌습니다.

❺ アクアロビックをして以来、腰が痛くありません。
아쿠아로빅을 한 후로 허리가 아프지 않습니다.

Tip

友人 친구
食中毒 식중독
伝統 전통
守る 지키다
入院 입원
ニンニク 마늘
エキス 엑기스
体力 체력
アクアロビック 아쿠아
로빅

Dialogue

A : 最近顔の肌がよく乾燥するんだ。
최근에 얼굴 피부가 자주 건조해져.

B : 保湿クリームをつけている?
보습크림을 바르고 있어?

A : うん、化粧品が合わなくなっちゃったのかな?
응. 화장품이 맞지 않아진 건가?

B : 私、今のクリームを使って以来、肌の調子がいいんだ。サンプルを持ってくるから使ってみてよ。
나. 이 크림을 쓴 후로 피부 상태가 좋아. 샘플을 가지고 올 테니까 써 봐.

肌 피부
乾燥 건조
保湿クリーム 보습크림
化粧品 화장품

나도 해보기

A : _____、ずっと暑いね。

B : 早く涼しくなってほしいよ。

A : 7월에 들어선 후로 계속 덥네.
B : 빨리 시원해졌으면 좋겠어.

답

7月に入って以来

入院してはじめて、家族のありがたさを知った。

입원을 하고 비로소 가족의 소중함을 알았다.

▶▶▶ **〜てはじめて** 〜하고 비로소

> 「동사 て형＋てはじめて」는 '〜하고 비로소'라는 의미로 '〜전에는 그렇지 않았지만 그것을 계기로 그런 상태가 되다'라는 표현입니다.

기본 표현

❶ 母親になってはじめて、子育ての苦労がわかった。
엄마가 되고 나서 비로소 육아의 수고스러움을 알았다.

❷ 社会人になってはじめて、お金の大切さを身にしみた。
사회인이 되고 나서 비로소 돈의 소중함을 절실하게 느꼈다.

❸ 外国生活をしてはじめて、視野が広がった。
외국생활을 하고 나서 비로소 시야가 넓어졌다.

❹ 結婚してはじめて、親のありがたみを知った。
결혼하고 나서 비로소 부모님의 고마움을 알았다.

❺ 子供からプレゼントをもらってはじめて、子の成長の喜びを知った。
아이에게 선물을 받고 나서 비로소 아이가 성장하는 기쁨을 알았다.

Tip

ありがたさ 고마움
母親 어머니
子育て 육아
苦労 수고, 고생
身にしみる 절실하게 느끼다
外国生活 외국생활
視野 시야
広がる 넓어지다
ありがたみ 고마움
プレゼント 선물
成長 성장
喜び 기쁨

Dialogue

A : 学生のときは、大人は勉強をしなくていいなと思っていたな。
학생 때는 어른은 공부를 하지 않아도 된다고 생각했어.

B : 卒業して、社会に出てはじめて、学生時代の楽しさを感じたね。
졸업하고 사회에 나와서야 비로소 학생시절의 즐거움을 느꼈어.

A : なんだかんだ言っても、学生の時が一番だったね。
이러쿵저러쿵해도 학생 때가 제일이었어.

B : 学生時代に戻れるものなら戻りたい。
학생시절로 돌아갈 수 있다면 돌아가고 싶어.

大人 어른
卒業 졸업
なんだかんだ 이러쿵저러쿵

나도 해보기

A : いつ頃から自分が大人になったと感じた？

B : やっぱりお化粧を＿＿＿＿＿＿＿＿＿＿、実感できたかな。

A : 언제쯤부터 자신이 어른이 되었다고 느꼈어?

B : 역시 화장을 할 수 있게 되고 나서 비로소 실감할 수 있었어.

답

するようになってはじめて

패턴 198

こう毎日、残業ばかりしていられない。

이렇게 매일 잔업만 하고 있을 수 없다.

▶▶▶ **(いくら)～とはいえ、～ていられない** (아무리) ~라고 해도 ~하고 있을 수 없다

「(いくら)～とはいえ」는 '(아무리) ~라고 해도'라는 의미로 앞에 오는 내용으로 예상하거나 기대한 것과 다른 결과를 이야기할 때 사용하는 표현이고, 「ていられない」는 동사의 て형에 접속되어 '～하고 있을 수 없다'라는 표현이 됩니다. 이 두 가지표현을 함께 사용하여, 앞의 상황으로 예상되는 결과는 있으나, 어떠한 사정에 의하여 그대로 따를 수 없다는 뉘앙스로 '아무리~해도 ~하고 있을 수 없다'라고 해석할 수 있습니다.

기본 표현

Tip

❶ いくらダイエットをしているとはいえ、野菜ばかり食べていられない。
아무리 다이어트를 하고 있다고 해도 채소만 먹고 있을 수는 없다.

❷ カゼをひいたとはいえ、主婦が一日中休んでいられない。
감기에 걸렸다고 해도 주부가 하루 종일 쉬고 있을 수만은 없다.

❸ 高校生なのだから、遊んでいられない。
고등학생이라서 놀고만 있을 수 없다.

❹ これから行くところがあって、ゆっくりしていられない。
지금부터 갈 곳이 있어서 느긋하게 있을 수 없다.

❺ 1時間も待っていたんだから、これ以上待っていられない。
1시간이나 기다리고 있었기 때문에 더 이상 기다리고만 있을 수 없다.

カゼをひく 감기에 걸리다
主婦 주부
ゆっくり 느긋하게, 천천히

Dialogue

A : ヤッター！ 明日から夏休みだ。
신난다! 내일부터 여름방학이다.

B : 夏休みになっても、高2の俺たちはノンビリしていられないよな。
여름방학이 되어도 고2인 우리들은 느긋하게 있을 수 없어.

A : まあ、でも、勉強ばかりしてもおもしろくないよ。せっかくの夏休みなんだから、時々は遊びに行かなくちゃ
뭐, 그렇지만, 공부만 해도 재미없어. 모처럼의 여름방학이니까, 가끔은 놀러 가야지.

B : そうだな。映画も見たいし、プールにも行きたいな。
그래. 영화도 보고 싶고 수영장에도 가고 싶어.

ノンビリ 한가로이
せっかく 모처럼
時々 가끔

나도 해보기

A : みんな残業をしているから自分一人＿＿＿＿＿＿＿。
B : 会社生活も大変だね。

　　A : 모두 잔업을 하고 있어서 나 혼자서 집에 갈 수만은 없어.
　　B : 회사생활도 힘들구나.

답

帰っていられないよ

chapter 10

동사과거형 패턴

日本へ行ったことがあります。

일본에 간 적이 있습니다.

▶▶▶ **동사과거형(た) + ことがあります / ないです** ~한 적이 있습니다 / 없습니다

동사의 과거형에 「ことがあります/ことがないです」가 접속하면 '~한 적이 있습니다/~한 적이 없습니다'라는 의미의 과거 경험의 유ㆍ무를 나타내는 표현이 됩니다. 이 표현 역시 자주 쓰이지만, 일상적인 경험보다는 그 경험이 없어도 이상할 것이 없을 만한 특별한 경험의 유ㆍ무에 대하여 말할 때 주로 쓰이는 표현입니다. 또한 이미 동사의 た형에 접속하여 과거를 표현하고 있으므로, 「ます」의 과거표현인 「ました」를 사용하지 않도록 주의하세요.

기본 표현

① 駐車場に車を止めたことがあります。
주차장에 차를 세운 적이 있습니다.

② 飛行機で出張したことがあります。
비행기로 출장 간 적이 있습니다.

③ 外国へ一人で行ったこともあります。
외국에 혼자서 간 적도 있습니다.

④ このケーキは食べたことがありません。
이 케이크는 먹은 적이 없습니다.

⑤ 練習は一度もやったことがないです。
연습은 한 번도 한 적이 없습니다.

止める 세우다
出張 출장
練習 연습

Dialogue

A : 今度の休みはどこへ行きますか。私は田舎へ行きます。
이번 휴일은 어디로 가요? 저는 시골로 가요.

B : 私はカナダへ行きます。
저는 캐나다에 가요.

A : カナダですか。前に仕事で行ったことがあります。
캐나다요? 전에 일로 간 적이 있어요.

B : 私も今まで旅行で2回行ったことがあるんですよ。
저도 지금까지 여행으로 2번 간 적이 있어요.

田舎 시골
カナダ 캐나다
救急車 구급차
呼ぶ 부르다
経験 경험

나도 해보기

A : 救急車を_____。

B : いいえ、まだそんな経験はありません。

A : 구급차를 부른 적이 있습니까?

B : 아니요. 아직 그런 경험은 없습니다.

답

呼んだことがありますか

テレビを見た後で晩ごはんを食べます。

텔레비전을 본 후에 저녁을 먹습니다.

▶▶▶ 동사과거형 た(だ) + 後で(に) / 명사의 後で(に) ～후에

「～た(だ)後で(に)/명사의 後で(で、に)」는 단순한 시간의 흐름상 어떠한 사건이 연속해서 일어남을 나타내는 표현으로 동사는 동사의 과거형에 접속되고 명사는 반드시 조사 「の」를 수반하여 접속됩니다.

기본 표현

❶ 毎日ご飯を食べた後でコーヒーを飲んでいます。
매일 밥을 먹은 후 커피를 마시고 있습니다.

❷ お風呂に入った後で、冷たいビールが飲みたいです。
목욕을 한 후 차가운 맥주를 마시고 싶습니다.

❸ 食事の後、銀行へ行きます。
식사 후 은행에 갑니다.

❹ 食事の後で、散歩しませんか。
식사 후 산책하지 않겠습니까?

❺ 掃除の後で、食堂に来てください。
청소 후 식당으로 와 주세요.

Tip

お風呂に入る 목욕하다
冷たい 차갑다
食事 식사
銀行 은행
掃除 청소
食堂 식당

Dialogue

A : その薬はご飯を食べた後で飲んでください。
그 약은 밥을 먹은 후에 먹으세요.

B : はい。この白いのですね。
예. 이 흰 약이네요.

A : それから、こちらのピンクは歯が痛い時に飲んでください。
그리고 나서, 이쪽의 분홍색은 이가 아플 때 먹으세요.

B : わかりました。
알겠습니다.

歯 이
痛い 아프다
練習 연습
晩ごはん 저녁식사

나도 해보기

A : 歌の練習をしていますか。

B : はい、＿＿＿＿＿＿＿＿＿＿＿。

　　A : 노래 연습을 하고 있습니까?
　　B : 예, 저녁식사 후에 하고 있습니다.

답

晩ごはんの後でしています

安いものを買う時、恥ずかしいと思う。

싼 것을 살 때 부끄럽다고 생각한다.

▶▶▶ 동사과거형(た) + 時 ~했을 때 / 동사기본형 + 時 ~할 때

시간을 나타내는 대표적인 표현인 「時」가 동사의 기본형에 접속되면 '~할 때'라는 의미로 평소의 행동이나 반복적인 습관을 말할 때 자주 쓰이고, 동사의 과거형에 접속되면 '~했을 때'라는 의미로 과거의 경험 및 사건을 말할 때 자주 사용됩니다.

기본 표현

❶ 掃除をした時はとても寒かったです。
청소를 했을 때는 매우 추웠습니다.

❷ 水を出す時は、青いボタンを押してください。
물을 틀 때는 파란 단추를 눌러 주세요.

❸ 先週、会議をしている時、のどが痛くなりました。
지난 주 회의를 하고 있을 때 목이 아팠습니다.

❹ 田中さんは、結婚する時、奥さんと約束を3つしました。
다나카 씨는 결혼할 때, 부인과 약속을 3가지 했습니다.

❺ 初めて飛行機に乗った時、どうでしたか。
처음 비행기를 탔을 때 어떠했습니까?

Tip

恥ずかしい 부끄럽다
青い 푸르다
押す 누르다
会議 회의
のどが痛い 목이 아프다
奥さん 부인
約束 약속

去年 작년
撮る 찍다

Dialogue

A : きれいな写真ですね。見せてください。
예쁜 사진이네요. 보여 주세요.

B : どうぞ。これは去年家族で旅行に行った時の写真です。
여기. 이것은 작년 가족끼리 여행 갔을 때의 사진입니다.

A : どこに行きましたか。
어디에 갔었습니까?

B : 京都です。
교토입니다.

나도 해보기

A : これは＿＿＿＿＿＿＿、私が撮った写真です。

B : きれいなところですね。

A : 이것은 여행 갔을 때, 제가 찍은 사진입니다.
B : 예쁜 곳이네요.

답

旅行に行った時

ごはんを食べたばかりです。

밥을 막 먹었습니다.

▶▶▶ **동사과거형(た) + ばかりです** 막 ~한 참입니다

「~たばかりだ」는「~だところだ」와 마찬가지로 어떤 동작이나 사건이 끝난 직후를 나타내는 표현으로 서로 치환하여 사용 가능하지만, 「~たばかりだ」는 '~동작 및 사건이 끝나고 시간이 그다지 지나지 않았다'라는 의미를 내포하고 있기 때문에 「~だところだ」보다 동작이나 사건이 완료된 시간의 경과를 어느 정도 허용하는 표현이라고 할 수 있습니다.

기본 표현

Tip
塗る 칠하다
ネックレス 목걸이
破れる 찢어지다

❶ そのいす、色を塗ったばかりです。
그 의자 막 색을 칠했어요.

❷ 誕生日にネックレスをもらったばかりだよ。
얼마 전 생일에 목걸이를 받았어.

❸ 昨日前髪を切ったばかりです。
어제 막 앞머리를 잘랐어요.

❹ 先月韓国に来たばかりで、まだ韓国語がよくわかりません。
지난달 한국에 왔기 때문에 아직 한국어를 잘 모릅니다.

❺ 先週買ったばかりのTシャツがもう破れてしまいました。
지난 주 산 지 얼마 되지 않은 티셔츠가 벌써 찢어져 버렸습니다.

Dialogue

動く 움직이다
機械 기계
修理 수리
買い換える 새로 사서 바꾸다
引っ越す 이사하다

A : あら？ 変ね。動かないわ。
어라? 이상하네. 움직이지 않아.

B : またコピーの機械ですか。
또 복사기입니까?

A : 先週修理してもらったばかりなのに。
지난 주 수리받았는데.

B : もう買い換えないとだめかもしれませんね。
이제 바꾸지 않으면 안 될지도 모르겠네요.

나도 해보기

A : このあたりのおいしいレストランを紹介してください。

B : すみません、私も＿＿＿＿＿＿＿＿＿＿＿＿＿＿＿まだよく

わからないんです。

A : 이 근처에 맛있는 레스토랑을 소개해 주세요.
B : 죄송해요. 저도 이사 온 지 얼마 되지 않아서 아직 잘 몰라요.

답
引っ越ししてきたばかりで

毎日運動したほうがいいですよ。
まいにちうんどう

매일 운동하는 편이 좋습니다.

▶▶▶ **동사과거형(た) + ほうがいい / あまり～ないほうがいい**
~하는 편이 좋다 / 그다지 ~하지 않는 편이 좋다

「～ほうがいい」는 동사의 과거형이나 부정형에 접속하여 '～하는 편이 좋다/～하지 않는 편이 좋다'라는 의미의 구체적인 장면에서 상대방에게 어떤 행위를 권유하거나 충고를 할 때 많이 쓰이는 표현입니다. 이 표현에는 권유 및 충고의 행위를 하지 않으면 좋지 않은 결과가 예상된다는 뉘앙스를 내포하고 있습니다. 「～ほうがいい」가 동사의 기본형에 접속하게 될 경우, '～쪽이 좋다'라고 말하는 사람의 선택을 나타내는 표현이 되므로, 접속 형태에 주의하여 사용하도록 하세요.

기본 표현

❶ 傘を持って行ったほうがいいですよ。
かさ　も　い
우산을 가지고 가는 편이 좋습니다.

❷ 朝ごはんはちゃんと食べたほうがいいよ。
あさ　　　　　　　　た
아침은 꼭 먹는 편이 좋다.

❸ はさみで切ったほうがいいよ。
き
가위로 자르는 편이 좋다.

❹ あまり心配しないほうがいいですよ。
しんぱい
그다지 걱정하지 않는 편이 좋습니다.

❺ 子供にはあまり厳しく言わないほうがいいです。
こども　　　　　　きび　　い
아이에게는 그다지 엄하게 말하지 않는 편이 좋습니다.

Dialogue

A : 顔色が悪いですね。どうしたんですか。
　　かおいろ　わる
얼굴색이 나쁘네요. 어떻게 된 거예요?

B : 熱があるんです。
　　ねつ
열이 있습니다.

A : それはいけませんね。すぐ病院へ行ったほうがいいですよ。
　　　　　　　　　　　びょういん　い
그거 안됐네요. 바로 병원에 가는 편이 좋습니다.

B : 薬を飲んだから大丈夫ですよ。
　　くすり　の　　　　だいじょうぶ
약을 먹었기 때문에 괜찮습니다.

나도 해보기

A : 最近、輸入品があるから買う時、いつも悩むわ。
　　さいきん　ゆにゅうひん　　　　　か　とき　　　　なや

B : 賞味期限の表示は必ず＿＿＿＿＿＿＿＿＿＿＿＿＿＿。
　　しょうみきげん　ひょうじ　かなら

A : 최근, 수입품이 있기 때문에 살 때 항상 걱정돼요.
B : 유통기한 표시는 반드시 확인하는 편이 좋아요.

Tip

運動 운동
傘 우산
ちゃんと 제대로, 어김없이
はさみ 가위
厳しい 엄하다

顔色が悪い 얼굴색이 나쁘다
熱 열
薬を飲む 약을 먹다
輸入品 수입품
悩む 걱정하다
賞味期限 유통기한
表示 표시
確認 확인

답
確認したほうがいいわ
かくにん

패턴 204

口を開けたまま寝ています。
입을 벌린 채 자고 있습니다.

▶▶▶ 동사과거형(た) + まま　~한 채

「まま」는 동사의 과거형에 접속하여 동작의 주체가 어떠한 상태를 바꾸지 않고 계속 유지하며 다른 동작을 하는 것을 나타낼 때 쓰이는 표현입니다.

 **기본 표현**

❶ この人は寝転んだままテレビを見ています。
이 사람은 드러누운 채 TV를 보고 있습니다.

❷ みんな座ったまま拍手をしています。
모두 앉은 채로 박수를 치고 있습니다.

❸ 冷蔵庫があいたままです。
냉장고가 열린 채로 있습니다.

❹ 電気をつけたままにしないでください。
전기를 켜 둔 채로 두지 말아 주세요.

❺ 昨日クーラーをつけたまま寝て、風邪を引いてしまいました。
어제 에어컨을 켜 둔 채 자서, 감기에 걸리고 말았습니다.

Tip

寝転ぶ 아무렇게나 드러
　　 눕다
座る 앉다
拍手 박수
冷蔵庫 냉장고

Dialogue

A : おかげさまで、足の怪我よくなってきたよ。
덕분에 다리 상처가 좋아졌어.

B : 少しは立ったりできるようになったのね。
조금은 설 수 있게 되었구나.

A : うん、寝たままの生活は思ったより大変だったな。
응, 누운 채로의 생활은 생각했던 것보다 힘들었어.

B : これからは歩く練習ね。
앞으로는 걷는 연습이네.

怪我 상처
つく 켜지다
消す 끄다

나도 해보기

A : パソコンが_____。

B : あれ? 消したと思ったんだけど。

　　A : 컴퓨터가 켜진 채로 있었어.
　　B : 어? 껐다고 생각했는데.

답

ついたままだったわよ

Chapter 10. 동사과거형 패턴　233

昔はよく本を読んだものだ。

옛날에는 자주 책을 읽곤 했다.

▶▶▶ 동사과거형(た) + ものだ　~하곤 했다

동사과거형에 접속되는 「ものだ」는 과거의 습관적인 경험을 회상하면서 그리워하는 듯한 기분을 나타낼 때 사용하는 표현으로 '~하곤 했다'라고 해석됩니다.

기본 표현

❶ 子供のころ、よく父といっしょに山に登ったものだ。
어릴 적, 자주 아빠와 함께 산에 오르곤 했다.

❷ 彼女とは毎晩よく電話で話したものだ。
그녀와는 매일 밤 자주 전화로 이야기하곤 했다.

❸ 学生時代はよく図書館で勉強したものだ。
학생시절에는 자주 도서관에서 공부하곤 했다.

❹ 結婚前は、休みがあれば旅行に出かけたものだ。
결혼 전에는 휴일이 있으면 여행을 떠나곤 했다.

❺ あの日本料理屋には、よく足を運んだものだ。
저 일본요리 가게는 자주 방문하곤 했다.

Dialogue

A : お父さんは子供のころ、どんな子供だったの?
아빠는 어릴 때, 어떤 아이였어?

B : そうだな、暗くなるまで外でよく遊んでいたな。晩ごはんまでに家へ帰らなくて、よく怒られたものだ。
글쎄, 어두워질 때까지 밖에서 자주 놀았어. 저녁식사 때까지 집에 들어가지 않아서 자주 혼나곤 했었지.

A : はは、そうだったの。お母さんはどうだった?
하하, 그랬어? 엄마는 어땠어?

C : そうね、うちは兄弟が多かったから、よく家のことを手伝ったものよ。
글쎄, 우리는 형제가 많았기 때문에 자주 집안일을 돕곤 했어.

나도 해보기

A : あいつが結婚する前は、よく三人で酒を＿＿＿＿＿＿＿＿＿＿。

B : そうだな、今は会うことも難しくなったな。

A : 저 녀석이 결혼하기 전에는 자주 셋이서 술을 마시러 가곤 했어.
B : 그렇군. 지금은 만나는 것도 어려워졌어.

Tip

登る 오르다
足を運ぶ 발길을 옮기다

怒る 화내다
手伝う 도와주다

답
飲みに行ったものだ

패턴 206

話し合った上で結論をだしましょう。

의논한 후에 결론을 냅시다.

▶▶▶ **동사과거형(た) + 上で** ~한 후에

동사과거형에 접속되는 「上で」는 앞 문장과 뒷문장의 전후관계를 객관적으로 나타내는 표현으로 '~한 후에'라는 의미로 해석되고 '우선 ~하고 나서 그 다음의 일을 하겠다'는 뜻을 내포하고 있습니다.

기본 표현

❶ 本を読んだ上で、感想文を書いてください。
책을 읽은 후에 감상문을 쓰세요.

❷ 両親と相談した上で、進路を決めたいと思います。
부모님과 상담한 후에 진로를 정하고 싶습니다.

❸ 1次審査が通った上で、面接があるそうです。
1차 심사가 통과한 후에 면접이 있다고 합니다.

❹ 3ヶ月の教育を受けた上で、部署に配属されます。
3개월 교육을 받은 후 부서에 배속됩니다.

❺ 新作映画を上映した上で、映画出演者の記者会見があります。
신작 영화를 상영한 후에 영화 출연자의 기자회견이 있습니다.

Tip

話し合う 의논하다
感想文 감상문
相談 상담
進路 진로
審査 심사
面接 면접
教育 교육
配属 배속

Dialogue

A : 課長、新商品の開発をどうしたらいいのでしょうか。
과장님, 신상품의 개발을 어찌하면 좋을까요?

B : まずは、消費者がもとめているものを把握しないといけないな。
우선은 소비자가 요구하는 것을 파악하지 않으면 안 돼.

A : 消費者アンケートをとった上で、データーをまとめてみましょうか。
소비자 앙케이트를 한 후에 데이터를 구해 볼까요?

B : そうしてくれ。
그렇게 해 줘.

開発 개발
消費者 소비자
もとめる 바라다, 요구하다
把握 파악
アンケート 앙케트
まとめる 합치다, 정리하다
書類 서류
項目別 항목별

나도 해보기

A : この書類を項目別に＿＿＿＿＿＿＿＿、集計してくれる?

B : はい、わかりました。

　　A : 이 서류를 항목별로 나눈 후에 집계해 줄래?
　　B : 네, 알겠습니다.

답

分けた上で

驚いたことに 息子が剣道で全国優勝をしたんです。

놀랍게도 아들이 검도로 전국 우승을 했습니다.

▶▶▶ **동사과거형(た) + ことに** ~하게도

「ことに」는 감정을 나타내는 동사의 과거형에 접속하여, 그러한 기분이나 감정을 강조하여 말할 때 사용하고 '~하게도'라고 해석됩니다.

기본 표현

Tip

❶ 困ったことに、大事な書類をどこにしまったのか思い出せない。
곤란하게도 중요한 서류를 어디에 두었는지 기억나지 않는다.

❷ 学生が親切なことに階段で重い荷物を持ってくれた。
학생이 친절하게도 계단에서 무거운 짐을 들어 주었다.

❸ ありがたいことに今まで大きな病気にかかっていません。
다행스럽게도 지금까지 큰 병에 걸리지 않았습니다.

❹ このお守りを持っていたら、不思議なことに良いことが続いている。
이 부적을 가지고 있으면 희한하게도 좋은 일이 계속된다.

❺ うれしいことに、息子が志望大学に受かったんです。
기쁘게도 아들이 지망대학에 합격했습니다.

驚く 놀랍다
階段 계단
病気 병
お守り 부적
続く 이어지다
志望大学 지망대학

Dialogue

A : この絵を視点をずらさないで、ずっと見てみて。
이 그림을 시점을 옮기지 말고 계속 봐 봐.

B : 何これ? 模様みたいな絵だね。
뭐야 이게? 무늬 같은 그림이네.

A : この絵、おもしろいことに立体の絵が見えてくるんだよ。
이 그림, 재미있게도 입체 그림이 보여.

B : あっ、聞いたことがある。マジカルアイっていうんだよね。
아, 들은 적이 있어. 매직컬 아이라고 불러.

絵 그림
視点 시점
ずらす 위치나 시간을 옮기다
模様 무늬, 모양
みたい ~같음
残念だ 유감스럽다
急に 갑자기
付き合い 교제
お別れ 이별
寂しい 쓸쓸하다

나도 해보기

A : _____急に引っ越さなければならなくなったんです。

B : 今まで楽しくお付き合いしてきたのに、お別れしなければいけないなんて、寂しくなりますね。

A : 유감스럽게도 갑자기 이사하지 않으면 안 되게 됐어요.

B : 지금까지 즐겁게 만나왔는데 헤어지지 않으면 안 된다니 쓸쓸해지네요.

답

残念なことに

余計なことを言ったばかりに、彼女を傷つけてしまった。
쓸데없는 것을 말한 탓에 그녀를 상처 입히고 말았다.

▶▶▶ **동사과거형(た) + ばかりに** ～탓에

동사의 과거형에 접속하는 「ばかりに」는 원인과 이유를 나타내는 표현으로 우리말의 '～탓에'라고 해석됩니다.

기본 표현

❶ ひどいことを言ったばかりに、息子と仲が悪くなった。
심한 말을 한 탓에 아들과 사이가 나빠졌다.

❷ でしゃばったばかりに、体育祭の担当にされてしまった。
주제넘게 참견한 탓에 체육대회의 담당이 되고 말았다.

❸ 金に目が眩んだばかりに盗みをしてしまった。
돈에 눈이 먼 탓에 도둑질을 해버렸다.

❹ 成績を上げたいばかりにカンニングをしてしまった。
성적을 올리고 싶은 탓에 컨닝을 해버렸다.

❺ 約束をすっぽかしたばかりに彼女が怒って、ゆるしてくれない。
약속을 어긴 탓에 그녀가 화가 나서 용서해 주지 않는다.

Tip

余計だ 쓸데없다
傷つける 상처 입히다
でしゃばる 주제넘게 참견하다
目が眩む 눈이 뒤집히다
盗み 도둑질
成績 성적
カンニング 컨닝
すっぽかす 약속을 어기다
ゆるす 용서하다, 허가하다

Dialogue

A : 昨日コンパがあって、カラオケに行ったんだけど…。
어제 다과회가 있어서 노래방에 갔지만….

B : おまえは歌がうまいから、注目されただろう?
너는 노래를 잘하니까 주목받았겠지?

A : それが、かっこうよく歌おうとしたばかりに、むしろ女性たちに倦厭された。
그게 멋있게 노래 부르려고 한 탓에 오히려 여자들이 싫증냈어.

B : ほどほどにすればよかったね。
정도껏 하면 좋았을 텐데.

コンパ 다과회
むしろ 오히려, 차라리
倦厭 질려서 싫어짐
ほどほど 정도껏, 적당히
見栄をは[張]る 허영을 부리다

나도 해보기

A : 昨日のデートの食事で、＿＿＿＿＿＿お金を使いすぎたよ。

B : デートをするのにも、計画性をもたないと大変だよ。

　A : 어제 데이트의 식사에서 허영을 부린 탓에 돈을 너무 썼어.

　B : 데이트를 하는 것에도 계획성이 없으면 힘들어.

답
見栄をはったばかりに

酒を飲んだところで、嫌なことを忘れることはできない。

술을 마셔 봤자 불쾌한 일을 잊을 수는 없다.

▶▶▶ 동사과거형(た) + ところで ~해 보았자

「ところで」는 동사과거형에 접속하여 '~해 보았자, ~해 본들'이라는 의미로 역접을 나타내는 표현으로 쓰입니다.

기본 표현

❶ 印刷を今から始めたところで、間に合わないですよ。
인쇄를 지금부터 시작해 봤자 시간에 맞출 수 없습니다.

❷ きものは安いと言ったところで、20万円はするでしょう。
기모노는 싸다고 해 봤자 20만 엔은 하겠죠.

❸ 私が言ったところで、言うことを聞くとは思えません。
내가 말해 봤자 내 말을 들을 리가 없습니다.

❹ 今更後悔したところで、取り返しはつかない。
이제 와서 후회해 본들 되돌릴 수 없다.

❺ 彼女にあやまったところで、許してくれるか、どうか…。
그녀에게 사과해 본들 용서받을 수 있을지….

Dialogue

A : 今回の企画を私に任せてくださいとは言ったけれど、どうしよう。
이번 기획을 나한테 맡겨 달라고는 말했지만, 어떡하지?

B : 今更悔やんだところで、どうにもならないでしょ。
이제 와서 후회해 본들 어떻게 할 수 없죠.

A : そうだね。やるしかないね。
그렇지. 할 수밖에 없지.

B : 頑張ってね。応援しているよ。
힘내. 응원할게.

나도 해보기

A : 今から、夏に向けて＿＿＿＿＿＿＿＿、間に合うかな?

B : 頑張るだけ、頑張ってみなよ。

　　A : 지금부터, 여름을 향해서 다이어트를 해 봤자, 늦지 않을까?
　　B : 노력할 만큼 노력해 봐.

패턴 210

死んだつもりで頑張れば、きっとうまくいく。

죽을 각오로 노력하면 분명히 잘 된다.

▶▶▶ **동사과거형(た) + つもりで** ~한 셈 치고

「つもりで」는 동사과거형에 접속하여 실제로는 그렇지 않지만, 그렇게 된 것으로 가정하여 말할 때 쓰는 표현으로 '~한 셈 치고'라고 해석됩니다.

기본 표현

❶ 受験前に東大に合格したつもりでキャンパスを歩いてきた。
수험 전에 도쿄대에 합격한 셈 치고 캠퍼스를 걷고 왔다.

❷ 死んだつもりで頑張ればできないことはない。
죽을 각오로 분발하면 할 수 없는 것은 없다.

❸ ちょっとからかったつもりだったのに、本気で怒らせちゃった。
조금 놀려 먹을 생각이었는데 진심으로 화를 내버렸다.

❹ 彼を理解していたつもりだったけれど、わかっていなかった。
그를 이해하고는 있었던 것 같지만 모르고 있었다.

❺ まだまだ若いつもりで一からやり直すよ。
아직 젊다는 생각으로 처음부터 다시 하자.

> **Tip**
>
> キャンパス 캠퍼스
> からかう 놀리다
> 本気 진심, 진실
> やり直す 다시 하다, 새로이 하다
> まだまだ 아직도

Dialogue

A : 友だちにお金を貸してくれと頼まれているんだけど…。
친구에게 돈을 빌려 달라고 부탁받았는데….

B : お金を貸すのは、信用問題に関わるから難しいよね。
돈을 빌려 주는 것은 신용문제에 관계되기 때문에 곤란한 일이지.

A : お金を貸すのなら、あげたつもりで、できる範囲の金額で渡すのがいいよね?
돈을 빌려 준다면 그냥 주는 셈 칠 수 있는 범위의 금액을 빌려 주는 것이 좋지 않을까?

B : そうだね。
그건 그래.

> 貸す 빌리다
> 関わる 관계되다
> あげる 드리다
> 範囲 범위
> 金額 금액
> 渡す 주다, 건네다

나도 해보기

A : 林課長、もう自分が部長に_____。

B : えらそうな態度はムカつくよね。

　　A : 하야시 과장님, 이미 자신이 부장이 된 셈 치고 있어.
　　B : 높은 사람이 된 듯한 태도는 화가 나.

> **답**
>
> なったつもりでいるよね

考えた挙げ句、清水君を企画担当にした。

숙고한 끝에 시미즈 군을 기획 담당자로 정했다.

▶▶▶ **동사과거형(た) + 挙げ句** ~한 끝에

> 「挙げ句」는 동사과거형에 접속되어 '~한 끝에'라는 의미로 쓰이고 주로 좋지 않은 결과에 이르게 된 경우에 많이 쓰이는 표현입니다.

기본 표현

① 口ゲンカをした挙げ句、殴り合いのケンカになった。
말싸움을 한 끝에, 치고받는 싸움이 되었다.

② このゲームソフトは昨日から並んだ挙げ句、やっと手に入れたんだ。
이 게임소프트는 어제부터 줄을 선 끝에 겨우 손에 넣었다.

③ いろいろ迷った挙げ句、花柄のワンピースを買いました。
여러 가지 고민한 끝에 꽃무늬 원피스를 샀습니다.

④ さんざん悩んだ挙げ句、整形手術をすることにしました。
몹시 고민한 끝에 성형수술을 하기로 했습니다.

⑤ 夫婦ゲンカを繰り返した挙げ句、離婚しました。
부부싸움을 반복한 끝에 이혼했습니다.

Tip

すすめる 진행시키다
口ゲンカ 말싸움
殴り合い 서로 치고받음
並ぶ 줄을 서다
手に入れる 손에 넣다
迷う 헤매다, 망설이다
花柄 꽃무늬
さんざん 실컷, 마음껏, 몹시
悩む 고민하다
整形手術 성형수술
繰り返す 반복하다
離婚 이혼

Dialogue

A : 今日の部署会議はさんざんだったね。
오늘 부서회의는 형편없었어.

B : 意見討論をした挙げ句に、ケンカ腰になって言い争っていたよね。
의견토론을 한 끝에, 시비조가 되어서 언쟁이 있었어.

A : 熱意があるのはいいんだけど…。
열의가 있는 건 좋지만….

B : おとな気ない感じであきれちゃったよ。
어른스럽지 못한 느낌에 질려 버렸어.

意見討論 의견토론
ケンカ腰 시비조로 덤비는 태도
言い争う 언쟁하다
熱意 열의
おとな気ない 철없다, 어른답지 못하다
あきれる 질리다
試す 시도하다, 시험하다

나도 해보기

A : お化粧が上手ですね。
B : 私も_____、自分に合った化粧法を見つけたんだよ。

A : 화장을 잘하네요.
B : 저도 여러 가지 시도한 끝에 저에게 맞는 화장법을 발견했어요.

답
いろいろ試した挙げ句

鉢を割ったことを先生に知られたが最後、先生に怒られる。

화분 깬 것을 선생님에게 알려졌다가는 선생님에게 혼날 것이다.

▶▶▶ **동사과거형(た) + が最後** ～했다가는, ～할라치면

「～が最後」는 동사과거형에 접속하여 '～했다가는'이라는 의미로 쓰이고 뒷부분에는 반드시 그렇게 되는 상황이나 말하는 사람의 의지를 표현하는 문장이 이어집니다.

기본 표현

❶ 秘密をばらしてしまったが最後、会社を辞めなければいけないだろう。
비밀을 폭로했다가는 회사를 그만두어야 할 것이다.

❷ ボールに当てられたが最後、アウトになるルールです。
공에 맞았다가는 아웃되는 룰입니다.

❸ マグマに落ちたが最後、全てのものが溶かされてしまいます。
마그마에 떨어졌다가는 모든 것이 녹아 버립니다.

❹ 言い出してしまったが最後、後にひけない頑固な性格なんです。
말했다 하면 물러서지 않는 완강한 성격입니다.

❺ 部長に目をつけられたが最後、ずっと平社員のままだよ。
부장님에게 눈총을 받게 되면, 계속 평사원으로 남을 뿐이다.

Tip
鉢 화분
割る 깨다
秘密をばらす 비밀을 폭로하다
アウト 아웃
マグマ 마그마
落ちる 떨어지다
溶かす 녹이다
頑固だ 완고하다
性格 성격
目をつける 점을 찍다
平社員 평사원

Dialogue

A : 昨日の朝方までゲームをしてた。
어제 아침 무렵까지 게임을 했어.

B : よく疲れないね。
잘 지치지 않네.

A : 一度始めてしまったが最後、勝つまでやらないと気がすまないんだ。
일단 한 번 시작해 버리면, 이길 때까지 하지 않으면 직성이 풀리지 않아.

B : ゲームするのもほどほどにしろよ。
게임하는 것도 적당히 해.

朝方 아침녘
気がすむ 만족해지다, 직성이 풀리다
ほどほど 적당히
留学試験 유학시험
落ちる 떨어지다
～きり ～뿐

나도 해보기

A : 留学試験に_____、もうアメリカに行く機会はないだろう。

B : 人生に機会が一度きりということはないよ。

A : 유학시험에 떨어졌다가는 더 이상 미국으로 갈 기회는 없을 거야.

B : 인생에 기회가 한 번뿐인 것은 아니야.

답
落ちたが最後

朝、あいさつしたきり会っていません。

아침에 인사한 것을 마지막으로 만난 적이 없습니다.

▶▶▶ **동사과거형(た) + きり** ~한 채 끝이다

「きり」는 동사과거형에 접속되어 '~한 채 끝이다. ~한 것이 마지막이다'라는 의미로 그 동작을 마지막으로 다음에 예상되는 변화가 일어나지 않았음을 나타내는 표현입니다.

기본 표현

❶ コンビニに行ってくると出ていったきり、まだ帰ってこない。
편의점에 갔다 온다고 나간 채, 아직 돌아오지 않는다.

❷ あの子、名前を言ったきり何も話してくれないんだよね。
저 아이 이름을 말한 것을 마지막으로 아무것도 말해 주지 않는다.

❸ 今日は朝ごはんを食べたきり、今まで何も食べていない。
오늘은 아침밥을 먹은 것을 마지막으로 지금까지 아무것도 먹지 않고 있다.

❹ 彼女とは2年前の同窓会で会ったきりです。
그녀와는 2년 전 동창회에서 만난 것이 마지막입니다.

❺ JLPTは5年前に2級をとったきり、受けていません。
JLPT는 5년 전에 2급을 딴 것을 마지막으로 시험을 치르지 않고 있습니다.

コンビニ 편의점
同窓会 동창회

Dialogue

A : 映画を見にいかない?
영화 보러 가지 않을래?

B : そうだね。映画館に行くのは3年ぶりかも。
글쎄. 영화관에 가는 것은 3년 만일지도.

A : え～? 冗談でしょう?
뭐? 농담이지?

B : 本当だよ。最近は映画はDVDで見ているから。映画館には3年前に「アバタ」を見たきり、行っていないよ。 정말이야. 최근엔 영화는 DVD로 보고 있어서. 영화관에는 3년 전에 「아바타」를 본 것을 마지막으로 가지 않고 있어.

ぶり ~만에
冗談 농담
隣 이웃

나도 해보기

A : 由佳ったら、お隣におかずを届けに_____。

B : 隣の子と遊んでいるんだよ。電話をしてみたら?

    A : 유카 말이야. 옆집에 반찬을 전하러 간 채 돌아오지 않아.

    B : 옆집 아이와 놀고 있어. 전화해 보면 어때?

답

行ったきり、帰ってこないのよ

起き上がったとたん、腰がギクッと痛くなりました。

일어나는 순간, 허리가 갑자기 아파졌습니다.

▶▶▶ **동사과거형(た) + とたん** ~하자마자

「とたん」은 동사과거형에 접속되어 '~하자마자'라는 의미로 쓰이고, 어떤 동작이나 상황이 일어남과 거의 동시에 다른 동작이나 상황이 발생하는 것을 나타내는 표현입니다.

기본 표현

❶ その絵を見たとたん、何とも言えない感動がわき上がった。
그 그림을 보자마자 뭐라고 할 수 없는 감동이 터져 나왔다.

❷ 走ったとたん、足首を捻挫した。
뛰자마자 발목을 삐었다.

❸ あまりにも辛くて、食べたとたん、口から火をふいた。
너무 매워서 먹자마자 입에서 불이 났다.

❹ 窓を開けたとたん、すずめが入ってきた。
창문을 연 순간, 참새가 들어왔다.

❺ 列車が走り出したとたん、警報器が鳴った。
열차가 달리기 시작하자마자 경보기가 울렸다.

Tip

感動 감동
わき上がる 터져 나오다,
　들끓다
足首 발목
捻挫 관절을 삠, 염좌
すずめ 참새
警報器 경보기

Dialogue

A : ただいま。雨で濡れちゃった。
다녀왔습니다. 비 때문에 젖었어.

B : 傘を持っていなかったの?
우산 가지고 가지 않았어?

A : うん、朝は晴れていたじゃない。学校を出たとたん、降り始めたの。
응, 아침에는 맑았잖아. 학교를 나오자마자 오기 시작했어.

B : 通り雨だったんだね。
지나가는 비였구나.

濡れる 젖다
晴れる 맑다
降り始める 내리기 시작
　하다
通り雨 지나가는 비
ねこじゃらし 강아지풀
じゃれる 장난 치다

나도 해보기

A : うちの猫、ねこじゃらしを_____、じゃれてくるの。

B : かわいいね。

　A : 우리 고양이, 강아지풀을 보자마자 달라붙어 장난을 쳐.
　B : 귀엽네.

답

見たとたん

部屋に入ったかと思ったら、またすぐに出掛けた。

방에 들어가는가 싶더니 다시 금방 나갔다.

▶▶▶ **동사과거형(た) + かと思ったら** ~하자마자, ~했다 싶더니

「かと思ったら」역시 '하자마자'라는 의미로, 동사의 과거형에 접속되어 동시동작 또는 연속동작을 나타내는 표현으로 쓰이고, 문장 뒤에는 판단이나 생각과 다르게 진행되는 일에 대한 놀람이나 의외성을 나타내는 내용이 이어집니다.

기본 표현

① お母さんが買い物にでも行ったかと思ったら、直ぐに戻ってきた。
엄마가 쇼핑이라도 하러 갔나 싶더니 바로 돌아오셨다.

② 今食事をしたかと思ったら、果物まで食べ始めた。
지금 식사를 하기가 무섭게 과일까지 먹기 시작했다.

③ 寝たかと思ったら、いびきをかき始めた。
눕자마자 코를 골기 시작했다.

④ 勉強したかと思ったら、もう遊んでいる。
공부하는가 싶더니 벌써 놀고 있다.

⑤ 運動会で走ったかと思ったら、つまずいて転んだ。
운동회에서 달리자마자 발이 걸려 넘어졌다.

Dialogue

A : 昨晩のフィギュアスケート大会は惜しかったね。
어젯밤 피겨스케이트 대회는 아까웠어.

B : 3回転ジャンプに成功したかと思ったら、転んじゃったよね。
3회전 점프를 성공했다 싶더니 넘어져 버렸어.

A : その失敗がなければ、優勝していたかも知れなかったのに。
그 실패가 아니면 우승했을지도 모르는데.

B : でも、健闘していたよ。3位だったじゃない。
하지만, 씩씩하게 잘했어. 3위 했잖아.

나도 해보기

A : 憧れの先輩に_____、私の隣の人に声を
かけていた。

B : そういう間違いをするとすごく恥ずかしいよね。

　　A : 동경하는 선배가 말을 거는가 싶더니, 내 옆의 사람에게 말을 걸고 있었어.
　　B : 그런 착각을 하면 굉장히 부끄러워.

海に行ったものの、寒くて泳げませんでした。
바다에 갔지만, 추워서 수영할 수 없었습니다.

▶▶▶ **동사과거형(た) + ものの**　～지만, ～하긴 했지만

「ものの」는 주로 동사의 과거형에 접속하여 역접을 나타내는 표현으로 많이 쓰이고, 우리말의 '～지만, ～하긴 했지만'으로 해석됩니다.

기본 표현

❶ 息子が一人暮しを始めたものの、ちゃんとやっていけるのか心配だ。
아들이 독신생활을 시작했지만 제대로 해 나갈지 걱정이다.

❷ ねんざだったからよかったものの、事故と聞いて驚いた。
삔 거라 다행이었지만 사고라고 들어서 놀랐다.

❸ やっと卒論を提出したものの、パスできるのかわからない。
겨우 졸업논문을 제출했지만 통과할 수 있을지 모르겠다.

❹ 今人気のお店に行ったものの、料理は期待はずれでがっかりだったよ。
현재 인기 있는 가게에 가긴 했지만 요리는 기대에 못 미쳐 실망이었다.

❺ このコンピューターは形は小さいものの、性能はいい。
이 컴퓨터는 모양은 작지만 성능은 좋다.

Tip

一人暮し 독신생활
ねんざ 관절을 삠
卒論 졸업논문
提出 제출
がっかりする 실망하다,
　낙담하다
性能 성능

Dialogue

A：日本に行ったら何とかなると思ってはいたものの、右も左もわからない。
일본에 가면 어떻게든 될 거라고 생각하고 있었지만 아무것도 모르겠어.

B：日本に旅行に来るんだったら、もう少し、ちゃんと計画を立てればよかったね。
일본 여행을 오는 거였으면 조금 더 제대로 계획을 세우면 좋았을걸.

A：まずは観光案内所をさがそう。
우선은 관광안내소를 찾자.

B：そうだね。そこには韓国語の地図もあるはずだよ。
그러자. 거기에는 한국어 지도도 있을 거야.

右も左もわからない 그
　지방의 지리를 거의 모
　른다
観光案内所 관광안내소
準決勝戦 준결승전
対戦相手 대전 상대
精一杯 힘껏, 있는 힘을
　다함

나도 해보기

A：なんとか準決勝戦まで＿＿＿＿＿＿＿＿、次の対戦相手は、
去年の優勝者だ。

B：どんな相手でも精一杯やるだけです。

　A : 어떻게든 준결승전까지 남을 수 있었지만 다음 대전 상대는 작년의 우승자야.

　B : 어떤 상대라도 있는 힘껏 할 뿐이에요.

답

のこれたものの

신체 관련 관용표현

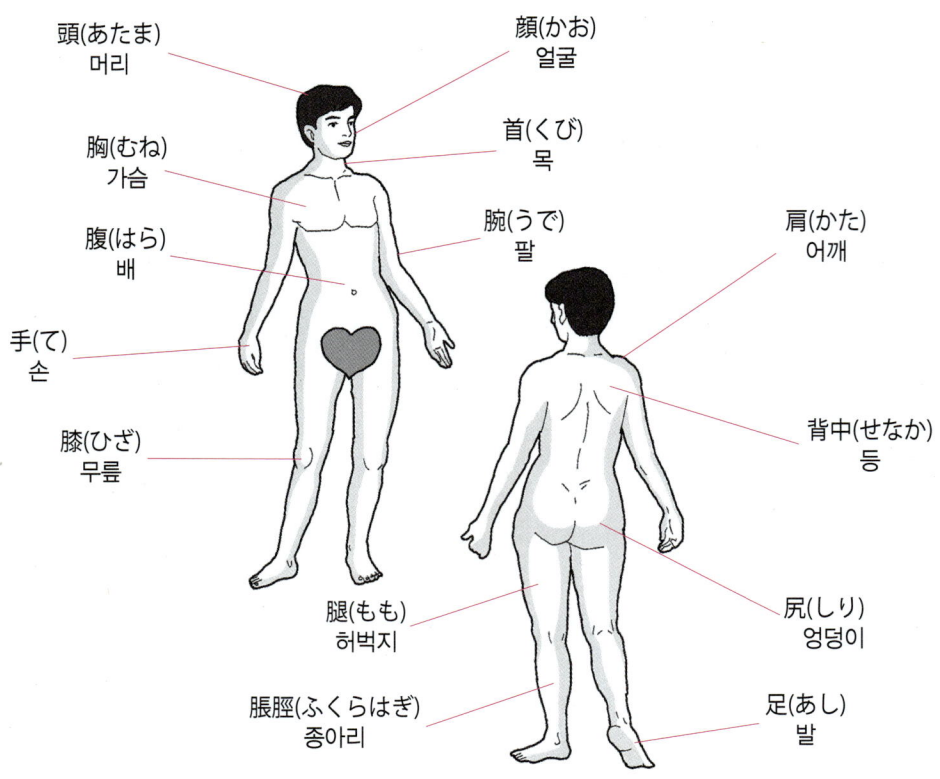

頭(あたま)
머리

顔(かお)
얼굴

胸(むね)
가슴

首(くび)
목

腹(はら)
배

腕(うで)
팔

肩(かた)
어깨

手(て)
손

背中(せなか)
등

膝(ひざ)
무릎

尻(しり)
엉덩이

腿(もも)
허벅지

脹脛(ふくらはぎ)
종아리

足(あし)
발

■ 目が回る。 몹시 바쁘다.

■ 頭が切れる。 머리가 좋다.

■ 顔をつぶす。 체면을 구기다.

■ 耳を済ます。 귀를 기울이다.

■ 胸を打つ。 감동시키다.

■ 腕を振るう。 실력을 발휘하다.

■ 膝を打つ。 무릎을 치다. (무언가 떠오르거나, 감탄한 경우)

■ 足が出る。 손해가 나다. 적자를 보다.

■ 鼻にかける。 뽐내다.

■ 手を抜く。 일을 겉날리다.

■ 口が堅い。 비밀을 잘 지키다.

■ 首を長くする。 학수고대하다.

■ 腹が立つ。 화가 나다.

chapter 11

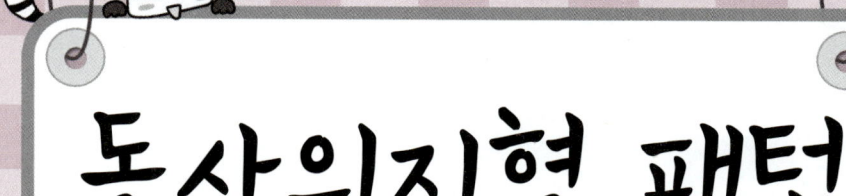

동사의지형 패턴

패턴 217

ちょっと休_{やす}もうか。

잠시 쉴까?

▶▶▶ **동사의지형 + (よ)う** ~해야지, ~하자

'~해야지'라는 의미로 말하는 사람의 의지를 나타내는 동사의 의지형은 각 그룹별 동사에 따라 활용 형태가 다릅니다. 1그룹동사는 기본형의 어미 「う」단을 「お」단으로 바꾼 후, 의지를 나타내는 「う」를 붙여 표현합니다. 2그룹동사는 기본형의 어미 「る」를 없애고, 「よう」를 붙여 표현합니다. 3그룹동사인 「する(하다)」와 「来る(오다)」는 각각 「しよう(해야지)」와 「来よう(와야지)」의 한 가지 형태를 취하므로 그대로 암기하도록 합니다. 또한 동사의 의지형과 동일한 형태로, 말하는 상황이나 뉘앙스에 따라 상대방에게 어떠한 행위를 권유하는 의미를 나타내는 권유형으로 쓰이기도 합니다.

 **기본 표현**

❶ 今度_{こんど}の旅行_{りょこう}はどこにし**よう**か。
이번 여행은 어디로 할까?

❷ やっぱりみんなで乾杯_{かんぱい}し**よう**よ。
역시 모두 건배하자.

❸ 会議_{かいぎ}が終_おわったらへやを掃除_{そうじ}し**よう**。
회의가 끝나면 방을 청소해야지.

❹ 明日_{あした}6時_じ前_{まえ}に起_おきて勉強_{べんきょう}し**よう**。
내일은 6시 전에 일어나서 공부해야지.

❺ 時間_{じかん}ができたから、お茶_{ちゃ}でも飲_のみに行こ**う**か。
시간이 생겼으니까 차라도 마시러 갈까?

Tip

やっぱり 역시
乾杯 건배
掃除 청소

Dialogue

A : 今_{いま}から映画_{えいが}を見_みに行_いかない？
지금 영화 보러 가지 않을래?

B : 天気_{てんき}がいいから、公園_{こうえん}に散歩_{さんぽ}に行こ**う**よ。
날씨가 좋으니까 공원에 산책하러 가자.

A : 私_{わたし}、映画_{えいが}が見_みたいわ。見_みた後_{あと}で散歩_{さんぽ}しましょう。
나, 영화보고 싶어. 보고 나서 산책하자.

B : 分_わかった。それからご飯_{はん}を食_たべて帰_{かえ}**ろう**。
알았어. 그리고 나서 밥 먹고 돌아가자.

公園 공원
散歩 산책
試験を受ける 시험을 보다

나도 해보기

A : この春_{はる}に、日本語能力試験_{にほんごのうりょくしけん}を_____。

B : そうですか。がんばってくださいね。

　A : 이번 봄에 일본어능력시험을 치르려고 생각하고 있어요.
　B : 그래요? 열심히 하세요.

답

受_うけようと思_{おも}っています

私もスマートフォンを買おうと思います。

나도 스마트폰을 사려고 생각합니다.

▶▶▶ **동사의지형 + (よ)うと思う** ～하려고 생각하다

동사의 의지형에 접속되어 말하는 사람의 의지를 비교적 객관적으로 나타내는 「と思う」는 '(아직은 확실하게 말할 수는 없지만) ～하려고 생각하다'라는 의미를 내포하고 있는 표현입니다. 「と思う」를 「～ている」 형태로 바꾸어 「동사의지형＋と思っている」로 사용할 경우, 자신의 의지가 순간의 의지가 아닌 일정기간 동안 계속해서 그런 생각을 가지고 있었음을 나타내는 표현이 되며, 자신의 의지뿐만 아니라 제3자의 의지를 나타낼 때 사용할 수도 있습니다.

기본 표현

❶ 僕が日時を決めようと思ってるんだ。
내가 시일을 결정하려고 생각하고 있어.

❷ 夏休みは、ヨーロッパ旅行へ行こうと思っています。
여름휴가 때에는 유럽여행을 가려고 생각하고 있습니다.

❸ 今週は疲れたから、週末はゆっくり休もうと思っているんだよ。
이번 주는 피곤해서 주말은 느긋하게 쉬려고 생각하고 있다.

❹ 結婚記念日に有名なレストランで食べようと思っています。
결혼기념일에 유명한 레스토랑에서 먹으려고 생각하고 있습니다.

❺ 来年、アメリカへ留学しようと思っています。
내년, 미국에 유학하려고 생각하고 있습니다.

> **Tip**
>
> 日時 일시, 시일
> 疲れる 피곤하다
> 休む 쉬다
> 留学 유학

Dialogue

A : 田中さん、母の日のプレゼントは準備しましたか。
다나카 씨, 어머니의 날 선물은 준비했어요?

B : そうですね。今回はプレゼントではなくて、家族みんなで旅行
しようと思っています。
글쎄요, 이번에는 선물이 아니라 가족 모두 여행하려고 생각하고 있어요.

A : そうですか。どちらへ？ 그래요? 어디로요?

B : 台湾です。もう航空券も予約しました。 타이완이요. 벌써 항공권도 예약했어요.

> 母の日 어머니날
> 準備 준비
> 航空券 항공권
> 語学学校 어학원
> しばらく 잠시

나도 해보기

A : フランスへ留学すると聞きましたが。
B : はい。語学学校でしばらくフランス語を勉強した後、製菓製
パン専門学校に_____。

A : 프랑스에 유학한다고 들었습니다만.
B : 네, 어학원에서 잠시 프랑스어를 공부한 후, 제과제빵 전문학교에 들어가려고 생각하고 있습니다.

> 답
> 入ろうと思っています

会社の方針に反対しようものなら、即刻首にされ兼ねない。

会사의 방침에 대항하면 즉각 해고당할지도 모른다.

▶▶▶ **동사의지형 + (よ)うものなら** ~할 것 같으면, ~하면

동사의지형에 접속되는 「ものなら」는 '만약 그러한 일이 일어난다면 큰 일이 생긴다'라는 뉘앙스를 나타내는 가정 조건 표현으로 문말에는 걱정, 두려움, 불안의 감정이 강조되어 「~兼ねない/~おそれがある」 등의 표현이 많이 쓰입니다.

기본 표현

❶ 少しでも近づこうものなら、今にもかみつきそうな顔で吠える。

조금이라도 다가갈 것 같으면 당장이라도 달려들어 물 것 같은 얼굴로 짖는다.

❷ 姉のカバンを使おうものなら、後で姉にすごく怒られる。

언니의 가방을 사용하면 나중에 언니가 매우 화를 낸다.

❸ 夜食を食べようものなら、妻に怒られる。

야식을 먹는다면 아내에게 혼난다.

❹ 体が弱いと知られようものなら、破談になるかもしれない。

몸이 약하다는 것이 알려지게 된다면, 없던 것으로 될지도 모른다.

❺ 浮気が彼女にばれようものなら、彼女に何をされるのかわからない。

바람피운 것을 그녀에게 들키면, 그녀에게 어떤 일을 당할지 모른다.

Tip

首にされる 해고당하다
近づく 다가가다
かみつく 물려고 덤벼들다
吠える 짖다
だまる 가만히 있다, 말 없이 있다
夜食 야식
弱い 약하다
破談 (일이) 깨짐
浮気 바람기
ばれる 들키다

Dialogue

A : 青木さんが結婚するんでしょう？

아오키 씨 결혼하죠?

B : うん、あのね、三浦先輩の前で結婚という言葉を言わないでね。

응, 저기, 미우라 선배 앞에서 결혼이란 단어는 사용하지 말아 줘.

A : どうしてですか？

어째서요?

B : オールドミスの三浦先輩の前で「結婚」の言葉を言おうものなら、当分の間、嫌がらせをされるわよ。

올드미스인 미우라 선배 앞에서 결혼이라는 말을 했다가는, 당분간 괴롭힘을 당할 거야.

言葉 말
オールドミス 올드미스
嫌がる 싫어하다
転勤 전근
断る 거절하다
辞める 그만두다
同じだ 같다

나도 해보기

A : ＿＿＿＿＿＿＿＿、会社を辞めることと同じになるだろう？

B : そうなるだろうね。

A : 전근을 거절하려고 한다면, 회사를 그만두는 것과 마찬가지가 되겠지?

B : 그렇게 되겠지.

답

転勤を断ろうものなら

信じようが信じまいが、彼が会社を辞めたのは本当だ。

믿든 믿지 않든, 그가 회사를 그만둔 것은 사실이다.

▶▶▶ **동사의지형 + (よ)うが〜まいが** 〜하든 〜않든

동사의지형에 접속되는「〜(よ)うが〜まいが」는 '〜하든 〜않든'이라는 의미로 앞 문장의 내용이 뒤에 오는 내용에 영향을 미치지 않음을 말할 때 사용하는 표현입니다. 단,「まい」는 1그룹동사, 3그룹동사는 기본형, 2그룹동사에는 ない형에 접속되는 것과 같이 앞에 오는 동사의 분류에 따라 접속형태가 달라지므로 주의하도록 합니다.

기본 표현

Tip

❶ 進学しようがしまいが、自分で決めたらいい。
진학하든 하지 않든 스스로 결정하면 된다.

❷ ケーキ一つぐらい食べようが食べまいが、体重に変わりはない。
케이크 하나 정도 먹든 먹지 않든 체중에 변함은 없다.

❸ 真実を言おうが言うまいが、事実に変わりはない。
진실을 말하든 말하지 않든 사실에 변화는 없다.

❹ 相談しようがしまいが、結局決断をするのは自分だ。
상담할지 말지 결국 결단을 내리는 것은 자신이다.

❺ 明日は家にいようがいまいが自由に過ごしていたらいいよ。
내일은 집에 있든지 말든지 자유롭게 보내면 된다.

進学 진학
変わる 변하다
真実 진실
事実 사실
相談 상담
結局 결국
決断 결단
過ごす 보내다

Dialogue

A : 日本ではごはんを食べるときに、箸を使うと聞いたんだけど…。
일본에서는 밥을 먹을 때, 젓가락을 쓴다고 들었는데….

B : そうだね。カレーなどの食事以外は箸を使って食べるね。
그렇지. 카레 등의 식사 이외에는 젓가락을 사용해서 먹어.

A : 箸でごはんを食べるのは、食べにくそうだな。
젓가락으로 밥을 먹는 것은 먹기 어려울 것 같아.

B : 箸で食べようが食べまいが、自分が楽な食べ方をしたらいいよ。
젓가락으로 먹든 먹지 않든 자신이 편한 방법으로 하면 돼.

箸 젓가락
使う 사용하다
〜以外 〜이외
食べ方 먹는 방법
緊急会議 긴급회의
〜次第 〜하는 대로
開く 열다

나도 해보기

A : 午後に緊急会議を＿＿＿＿＿＿決まり次第連絡をしてくれ。

B : はい、わかりました。

　　A : 오후에 긴급회담을 여는지 열지 않는지 결정되는 대로 연락해 줘.
　　B : 네, 알겠습니다.

답
開こうが開くまいが

패턴 221

彼の家に行こうにも、住所を知らないから行けない。

그의 집에 가려고 해도 주소를 몰라서 갈 수가 없다.

▶▶▶ **동사의지형 + (요)うにも~ない** ~하려 해도 ~할 수가 없다

「~(よ)うにも~ない」라는 표현은 '~하려 해도 ~할 수가 없다'라는 의미로 '어떤 일을 하고 싶지만, 그것을 방해하는 사정 때문에 할 수 없다'라는 뉘앙스를 품고 있으며 같은 동사를 두 번 반복하여 사용할 경우,「동사의지형+にも+동사가능형+ない」의 접속 형태를 갖습니다.

기본 표현

❶ 食べようにも熱くて食べられない。
먹으려고 해도 뜨거워서 먹을 수 없다.

❷ パンツをはこうにもサイズが小さくてはいらない。
바지를 입으려고 해도 사이즈가 작아서 입을 수 없다.

❸ 旅行に行こうにも仕事が忙しくて休みがとれない。
여행을 가려고 해도 일이 바빠서 휴가를 낼 수 없다.

❹ 荷物をかつごうにも重すぎてかつげない。
짐을 지려고 해도 너무 무거워서 멜 수 없다.

❺ 服を買おうにもお金が足りなくて買えない。
옷을 사려고 해도 돈이 부족해서 살 수 없다.

Tip

熱い 뜨겁다
パンツ 바지, 팬츠
はく (하의) 입다, 신다
忙しい 바쁘다
休み 휴가
重すぎる 너무 무겁다
かつぐ 메다, 짊어지다

Dialogue

A : いいアパートを探した?
괜찮은 아파트 찾았어?

B : 探そうにも条件に合うアパートがなくて決められないんだ。
찾으려고 해도 조건에 맞는 아파트가 없어서 결정하지 못했어.

A : どんなアパートを探しているの?
어떤 아파트를 찾고 있어?

B : 清潔で、日当たりが良ければいいんだけど、家賃が思っていたより高いんだ。
청결하고, 햇볕이 잘 들면 좋은데, 집세가 생각보다 비싸.

探す 찾다
条件 조건
清潔だ 청결하다
日当たり 채광
家賃 집세

나도 해보기

A : ＿＿＿＿＿＿＿医者にとめられていて、＿＿＿＿＿＿＿。

B : どこが悪いんだ? かるく飲むのもダメなのか?

A : 술을 마시려고 해도 의사가 금지하니까 마실 수 없다네.

B : 어디가 안 좋아? 가볍게 마시는 것도 안 돼?

답

酒を飲もうにも / 飲めないんだ

chapter 12

가정법 패턴

春になると桜が咲く。
봄이 되면 벚꽃이 핀다.

▶▶▶ **〜と**　〜하면, 〜더니

「と」는 앞의 사건이 성립하면 뒤의 사건도 반드시 성립하는 경우에 쓰이는 조건·가정 표현으로 필연적인 조건이나 자연현상, 불변의 진리를 나타낼 때 사용하고 우리말의 '〜하면, 〜하자, 〜하니'로 해석됩니다. 또한, 일회성으로 끝나는 것이 아닌 습관이나 반복적인 행위를 나타낼 때 사용하기도 하고 길안내를 하거나 기계조작 및 일반상식을 나타낼 때, 이미 일어난 사실을 발견했을 때도 사용되는 표현입니다. 단, 「と」 앞에는 과거형이 올 수 없고, 동사·い형용사·な형용사의 기본형에 접속되며, 기본적으로 반복적, 습관적 사실을 나타내는 표현이기 때문에 뒤 문장에는 의지나 명령·충고·금지 등의 표현은 올 수 없고, 일회성으로 한정되는 내용에는 사용할 수 없는 표현입니다.

기본 표현

❶ **まっすぐ行って右に曲がると、駅が見えます。**
곧장 가서 오른쪽으로 돌면 역이 보입니다.

❷ **お金を入れてボタンを押すと、コーヒーが出ます。**
돈을 넣고 버튼을 누르면 커피가 나옵니다.

❸ **1に1を足すと、2になる。**
1에 1을 더하면 2가 된다.

❹ **お金がないと困る。**
돈이 없으면 곤란하다.

❺ **君が静かだと雰囲気が盛り上がらないよ。**
네가 조용하면 분위기가 살지 않아.

Tip
まっすぐ 곧장, 똑바로
曲がる 방향을 바꾸다,
　돌다
ボタン 버튼
押す 누르다
足す 더하다, 보태다
静かだ 조용하다
雰囲気が盛り上がる 분위기가 고조되다

Dialogue

A : **田中さん、ご結婚おめでとうございます。** 다나카 씨, 결혼 축하해요.

B : **ありがとうございます。** 고마워요.

A : **ところで、結婚すると恋愛の雰囲気とはまた違うとよく聞きますが、どうですか。**
그런데, 결혼하면 연애할 때 분위기와는 또 다르다고 자주 들었습니다만, 어때요?

B : **はは、うちはお見合いしてすぐ結婚したから、これから恋愛する気分ですよ。毎日新鮮で楽しいです。**
하하, 우리는 선보고 바로 결혼했기 때문에 이제부터 연애하는 기분이에요. 매일 신선하고 즐거워요.

恋愛 연애
見合い 맞선을 봄

나도 해보기

A : **暑いですね。**

B : **そうですね。こう_____、ビールが飲みたくなりますね。**

A : 덥네요.

B : 그렇네요. 이렇게 더우면(더워지면), 맥주가 마시고 싶어져요.

답
暑いと / 暑くなると

패턴 223

この薬を飲めばすぐ治ります。

이 약을 먹으면 금방 낫습니다.

▶▶▶ **〜ば** 〜하면

「と」와 마찬가지로 논리적인 사실이나 진리, 법칙 등을 가정하거나 자연현상 등을 나타낼 때와 일반적인 사실이나 습관적, 반복적 사실을 나타낼 때 많이 쓰이는 표현입니다. 또한 「ば」는 속담이나 격언에 자주 사용되며, 「ば」 앞에 오는 문장의 술어가 「ある(있다)」 등의 상태성 동사이거나 형용사의 경우에는 제한이 없으나, 「行く」처럼 동작성 동사가 올 경우에는 뒤 문장에 의지나 명령·의뢰·희망 표현이 올 수 없습니다.

기본 표현

❶ 息子の昇進を聞けば、両親も喜ぶだろう。
아들의 승진을 들으면 부모도 기뻐할 것이다.

❷ 都合が悪ければ、別の機会にしましょう。
사정이 안 좋으면 다음 기회에 합시다.

❸ 彼に訳を話せば、彼もわかってくれます。
그에게 이유를 말하면 그도 이해해 줄 거예요.

❹ 明日、天気が良ければ、ドライブに行きましょう。
내일 날씨가 좋으면 드라이브하러 갑시다.

❺ ここの色はどうすればいいですか。
여기 색은 어떻게 하면 좋을까요?

Tip

治る 낫다, 치유되다
昇進 승진
喜ぶ 기뻐하다
都合 사정, 형편
機会 기회
訳 이유, 변명

Dialogue

A : ついに新車買ったぞ。ハイブリッドカーだ。
드디어 새 차 샀어. 하이브리드 차야.

B : おお!
오!

A : ハイブリッドカーが増えれば、大気汚染が少しでも軽減されると思ってね。
하이브리드 차가 늘면, 대기오염이 조금이라도 줄어들 거라고 생각해.

B : そうですね。僕も次はハイブリッドカーにしよう! まずは貯金貯金、と。
그렇지. 나도 다음에는 하이브리드 차로 해야지! 우선은 저금 저금.

ハイブリッドカー 하이브리드카
大気汚染 대기오염
軽減 경감
貯金 저금
給料 월급
苦労 고생, 힘듦

나도 해보기

A : 会社員っていいな。自分のお給料を好きなように使えるから。

B : いいことばかりじゃないわよ。会社員に＿＿＿＿＿＿＿＿＿、
その苦労もわかるように なるわ。

A : 회사원은 좋네. 자신의 월급을 마음대로 쓸 수 있으니까.
B : 좋지만은 않아. 회사원이 되면, 그 고생도 알 수 있게 될 거야.

답

なれば

仕事が終わっ**たら**、飲みに行きます。
일이 끝나면 한잔하러 갈 겁니다.

▶▶▶ **〜たら** 〜하면, 〜한다면, 〜더니

「たら」는 각 품사의 과거형에 접속하여 우리말의 '〜하면, 〜한다면, 〜더니'로 해석되고, 일반적인 진리나 법칙을 나타내는 조건보다는 특정적이면서 개별적이거나, 일회적·우연적인 사건 등에 주로 쓰이고, 시간이 경과되면 성립되는 사항에 사용되는 가정조건 표현입니다. 또한 「たら」는 「ば」와 달리 앞에 오는 문장은 시제의 제약을 받지 않고, 동작성 동사가 올 경우에도 뒤에 오는 문장에 의지나 명령·의뢰·희망·권유 표현을 사용할 수 있습니다.

기본 표현

Tip

❶ もしお金がたくさんあっ**たら**、何に使いますか。
혹시 돈이 많다면 무엇에 쓰겠습니까?

❷ 家に着い**たら**、まず手を洗いましょう。
집에 도착하면 우선 손을 씻읍시다.

❸ 暑かっ**たら**、エアコンをつけてね。
더우면 에어컨을 켜.

❹ 私の体がもっと元気だっ**たら**よかったのにな。
내 몸이 좀 더 건강하면 좋았을 텐데.

❺ 家に帰っ**たら**、おばあちゃんがきていた。
집에 갔더니 할머니가 와 계셨다.

着く 닿다, 도착하다
手を洗う 손을 씻다
エアコンをつける 에어컨을 켜다

Dialogue

A : 日本語能力試験の結果はどうでしたか。
일본어능력시험의 결과는 어땠어요?

B : 1点足りなくて不合格でした。残念です。
1점 모자라서 불합격했어요. 아쉬워요.

A : そうですか。でも、1点ならもう少し勉強し**たら**きっと合格すると思います。
그래요? 하지만 1점이라면 조금 더 공부한다면 분명히 합격할 거라고 생각해요.

B : ええ、そうですよね。またがんばります。
네, 그래요. 다시 열심히 해야죠.

日本語能力試験 일본어능력시험
結果 결과
足りない 부족하다
不合格 불합격
残念だ 유감이다
合格 합격
夫 남편
ヨーロッパ 유럽

나도 해보기

A : もし休みを1ヶ月_____、何をしたいですか。

B : そうですね。夫といっしょにヨーロッパを旅行したいです。

　A : 만약 휴가를 1개월 받을 수 있다면, 무엇을 하고 싶어요?
　B : 글쎄요. 남편과 함께 유럽을 여행하고 싶어요.

답
もらえたら

週末、暇ならいっしょにドライブに行こう。

주말, 한가하다면 함께 드라이브하러 가자.

▶▶▶ **〜なら** 〜하면, 〜한다면

「なら」는 말하는 사람이 누군가로부터 얘기를 듣거나, 어떤 정보를 얻어서 새로운 사실을 알고, 그 사실에 대한 자신의 대응을 문장 뒤에 나타내는 조건표현으로, 「なら」의 뒤 문장에는 어떤 조건이나 의지·충고·명령·권유·기분 등의 성격을 갖는 내용이 자주 쓰입니다. 또한 「なら」는 「と/ば/たら」와는 달리 시간상으로 전건보다 후건이 먼저 성립되는 경우에 사용하고, 전건에 새로 알게 되는 사실이 오는 경우가 많으므로, 반복적이고 일반적인 사실이나 습관 등의 내용에는 쓰일 수 없습니다.

기본 표현

❶ 明日雨ならイベントは中止です。
내일 비가 오면 이벤트는 중지됩니다.

❷ 電気製品なら、ABCスーパーが安いですよ。
전기제품이라면 ABC슈퍼가 쌉니다.

❸ このシャープペン、要らないなら私にちょうだい。
이 샤프, 필요 없으면 나 줘.

❹ どうせ食べるなら、おいしい物を食べようよ。
어차피 먹을 거라면 맛있는 것을 먹자.

❺ 山に登るなら軽い服を着て行くのがいい。
산을 오른다면 가벼운 옷을 입고 가는 것이 좋다.

Tip

中止 중지
電気製品 전기제품
要る 필요하다
ちょうだい 받다, 얻다
　의 겸양어, 〜(해)주세
　요
どうせ 어차피

Dialogue

A : はぁ…。
하….

B : どうしたんですか。先輩がため息なんて。
왜 그래요? 선배가 한숨이라니.

A : 新しい企画を任せられたんだけど、自信がないんだ。
새 기획을 맡았지만 자신이 없어.

B : 先輩なら、やれますよ。僕にも手伝えることがありましたら、言ってください。
선배라면 할 수 있어요. 제가 도울 수 있는 일이 있다면 말해 주세요.

ため息 한숨
任せる 맡기다
卒業 졸업
音楽 음악
本格的 본격적
留学 유학

나도 해보기

A : 高校卒業後は、音楽を本格的に勉強したいと思っています。
B : そう。本格的に_____、海外留学も考えてみたら？

　A : 고등학교 졸업 후에는 음악을 본격적으로 공부하고 싶어요.
　B : 그래. 본격적으로 공부한다면 해외유학도 고려해 보는 게 어때?

답　勉強するなら

일본의 황금주간

ゴールデンウィーク

일본의 골든위크란, 매년 4월 말에서 5월 초에 걸쳐 국경일이 몰려 있는 기간을 말합니다. '골든위크(ゴールデンウィーク)' 혹은 '황금주간(黃金週間)'이라고 부르고 흔히, GW로 줄여 말합니다. 그럼, 이 기간에는 어떤 국경일이 몰려 있는 것일까요?

4월 29일 : 쇼와의 날(昭和の日)

5월 1일 : 노동절(법정 공휴일은 아니지만 대부분의 기업에서 휴일로 지정하고 있음)

5월 3일 : 헌법 기념일

5월 4일 : みどりの日(우리나라의 식목일에 해당함)

5월 5일 : 어린이날

■ 4월 29일은 쇼와의 날? 미도리의 날?

1989년 1월 7일 쇼와 천황의 사망에 의해 천황 탄생일이었던 4월 29일은 더 이상 공휴일이 될 수 없고, 공휴일법의 천황 탄생일에 관련된 부분을 개정해야 했습니다. 그때부터 이 날을 '쇼와 기념일' 등으로 쇼와에 관련된 휴일로 존속시키자는 의견이 나오고 있었지만, 야당의 반대로 4월 29일은 '녹색의 날'이라는 이름의 공휴일로 바뀌었습니다.

그 뒤, '쇼와의 날'을 만들자는 운동에 동의하는 국회의원에 의해, 2007년부터 4월 29일은 '쇼와의 날'이 되고, '녹색의 날'은 5월 4일로 옮겨졌습니다.

이것은 황금연휴를 이루는 축일을 폐지하는 것에 대한 국민생활의 영향을 염려한 결과라고 합니다. 이와 같이 골든위크는 일본의 공휴일법을 개정시킬 만큼 일본인에게 영향력이 있는 중요한 휴일이라고 할 수 있습니다.

chapter 13

조동사 패턴

전문, 양태 패턴

패턴 226

山田さんは来月から一年間、アメリカへ留学するそうです。

야마다 씨는 다음 달부터 1년간 미국으로 유학한다고 합니다.

▶▶▶ (〜によると)〜そうだ (〜에 의하면) 〜라고 한다

「そうだ」의 용법 중 전문이란, 다른 곳으로부터 직접 들은 정보를 다른 사람에게 전달하는 것으로 '〜라고 한다'라는 의미를 나타내며, 모든 품사의 종지형(동사 및 い형용사의 종지형/명사+だ/な형용사 어간+だ)에 접속시켜 표현하고, 전달하는 내용의 출처를 나타내는 표현인 「〜によると(〜에 의하면)」와 호응하여 자주 쓰입니다. 또한, 전문의 「そうだ」는 말하는 사람이 이미 알고 있는 사실을 현재 시점에서 전달하는 표현이기 때문에 「そうだ」는 현재형으로 나타내고, 전달하는 내용의 시제나 긍정 및 부정을 나타낼 경우에는 「そうだ」 앞의 품사를 활용하여 표현합니다.

기본 표현

❶ **天気予報によると、週末は晴れるそうです。**
일기예보에 의하면 주말에는 맑다고 합니다.

❷ **明日台風が来るそうですよ。**
내일 태풍이 온다고 합니다.

❸ **となりの家に泥棒が入ったそうだよ。**
옆집에 도둑이 들어왔다고 해요.

❹ **あのレストランの料理は、安くておいしいそうだ。**
저 레스토랑의 요리는 싸고 맛있다고 한다.

❺ **天気予報によると、明日も雨だそうだ。**
일기예보에 의하면 내일도 비가 온다고 한다.

Tip

天気予報 일기예보
晴れる 맑다
台風 태풍
泥棒が入る 도둑이 들다

Dialogue

A : **金さん、最近李さん、きれいになりましたね。**
김 씨, 최근에 이 씨, 예뻐졌어요.

B : **私もそう思います。どうしたんでしょうね。**
저도 그렇게 생각해요. 무슨 일일까요?

A : **李さんの友達の話によると、最近彼氏ができたそうですよ。**
이 씨의 친구 말에 의하면, 최근 남자친구가 생겼다고 해요.

B : **やっぱり。**
역시.

傘 우산
要る 필요하다

나도 해보기

A : **ニュースによると、午後から雨が_____。**
B : **それじゃ、傘が要りますね。**

　A : 뉴스에 의하면 오후부터 비가 온다고 합니다.
　B : 그럼, 우산이 필요하네요.

답

降るそうです

おいし**そうな**お菓子だね。
맛있을 것 같은 과자네요.

▶▶▶ **～そうだ** [양태] ~인 것 같다

양태의 「そうだ」는 '~인 것 같다, ~인 듯하다'라는 의미로, 확신할 수는 없으나 사물의 모습이나 상태를 직접 보고 주관적으로 판단하여 추측하거나, 어떤 상황이 당장이라도 일어날 것 같은 경우에 사용하는 표현입니다. 양태의 「そうだ」는 명사에는 접속할 수 없고, い형용사와 な형용사의 어간, 동사의 ます형에 접속시켜 표현합니다. 또한, 양태의 「そうだ」는 전문의 「そうだ」와 달리, 「そうだ」 자체를 활용하고, 이때 な형용사의 활용방법을 사용합니다.

기본 표현

① 会議に遅刻し**そうな**んだ。
회의에 지각할 것 같다.

② しばらく帰りが遅くなり**そうな**の。
잠시 귀가가 늦어질 것 같다.

③ あたたか**そうな**マフラーだね。
따뜻할 것 같은 목도리네.

④ どうしたんですか。具合が悪**そうで**すね。
무슨 일이에요? 몸이 안 좋아 보이네요.

⑤ お久しぶりですね。お元気**そうで**何よりです。
오랜만이에요. 건강한 것 같아 다행이에요.

Tip

遅刻 지각
しばらく 잠시, 잠깐
帰り 되돌아감, 귀가
遅い 늦다
マフラー 목도리

Dialogue

A : 雨が降り**そうだ**ね。帰ろうか。
비가 내릴 것 같아. 돌아갈까?

B : 僕はこれをあしたまでにやらないといけなんだ。
나는 이것을 내일까지 하지 않으면 안 돼.

A : 手伝おうか。
도와줄까?

B : 一人で大丈夫。お先にどうぞ。
혼자서도 괜찮아. 먼저 가도 돼.

弁当 도시락
手伝う 돕다
作る 만들다

나도 해보기

A : ＿＿＿＿＿＿＿＿＿＿＿お弁当ですね。

B : 母が作ってくれたお弁当なんですよ。

A : 맛있을 것 같은 도시락이네요.

B : 어머니가 만들어 주신 도시락입니다.

답 ・・・・

おいしそうな

まるで夢のようだ。

마치 꿈인 것 같다.

▶▶▶ **(まるで)～ようだ** (마치) ～인 것 같다

「ようだ」는 추량 또는 불확실한 단정을 나타내는 용법과 비유와 예시를 나타내는 용법으로 구분됩니다. 두 용법은 '～인 것 같다, ～와 같다'로 해석되고, 용법에 따라 접속형태가 달라집니다. 추량 또는 불확실한 단정의 용법으로서 「ようだ」는 오감이나 감촉 등을 통한 직감적인 판단을 나타내는 표현으로 「명사＋の/な형용사 어간＋な/동사, い형용사의 기본형」에 접속합니다. 비유나 예시의 용법으로서의 「ようだ」는 주로 「まるで(마치)」와 호응하여 쓰이거나, 「たとえば～のような(예를 들면 ～와 같은)」의 형태로 쓰이는 경우가 많습니다.

기본 표현

❶ さっきの地震で電車も地下鉄も止まっているようですよ。
조금 전의 지진으로 전철도 지하철도 멈춘 것 같습니다.

❷ まるで床の上で踊っているようですね。
마치 마루 위에서 춤추고 있는 것 같네요.

❸ まるで嘘のようだ。
마치 거짓말인 것 같다.

❹ あそこにいるのは、どうやら男の子のようだ。
저곳에 있는 것은 아무래도 남자아이 같다.

❺ どうやら明日からまた寒くなるようですよ。
아무래도 내일부터 다시 추워질 것 같아요.

Dialogue

A : 今回の試験問題は、前回よりやさしいようだよ。
이번 시험 문제는 지난번보다 쉬울 것 같아.

B : ほんとうかな?
정말일까?

A : 担当教授の話だから、ほんとうだと思うけど。
담당교수님 말이니까 사실이라고 생각하는데.

B : そうならいいけどね。
그렇다면 좋지만.

나도 해보기

A : 昨日、隣のお家に泥棒が_____。

B : それで警察が来ていたのね。

A : 어제 옆집에 도둑이 들었던 것 같아.
B : 그래서 경찰이 와 있던 거구나.

Tip
夢 꿈
地震 지진
地下鉄 지하철
床 마루
踊る 춤추다
嘘 거짓말
どうやら 아무래도

今回 이번
試験問題 시험문제
担当 담당
教授 교수
泥棒 도둑
警察 경찰

답
入ったようだよ

まるで真夏のように暑い。

마치 한여름처럼 덥다.

▶▶▶ **(まるで)～ように** (마치) ～인 것처럼

「～ように」는 명사에 접속하느냐 동사에 접속하느냐에 따라 그 쓰임이 달라집니다. 우선 명사에 접속될 경우, 「명사+のように」의 형태로 접속되어, '～것처럼, ～와 같이'라는 의미의 비유를 나타내는 표현으로 쓰입니다. 그러나 동사의 긍정이나 부정형에 「～ように」가 접속될 경우, '～하도록' 또는 '～하지 않도록'이라는 의미의 바람이나 의뢰, 권고의 표현으로 사용됩니다.

 **기본 표현**

❶ この写真の**ように**したいんです。
이 사진처럼 하고 싶어요.

❷ 太った**ように**は見えないよ。
살찐 것처럼은 보이지 않아.

❸ 若く見える**ように**カットしてください。
젊게 보이도록 잘라 주세요.

❹ 金さんは**まるで**日本人の**ように**日本語がペラペラだ。
김 씨는 마치 일본인처럼 일본어를 잘한다.

❺ 母は私をまだ子供の**ように**扱う。
엄마는 나를 아직 아이인 것처럼 취급한다.

Tip

真夏 한여름
太る 살찌다
若い 젊다
ペラペラだ 유창하다
扱う 취급하다, 다루다

Dialogue

A : 先週の教育実習はどうだった?
지난 주 교육실습은 어땠어?

B : 大変だったけど、いい経験になったよ。
힘들었지만 좋은 경험이었어.

A : スーツもよく似合ってたし、本当の先生の**ように**見えたわよ。
정장도 잘 어울리고, 진짜 선생님처럼 보였어.

B : そう? お世辞でもうれしいよ。
그래? 빈말이라도 기쁘네.

教育実習 교육실습
スーツ 슈트, 정장
お世辞 빈말
急ぐ 급하다
似合う 어울리다

나도 해보기

A : 李さん、あんなに走ってどうしたのかしら。

B : すごく＿＿＿＿＿＿＿＿見えたね。

A : 이 씨, 저렇게 뛰다니 왜 그럴까?

B : 굉장히 급한 것처럼 보였어.

답
急いでいるように

天気があまり良くないみたい。

날씨가 그다지 좋지 않은 것 같다.

▶▶▶ **～みたいだ** ～인 것 같다

「みたいだ」는 「ようだ」의 회화체 표현으로 불확실한 단정을 나타낼 때 사용합니다. 각 품사에 접속시킬 때 동사와 い형용사는 「ようだ」와 같이 기본형에 접속되지만, 명사는 기본형에, な형용사는 어미 「だ」를 제외한 어간에 접속됩니다.

기본 표현

❶ 駅前の美容院が人気あるみたいだ。
역 앞 미용실이 인기가 있는 것 같다.

❷ あのくつしたは右と左が違うみたい。
저 양말은 오른쪽과 왼쪽이 다른 것 같다.

❸ 少し熱があるみたいなんだ。
조금 열이 있는 것 같다.

❹ 今年のつゆは長いみたいだね。
올해의 장마는 긴 것 같아.

❺ 20人も欠席したみたいで困っている。
20명이나 결석한 것 같아서 곤란해하고 있다.

Tip

美容院 미용실
右 오른쪽
左 왼쪽
違う 다르다
熱 열
つゆ 장마
長い 길다
欠席 결석
困る 곤란하다, 난처하다

Dialogue

A : 今日は昨日より寒いね。
오늘은 어제보다 춥네.

B : 明日はもっと寒くなるみたいだよ。
내일은 더 추워질 것 같아.

A : 風邪をひかないように気をつけなくちゃね。
감기에 걸리지 않도록 조심해야겠어.

B : そうだね。
그러게.

風邪を引く 감기에 걸리다
顔色 안색, 얼굴색

나도 해보기

A : 田中さん、顔色が悪いわね。

B : うん、＿＿＿＿＿＿＿＿＿＿＿＿＿。

　　A : 다나카 씨, 얼굴색이 좋지 않아요.
　　B : 응, 감기에 걸린 것 같아.

답

風邪を引いたみたいなんだ

鈴木さんはきれい好きらしい。

스즈키 씨는 깨끗한 것을 좋아하는 것 같다.

▶▶▶ **～らしい** ~인 것 같다

추량을 나타낼 때 쓰이는 조동사 「らしい」는 말하는 사람이 직접 보고 들은 객관적인 정보를 근거로 하여 추측하는 표현으로, 확실하지는 않지만 틀림없다는 뉘앙스를 갖고 있습니다. 「らしい」는 な형용사의 어간, 명사, い형용사, 동사의 기본형에 접속되고, い형용사와 동일한 방법으로 활용합니다.

기본 표현

① 泥棒はバイクで逃げたらしいね。
도둑은 오토바이로 도망친 것 같다.

② 田中さんが結婚するらしいですね。
다나카 씨가 결혼할 것 같아요.

③ 課長は出張に行かないらしいよ。
과장님은 출장을 가지 않을 것 같다.

④ けがの原因は事故らしいですよ。
상처의 원인은 사고인 것 같습니다.

⑤ 今度の部長は勤務時間に厳しいらしいわ。
이번 부장님은 근무시간에 엄격한 것 같아.

Dialogue

A : 明日のテストの準備はどう?
내일 시험 준비는 어때?

B : 何とかやってるけど、今回はどうも難しいらしいよ。
어떻게든 하고 있는데, 이번은 아무래도 어려울 것 같아.

A : あ～, 頭が痛いわね。
아～ 머리가 아프네.

B : お互いがんばろうよ。
서로 힘내자.

나도 해보기

A : ずいぶん騒がしいな。
B : 昨日ね、お隣の山田さんのお宅の犬が＿＿＿＿＿＿＿＿。

　A : 상당히 시끄럽네.
　B : 어제, 옆집 야마다 씨 댁의 개가 도둑맞은 것 같아.

生徒を廊下に立たせる。

학생을 복도에 세우다.

▶▶▶ **～せる / ～させる** ～시키다, ～하게 하다(사역)

사역의 조동사「(さ)せる」는 명령이나 요구를 통해 어떤 행동이나 역할을 강제적으로 시키는 표현으로 '～하게 하다, ～시키다' 라는 의미를 갖습니다. 1그룹동사와 2그룹동사는 부정형에 각각「せる」와「させる」를 붙여 표현하고, 3그룹동사인「する」와 「くる」는 각각「させる」와「こさせる」라는 고유의 형태를 가지고 있으므로 암기하도록 합니다. 또한, 일본인들이 자주 사용하는「～させていただく」는 '～하겠습니다'라는 의미로 '자신이 하겠다'라는 의사를 정중하고 간접적으로 나타내는 표현입니다.

기본 표현

Tip

廊下 복도
企画書 기획서
サンプル 샘플

❶ 子供に薬を飲ま**せる**。

아이에게 약을 먹이다.

❷ 部長は今、部下に来週のプレゼンテーションの企画書を書か**せて**いる。

부장님은 지금, 부하에게 다음 주 프리젠테이션 기획서를 작성시키고 있다.

❸ 毎晩寝る前に子供に本を読んで聞か**せたい**です。

매일 밤 자기 전에 아이에게 책을 읽어 주고 싶습니다.

❹ 両親は妹をアメリカへ留学**させました**。

부모님은 여동생을 미국으로 유학시켰습니다.

❺ 部下に連絡して、取引先へ寄ってサンプルを取って来**させた**。

부하에게 연락하여 거래처에 들려 샘플을 갖고 오게 했다.

Dialogue

A : 李さんのお子さん、学校では給食を食べているんですか。

이 씨의 자제분, 학교에서는 급식을 먹고 있습니까?

B : うちは給食がないので、お弁当を持って行か**せて**います。

우리는 급식이 없어서 도시락을 싸 보내고 있어요.

A : そうですか。毎朝大変でしょう?

그래요? 매일 아침 힘들죠?

B : 初めのうちは大変でしたが、今はずいぶん慣れました。

처음에는 힘들었지만 지금은 상당히 익숙해졌어요.

給食 급식
ずいぶん 몹시, 아주
慣れる 익숙해지다
体罰 체벌
禁止 금지
ボランティア活動 봉사활동

나도 해보기

A : 最近は学校で教師の体罰は禁止されていますね。

B : そうですね。それでうちの学校では、生徒に反省文を_____、

ボランティア活動を_____しています。

A : 최근에는 학교에서 교사의 체벌은 금지되고 있어요.

B : 그래요, 그래서 우리 학교에서는 학생에게 반성문을 쓰게 하거나, 봉사활동을 시키거나 하고 있습니다.

답

書かせたり / させたり

誰かに足を踏まれた。

누군가에게 발을 밟혔다.

▶▶▶ **～れる / ～られる** ~당하다, ~하게 되다(수동)

「られる」는 수동·존경·자발·가능의 4가지 기능을 가지고 있으나 접속 형태는 가능표현을 제외하고 모두 동일합니다. 1그룹 동사와 2그룹동사는 부정형에 각각 「れる」와 「られる」를 붙여 표현하고, 3그룹동사인 「する」와 「くる」는 각각 「される」와 「こられる」라는 고유의 형태를 가집니다. 「られる」가 4가지 기능 중 수동의 조동사로 쓰이는 경우, '~함을 당하다, ~받다'라는 의미를 나타냅니다.

기본 표현

❶ 山田さんに引っ越しの手伝いを頼まれました。
야마다 씨에게 이사의 도움을 부탁받았습니다.

❷ 上司に呼ばれてしかられた。
상사에게 불려서 혼났다.

❸ 母に漫画の本を捨てられました。
엄마가 만화책을 버렸습니다.

❹ 冷蔵庫の中のケーキを妹に全部食べられた。
냉장고 안의 케이크를 여동생이 전부 먹었다.

❺ 警官に注意されたことは、今まで一度もない。
경찰관에게 주의받은 적은 지금까지 한 번도 없다.

Tip
踏む 밟다
しかる 꾸짖다
捨てる 버리다
警官 경찰관
注意 주의

Dialogue

A : みちこ、今何時?
미치코, 지금 몇 시야?

B : わからない。今日は時計してこなかったの。
몰라. 오늘은 시계를 차고 오지 않았어.

A : どうしたの? 彼にもらったお気に入りでしょう。
어째서? 그에게 받고 마음에 들어 했잖아?

B : 昨日、妹に貸したら壊されたのよ。今修理に出しているところ。
어제 여동생에게 빌려 줬는데 고장났어. 지금 수리를 맡기러 가는 중이야.

Tip
気に入る 마음에 들다
壊す 부수다, 고장내다
修理 수리
うるさい 시끄럽다

나도 해보기

A : ちょっとは勉強したらどう?

B : うるさいな。勉強、勉強って＿＿＿＿＿＿わかってるわよ。

A : 조금은 공부하는 게 어때?

B : 시끄러워. 공부, 공부 하지 않아도 알고 있어.

패턴 234

しゃちょう は けさ じ ひこうき の
社長は今朝10時の飛行機に乗**られました**。

사장님은 오늘 아침 10시 비행기를 타셨습니다.

▶▶▶ **〜れる / 〜られる** ～하시다(존경)

존경의 조동사로서의「られる」는 타인의 동작이나 행동에 대하여 그 사람에 대한 존경의 의미를 나타내는 표현으로 '～하시다'
로 해석됩니다.

기본 표현

❶ しゃちょう むすめ ことし だいがく はい
社長の娘さんが今年大学に入**られた**。
사장님의 따님이 올해 대학교에 입학하셨어.

❷ せんせい か じ
先生の書か**れる**字はきれいだ。
선생님이 써 주신 글씨는 예쁘다.

❸ きょうじゅ けいたいでんわ でんわ しゅじん で
教授の携帯電話に電話をかけたら、ご主人が出**られた**。
교수님의 휴대전화에 전화를 걸었더니, 남편분이 받으셨다.

❹ しゃちょう まいあさ じ しゅっきん
社長は毎朝8時に出勤**される**。
사장님은 매일 아침 8시에 출근하신다.

❺ きょう ほんしゃ たんとう ぶ ちょう こ
今日は本社から担当部長が来**られた**。
오늘은 본사에서 담당부장님이 오셨다.

Tip

娘 딸
主人 주인, 남편
本社 본사

外回り 외근
伝言 전언

답
来られる

Dialogue

A : えいぎょうたんとう た なか ぶ ちょう
もしもし、営業担当の田中です。部長はいらっしゃいますか。
여보세요, 영업담당인 다나카입니다. 부장님은 계십니까?

B : そとまわ で でんごん うかが
さっき外回りに出**られました**。ご伝言、お伺いしましょうか。
조금 전 외근 나가셨습니다. 전할 말씀 있으세요?

A : でんごん ちょくせつけいたいでんわ れんらく
あ、伝言はけっこうです。こちらから直接携帯電話に連絡してみます。
아, 전할 말은 괜찮습니다. 제가 직접 휴대전화로 연락해 볼게요.

B : ねが
わかりました。よろしくお願いします。
알겠습니다. 잘 부탁드립니다.

나도 해보기

A : とりひきさき しゃちょう く
李さん、取引先の社長はいつ来るの？

B : ご ご じ ごろ
午後2時頃に＿＿＿＿＿＿そうですよ。

A : 이 씨, 거래처의 사장님은 언제 와?

B : 오후 2시쯤에 오신다고 합니다.

都市開発によって野鳥の数が減ったと考えられます。

도시개발에 의해 들새의 수가 감소했다고 생각됩니다.

▶▶▶ **～れる / ～られる** ～해지다, ～하게 되다(자발)

「られる」는 「思い出す(생각해내다)/感じる(느끼다)/忘れる(잊다)」 등과 같이 어떠한 작용이 저절로 이루어지는 자발동사에 접속되어 저절로 그렇게 된다는 뉘앙스를 나타내며 '～해지다, ～하게 되다' 등으로 해석할 수 있습니다.

기본 표현

❶ 澄んだ空気に自然のありがたみが感じられます。
맑은 공기에 자연의 고마움이 느껴집니다.

❷ 危篤状態の社長のことが案じられます。
위독한 상태의 사장님이 걱정됩니다.

❸ 明日はもっと暑くなると思われます。
내일은 더 더워질 것 같습니다.

❹ 毎年6月になると、新婚旅行での出来事が思い出される。
매년 6월이 되면, 신혼여행에서의 사건이 생각난다.

❺ 高校生の時にもっと勉強しておけばよかったと悔やまれる。
고등학생 때 좀 더 공부해 두었다면 좋았다고 후회된다.

Tip

野鳥 들새
減る 줄다, 감소하다
澄む 맑아지다
危篤 위독
案じる 걱정하다
出来事 사건
悔やむ 후회하다

Dialogue

A : もう秋ですね。 벌써 가을이네요.

B : そうですね。紅葉もきれいだし、風も涼しいし、秋の雰囲気が感じられますね。
그렇군요. 단풍도 예쁘고, 바람도 시원하고, 가을 분위기가 느껴지네요.

A : 来週の日曜日、近くの山へ紅葉狩りに行きませんか。
다음 주 일요일, 근처의 산에 단풍놀이 가지 않을래요?

B : いいですね。私がお弁当を作って行きます。
좋아요, 제가 도시락을 만들어 갈게요.

紅葉 단풍
紅葉狩り 단풍놀이
つぶれる 파산하다

나도 해보기

A : どうしてあのお店はつぶれてしまったんでしょうか。

B : そうですね、値段が他の店より高かったのが原因の一つだと

_____。

A : 왜 저 가게는 망해 버린 걸까요?

B : 글쎄요. 가격이 다른 가게보다 비쌌던 것이 원인의 하나라고 생각해요.

답

考えられます

236

この車は5人乗れる。

이 자동차는 5명 탈 수 있다.

▶▶▶ **～れる / ～られる** ～할 수 있다, ～이 가능하다(가능)

가능조동사 「られる」는 '～할 수 있다, ～이 가능하다'라는 의미로, 2그룹동사와 3그룹동사인 「来る」는 수동·자발·존경의 조동사 「られる」와 동일한 접속 형태를 취하지만, 1그룹동사와 3그룹동사인 「する」는 다른 접속 형태를 취합니다. 1그룹동사는 기본형의 어미 「う」단을 「え」단으로 바꾸고 「る」를 붙여 표현하고, 「する」는 '할 수 있다'라는 의미의 「できる」를 사용하여 표현합니다.

 **기본 표현**

❶ この美術館では写真も撮れます。
이 미술관에서는 사진도 찍을 수 있습니다.

❷ 今日は残業がないので、早く帰れそうだ。
오늘은 잔업이 없기 때문에 빨리 돌아갈 수 있을 것 같다.

❸ ニューヨークでは、本場のベーグルが食べられる。
뉴욕에서는 본고장의 베이글을 먹을 수 있다.

❹ ここはペアシートで映画が見られるのが人気だ。
여기는 커플좌석으로 영화를 볼 수 있는 것이 인기다.

❺ 今週は無理ですが、来週は来られます。
이번 주는 힘들지만 다음 주는 올 수 있습니다.

Tip

残業 잔업
本場 본고장
ペアシート 커플좌석

▼
Dialogue

A : いよいよ夏ね。海に行きたいな。 드디어 여름이네. 바다에 가고 싶어.

B : うーん、その前に水着をチェックしなくちゃ。最近、去年まで着ていた服が着られなくなっちゃって。水着も怪しいと思うのよ。
응, 그 전에 수영복을 체크해야 되겠어. 최근엔 작년까지 입었던 옷들을 못 입게 됐어. 수영복도 안 맞을지도 몰라.

A : ふふ、そうね。まずはダイエットから？ 호호. 그러게. 우선은 다이어트부터?

B : そういうことになりそう。 그래야 할 것 같아.

いよいよ 드디어
水着 수영복
怪しい 수상하다
目が離せない 눈을 뗄
　수 없다

나도 해보기

A : うちの子、つい最近歩けるようになったと思ったら、もう
＿＿＿＿＿＿ようになって。目が離せなくて困ります。

B : 元気でいいじゃないですか。

A : 우리 아이, 드디어 최근에 걸을 수 있게 되었다고 생각했더니, 벌써 뛸 수 있게 되었어.
　　눈을 뗄 수가 없어서 힘들어요.

B : 건강하고 좋잖아요.

답

走れる

270　일본어회화 패턴으로 정복하기

237 部屋を掃除させられた。

어쩔 수 없이 방을 청소했다.

▶▶▶ ～せられる（される）/ ～させられる   어쩔 수 없이 ～하다(사역수동)

사역수동이란 어떤 동작을 스스로의 의지가 아닌 다른 사람으로부터 강요를 받아 '시켜서 ～하다'라는 뉘앙스로 말할 때 사용하는 표현으로, '어쩔 수 없이 ～하다'로 해석합니다. 1그룹동사는 부정형에 「せられる」를 붙여 표현하는데, 어미가 「す」로 끝나는 동사를 제외한 모든 1그룹동사는 「せられる」 대신 「される」를 붙여 표현하기도 합니다. 2그룹동사 역시, 부정형에 「させられる」를 붙여 표현하고, 3그룹동사인 「する」와 「くる」는 각각 「させられる」와 「こさせられる」라는 고유의 형태를 가집니다.

기본 표현

❶ 昨日、カラオケで上司に歌わせられた。
어제 노래방에서 상사 때문에 마지못해 노래 불렀어.

❷ 取引先でミスをして、上司に始末書を書かせられました。
거래처에서 실수를 해서 상사에게 시말서를 썼습니다.

❸ 母に野菜を食べさせられた。
엄마 때문에 어쩔 수 없이 채소를 먹었다.

❹ 私は来月、アフリカ支店へ出張させられる。
나는 다음 달, 아프리카 지점에 어쩔 수 없이 출장을 간다.

❺ 父に飲み物を買って来させられた。
아빠가 시켜서 어쩔 수 없이 음료수를 사왔다.

Dialogue

A : おまえ、昨日鈴木先生の授業中、何したんだよ?
너, 어제 스즈키 교수님의 수업 중에 뭐 한 거야?

B : 隣の友だちと筆談してたら見つかったんだよ。
옆 친구랑 필담하다가 걸렸어.

A : それで廊下に立たせられていたんだ。
그래서 복도에 서 있었구나.

B : そう。思ってたより恥ずかしかったな。
응. 생각보다 부끄러웠어.

나도 해보기

A : あら、今帰ったの?

B : ううん、帰ってたんだけどお姉ちゃんにジュースを＿＿＿＿＿＿て。

　　A : 어머, 지금 들어온 거야?

　　B : 아니, 들어왔었는데, 언니가 주스를 사러 가라고 시켜서.

Tip

ミス 실수
始末書 시말서
アフリカ 아프리카
支店 지점

筆談 필담
見つかる 들키다, 발각되다
恥ずかしい 부끄럽다

답

買いに行かされ

지역 캐릭터 총선거?

ふなっしー

일본이 캐릭터의 천국이라는 것은 자명한 사실이죠. 일본이라는 나라에 발을 내딛는 순간부터 쏟아지는 캐릭터들에 눈이 휘둥그레질 정도입니다. 길바닥에 붙어 있는 금연표시에도, 지하철 안내표지, 도시락, 길거리 음식, 하다못해 컵라면 속 어묵에까지 캐릭터가 박혀 있으니 말이죠. 일본이 캐릭터의 천국이 된 것은, 캐릭터 산업의 발전을 위해 끊임없이 개발을 하고 있기 때문이겠죠.

2013년 8월에는 전국의 각 지역을 대표하는 캐릭터의 순위를 결정하는 '지역 캐릭터 총선거'도 개최되었답니다. 1위를 차지한 지역 캐릭터는 치바현 후나바시시의 '2000년 만에 한 번 나타나는 배의 요정'이란 컨셉의 'ふなっしー'라는 캐릭터입니다.

'이것이 정말 480개의 캐릭터를 제치고 1위를 한 것인가?' 하는 의문점도 있지만, '하핫'이라 외치며 점프하는 등 상상을 초월할 정도의 격렬한 행동과 말끝마다 '〜なっし'를 붙이며, 빨리 말하는 특유의 말투가 매력이라고 하네요. 깨방정 캐릭터군요.

하지만, 진정 인기가 있는 이유는 공식 캐릭터로는 인정받지 못했음에도 불구하고 후나바시시를 홍보하기 위해 열심히 활동하고 있는 모습 때문이라고 하는군요. 즉, 비공식 캐릭터이면서 1위를 차지한 대단한 'ふなっしー'입니다.

chapter 14

부사 패턴

패턴
238

その映画はまだ見ていません。

그 영화는 아직 안 봤습니다.

▶▶▶ **まだ～ません(まだ + 부정)**　아직 ～하지 않습니다

'아직'이라는 의미를 가지고 있는 「まだ」는 부정문과 호응하여, 어떠한 작용이 아직 일어나지 않았음을 의미하거나 아직 시기가 되지 않았음을 나타내는 표현으로 쓰입니다.

기본 표현

❶ **その本はまだ読んでいません。**
그 책은 아직 읽지 않았습니다.

❷ **今日はまだ社長に会っていません。**
오늘은 아직 사장님을 만나지 않았습니다.

❸ **新入社員にまだあいさつしていない。**
신입사원에게 아직 인사를 하지 않았다.

❹ **まだお昼ごはんを食べていないなら、いっしょにどうですか。**
아직 점심을 안 먹었으면 함께 먹는 건 어때요?

❺ **アフリカ料理はまだ食べたことがありません。**
아프리카 요리는 아직 먹어 본 적이 없습니다.

Dialogue

A : **今日、退勤後一杯どうですか。**
오늘 퇴근 후에 한잔 어때요?

B : **ぜひそうしたいんですが…。**
정말 그러고 싶은데….

A : **どうしたんですか。**
무슨 일 있어요?

B : **明日の会議の計画書がまだ終わってないんですよ。**
내일 회의 기획서를 아직 끝내지 못했어요.

나도 해보기

A : **今朝、薬を飲みましたか。**
B : **いいえ、＿＿＿＿＿＿。**

A : 오늘 아침, 약을 먹었습니까?
B : 아니요, 아직 먹지 않았습니다.

패턴 239

甘い物はあまり食べません。

단것은 그다지 먹지 않습니다.

▶▶▶ **あまり~ません / ない** 그다지 ~않습니다 / 않다
べつに~ません / ない 별로 ~않습니다 / 않다

'그다지, 별로'라는 의미를 가지고 있는 「あまり」나 「べつに」는 부정문과 함께 쓰여, '그다지, 별로 ~하지 않다'라는 완곡한 부정을 나타내는 표현으로 쓰입니다.

 **기본 표현**

❶ 家から駅まであまり遠くないです。
집에서 역까지 그다지 멀지 않습니다.

❷ 最近、あまりねむれません。
최근, 별로 못 잡니다.

❸ 私が買いに行ってもべつにかまいませんよ。
제가 사러 가도 별로 상관 없습니다.

❹ 彼女がきついことを言っても、べつに気にしていません。
그녀가 심한 말을 해도 별로 신경 쓰지 않습니다.

❺ ここも夜はあまり安全だとはいえないよ。
여기도 밤은 그다지 안전하다고 말할 수 없다.

> **Tip**
>
> かまう 상관하다
> きつい 심하다, 엄하다
> 安全だ 안전하다

Dialogue

A : 試験日まであと何日も残っていないな…。
시험일까지 앞으로 며칠도 남지 않았네….

B : あまり無理をしないでね。
너무 무리하지 마.

A : 勉強をしないとあせるんだよね。
공부를 하지 않으면 불안해.

B : 健康を第一に考えた方がいいよ。
건강을 첫 번째로 생각하는 편이 좋아.

> 残る 남다
> 無理 무리
> 健康 건강
> ビール 맥주
> 焼酎 소주

나도 해보기

A : お酒は好き？

B : ビールは好きだけど、焼酎は＿＿＿＿＿＿＿＿＿＿。

　　A : 술은 좋아해?

　　B : 맥주는 좋아하지만, 소주는 별로 마시지 않아.

> **답**
>
> あまり飲まないよ

패턴 240

未だごはんを炊いたことがない。

지금까지 밥을 한 적이 없다.

▶▶▶ **未だ(に)～ない**　아직도 ～않다

「未だ(に)」는 '아직도, 지금까지'의 의미로 「まだ」와 비슷한 의미로 쓰이며, 주로 부정문과 호응하여 표현합니다. 그러나 「未だ(に)」는 문어체이므로 회화에서는 잘 사용하지 않습니다.

기본 표현

❶ 未だ海外旅行をしたことがない。
아직 해외여행을 한 적이 없다.

❷ 未だに泳げないんだ。
아직도 수영을 못한다.

❸ カナダに移住した友人から未だ便りがない。
캐나다에 이주한 친구로부터 아직 소식이 없다.

❹ 未だに自転車に乗れないんです。
아직도 자전거를 탈 수 없습니다.

❺ 未だかつてこんな大きな台風は来たことがない。
이제껏 이런 큰 태풍은 온 적이 없다.

Dialogue

A : ここの牛肉は最高だろう？
여기 소고기는 최고지?

B : こんなにおいしい肉は未だ食べたことがなかったよ。
이렇게 맛있는 고기는 아직 먹어 본 적이 없어.

A : 神戸牛は和牛の中でも最高だよ。
고베 소는 일본 소 중에서도 최고야.

B : 本当にうまい！肉が口の中でとけるようだよ。
정말 맛있어! 고기가 입 안에서 녹는 것 같아.

나도 해보기

A : 私、＿＿＿＿＿＿＿＿＿＿＿＿＿。
B : 男の人に対して、消極的すぎるからだよ。

A : 나 아직까지 데이트를 한 적이 없어.
B : 남자에 대해서 너무 소극적이기 때문이야.

Tip

炊く 밥을 짓다
移住 이주
便りがない 소식이 없다
乗る 타다
かつて 지금까지 한 번도
台風 태풍

牛肉 소고기
和牛 일본 소
とける 녹다
消極的 소극적

답
未だにデートをしたことがないの

まさか彼女がお金をとるはずはないよ。
설마 그녀가 돈을 빼앗을 리가 없다.

▶▶▶ **まさか～ない** 설마 ～않다

「まさか」는 '설마, 아무리 그렇더라도'라는 의미의 부사로 쓰일 경우, 보통 부정문과 함께 쓰여 예상하지 못한 가정을 나타내는 표현으로 쓰입니다.

기본 표현

Tip
お金をとる 돈을 빼앗다
人気俳優 인기배우
逆転 역전
娘 딸
釣る 고기를 잡다
オールドミス 올드미스

❶ **まさか**実際に人気俳優に会えるとは思わ**なかった**。
설마 실제로 인기배우를 만날 수 있을 거라고는 생각지 못했다.

❷ **まさか**あそこで逆転ゴールをされるとは思わ**なかった**。
설마 저곳에서 역전 골을 당할 것이라고는 생각도 못했다.

❸ **まさか**約束をわすれたということは**ない**よね。
설마 약속을 잊어버린 것은 아니겠지.

❹ **まさか**6歳の娘が一番大きな魚を釣るとは思わ**なかった**。
설마 6살인 딸이 가장 큰 물고기를 잡을 거라고는 생각도 못했다.

❺ **まさか**オールドミスの坂田先輩が結婚するとは思わ**なかった**。
설마 올드미스인 사카타 선배가 결혼한다고는 생각도 못했다.

Dialogue

ソフトボール 소프트볼
私服 사복
かっこう 모습
ほめる 칭찬하다

A : そろそろ着いてもいいころなのに遅いな。
슬슬 도착할 때도 됐는데 늦네.

B : 電話をしてみた?
전화를 해 봤어?

A : ケータイにかけてもとらないんだ。
핸드폰을 걸어도 안 받아.

B : **まさか**事故を起こしたっていうことは**ない**わよね。
설마 사고를 일으킨 건 아니겠지?

나도 해보기

A : ソフトボール部にいるおまえが、＿＿＿＿＿私服で女らしい
　　かっこうをするとは＿＿＿＿＿＿＿＿＿。

B : それ、ほめているの?

　　A : 소프트볼 부에 있는 네가, 설마 사복으로 여성스러운 모습을 하리라고는 생각하지 못했어.
　　B : 그거 칭찬이야?

よもやこれ以上遅刻はしないだろう。

설마 더 이상 지각은 하지 않겠지.

▶▶▶ **よもや〜ない(だろう)**　설마 〜않겠지

「よもや」는 「まさか」와 마찬가지로 '설마'라는 의미의 부사이고, 부정문과 함께 쓰여 실제로 일어날 가능성이 없는 사실을 가정하는 표현입니다.

기본 표현

❶ よもやまた悪いことをしようとは考えないだろう。
설마 또 나쁜 짓을 하려고는 생각하지 않겠지.

❷ よもやあの強引な企画が通りはしないだろう。
설마 저 억지로 한 기획이 통과하지는 않겠지.

❸ よもやわが国で、再び戦争が起きるということはないだろう。
설마 우리나라에서 두 번 다시 전쟁이 일어나는 일은 없겠지.

❹ よもや私の出生の秘密を知る人はいないだろう。
설마 나의 출생 비밀을 아는 사람은 없을 것이다.

❺ こんなに大差がついているのだから、よもや負けることはない。
이렇게 큰 차이를 벌이고 있으니까 설마 패배할 리가 없다.

Tip

遅刻 지각
強引だ 억지로 하다
再び 두 번 다시
戦争 전쟁
秘密 비밀
大差 큰 차이
負ける 패배하다

Dialogue

A : 今日の部会はびっくりしたね。
오늘 동아리 모임에서 깜짝 놀랐어.

B : 泉先輩が部長になるなんて、驚き!
이즈미 선배가 부장이 되다니 놀라워!

A : 私もよもや泉先輩が部長になるとは思っていなかったよ。
나도 설마 이즈미 선배가 부장이 될 거라고는 생각 못했어.

B : 泉先輩も部長になったら、少しはしっかりとしてくれるかもしれないよ。
이즈미 선배도 부장이 되면, 조금은 착실하게 해 줄지도 몰라.

びっくり 깜짝 놀람
驚く 놀라다
しっかり 착실히, 빈틈없이
不覚 방심하여 실패하는 것, 불찰

나도 해보기

A : ＿＿＿＿＿1時間目から＿＿＿＿＿＿＿＿＿＿。

B : 何言っているの。昨日先生が1時間目にテストするって、言っていたよ。

　　A : 설마 첫 번째 시간부터 시험은 치지 않겠지.

　　B : 무슨 말을 하는 거야. 어제 선생님이 첫 번째 시간에 시험을 친다고 말하셨어.

답

よもや/テストはしないだろう

全然おもしろくない映画だった。
전혀 재미있지 않은 영화였다.

▶▶▶ **全然〜ない**   전혀 〜않다, 하나도 〜않다

「全然」은 부정문과 호응하여 '전혀, 조금도'라는 의미의 부사로 쓰이고, 「全然〜ない」 형태로 수를 나타내는 형식명사와 함께 쓰이기도 합니다. 이 경우 '전혀 〜않다'로 해석하고, 단위로 나타낼 수 없는 경우에는 '하나도 〜않다'라고 해석합니다.

기본 표현

❶ 周りがうるさくて、全然聞こえない。
주변이 시끄러워서 하나도 들리지 않는다.

❷ 人が多くて全然見えない。
사람이 많아서 전혀 볼 수 없다.

❸ この小説は全然おもしろくない。
이 소설은 전혀 재미있지 않다.

❹ この料理は全然おいしくない。
이 요리는 하나도 맛있지 않다.

❺ 小さな遊園地だったので、全然おもしろくなかった。
작은 유원지였기 때문에 전혀 재미있지 않았다.

Tip

周り 주변
うるさい 시끄럽다
聞こえる 들리다
見える 보이다
遊園地 유원지

Dialogue

A : これなんて書いてあるのか読める?
이거 뭐라고 써 있는지 읽을 수 있어?

B : うわあ、小さい字だね。
우와, 글씨가 작네.

A : でしょう? お母さん、全然読めないの。
그렇죠? 엄마, 하나도 못 읽겠어.

B : どれどれ、えーと…。
어디 보자, 음….

どれどれ 어디 보자

나도 해보기

A : 具合が悪くて、＿＿＿＿＿＿＿＿＿＿＿＿＿。

B : はやく良くなってね。

　　A : 몸 상태가 나빠서 하나도 먹지 못했어.
　　B : 빨리 나아.

답
全然食べられなかったの

彼女の心がさっぱり理解できない。
かのじょ こころ　　　　　　 り かい

그녀의 마음을 전혀 이해할 수 없다.

▶▶▶ **さっぱり〜ない** 전혀 〜않다

「さっぱり」는 본래 '산뜻한, 시원하게' 등의 의미를 가진 부사이나 부정문과 함께 호응하면, '전혀, 조금도'라는 의미로 부정을 강조하는 표현으로 쓰입니다.

기본 표현

❶ 授業を聞いてもさっぱりわからない。
じゅぎょう き
수업을 들어도 전혀 모르겠다.

❷ 声が小さくてさっぱり聞こえない。
こえ ちい き
목소리가 작아서 전혀 들리지 않는다.

❸ うるさくてさっぱり集中できない。
しゅうちゅう
시끄러워서 전혀 집중할 수 없다.

❹ 緊張してさっぱり発言ができなかった。
きんちょう はつげん
긴장해서 조금도 발언할 수 없었다.

❺ きたない字で書かれているので、さっぱり読めない。
じ か よ
지저분한 글자로 써 있어서 전혀 읽을 수 없다.

Dialogue

A : **英会話を習おうかな。**
えいかいわ なら
영어회화를 배울까.

B : **急にどうしたの?**
きゅう
갑자기 왜?

A : **外国人に英語で話しかけられたのにさっぱりわからなかったの。**
がいこくじん えいご はな
외국인이 영어로 말을 걸었는데 전혀 이해할 수 없었어.

B : **今の時代に英語を話せるのは必要条件かもね。**
いま じだい えいご はな ひつようじょうけん
요즘 시대에 영어를 말할 수 있는 것은 필요조건일지도.

나도 해보기

A : **最近お店の方はどうですか?**
さいきん みせ ほう

B : **不景気のせいか、＿＿＿＿＿＿＿＿＿困っています。**
ふけいき こま

A : 최근, 가게는 어때요?

B : 불경기 탓인지 전혀 팔리지 않아서 난감해요.

人に先生と呼ばれるのは、まんざら悪い気はしない。

남에게 선생님이라고 불리는 것은 그렇게 기분 나쁜 것만은 아니다.

▶▶▶ **まんざら～ない** 반드시[꼭, 전혀] ~인 것은 아니다

「まんざら」는 '완전한, 정작의'라는 의미를 가지고 있지만, 부정문을 수반할 경우 '반드시 ~인 것은 아니다'라는 표현으로 쓰입니다. 또한 「まんざらでもない」의 형태로 잘 쓰이며, '반드시 나쁜 것만도 아니다, 그런대로 괜찮다'라는 의미를 갖습니다.

기본 표현

① この世もまんざら捨てたもんじゃない。

이 세상도 아직 살 만하다.

② あのホテルは安いわりにはまんざらサービスは悪くはなかった。

저 호텔은 싼 것에 비해 서비스가 전혀 나쁜 것은 아니었다.

③ 試験の結果はまんざらでもないという顔つきだね。

시험결과가 그다지 나쁜 것만도 아닌 표정이네.

④ 彼とはまんざら知らない仲ではないの。

그와는 전혀 모르는 사이도 아니야.

⑤ あなたって、まんざら要領がいいのではないのね。

당신, 아주 요령이 좋은 것만은 아니네.

Tip

世 세상
~わりには ~비해서는
顔つき 표정
仲 사이
要領 요령

Dialogue

A : ネックレスをどれにしようかな?

목걸이를 어느 것으로 할까?

B : ねえ、ねえ、これなんかどう?

있지, 있지, 이건 어때?

A : このデザインで、この価格ならまんざらでもないね。

이 디자인에 이 가격이라면 나쁜 것도 아니네.

B : でしょう? 今まで見た中で一番いいんじゃない?

그렇지? 지금까지 본 것 중에 제일 괜찮지 않아?

価格 가격
幹事 간사, 총무

나도 해보기

A : 島田君、飲み会の幹事を頼まれても、＿＿＿＿＿＿＿＿＿＿

感じだったね。

B : 彼は人から頼りにされるのが好きみたい。

　　A : 시마다 군, 회식 총무를 부탁받는데도, 전혀 기분 나쁜 표정을 짓지 않네.

　　B : 그 사람은 다른 사람한테 부탁받는 걸 좋아하나 봐.

답

まんざら悪い気はしないという

さほど高(たか)い山(やま)ではない。
그다지 높은 산이 아니다.

▶▶▶ **さほど〜ない** 그다지 〜않다

「さほど」는 부정어와 호응하여 '그다지 〜않다, 그렇게까지 〜않다'로 해석됩니다.

기본 표현

❶ あの荷物(にもつ)はさほど重(おも)くないから、一人(ひとり)で持(も)てるよ。
저 짐은 그리 무겁지 않으니까 혼자서 들 수 있어.

❷ JLPTのN3はさほど難(むずか)しくないですよ。
JLPT N3는 그다지 어렵지 않아요.

❸ 個人病院(こじんびょういん)に行(い)った方(ほう)がさほど待(ま)たされないよ。
개인병원에 가는 편이 그다지 기다리지 않아요.

❹ さほど飲(の)んでもいないのに、酔(よ)ったみたいだ。
그렇게까지 마시지도 않았는데, 술 취한 것 같다.

❺ 彼(かれ)のことは、さほど好(す)きでもなかったから、別(わか)れても平気(へいき)だよ。
그를 그다지 좋아하지 않았기 때문에 헤어져도 아무렇지 않아.

Tip

個人 개인
病院 병원
酔う 술 취하다
別れる 헤어지다
平気だ 태연하다, 끄떡없다

Dialogue

A : 犯人(はんにん)の特徴(とくちょう)を覚(おぼ)えていますか?
범인의 특징을 기억하고 있습니까?

B : 背(せ)はさほど大(おお)きくなく、170cmほどでしょうか。
키는 그렇게까지 크지 않고, 170cm정도일까요.

A : ほかには?
다른 것은?

B : 細身(ほそみ)で、青(あお)っぽい服(ふく)を着(き)ていました。
마른 체형이고 푸르스름한 옷을 입고 있었어요.

特徴 특징
細身 마른 체형
混む 붐비다

나도 해보기

A : お昼(ひる)はパスタを食(た)べに行(い)こうか?

B : そうだね。この時間(じかん)なら、お店(みせ)も＿＿＿＿＿＿＿＿＿。

A : 점심은 파스타를 먹으러 갈까?
B : 그래. 이 시간이라면 가게도 그리 붐비지 않을 거야.

답

さほど混んでいないよ

패턴 247

ここから郵便局までは大して遠くないよ。

여기에서 우체국까지는 그리 멀지 않아요.

▶▶▶ **大して〜ない** 그다지 〜않다

「大して」는 부정어와 호응하여 '그다지 〜않다, 별로 〜않다'로 해석됩니다.

기본 표현

❶ お隣の長女が大して美人でもないのに、玉の輿に乗ったんですって。
이웃집 장녀가 그다지 미인도 아닌데, 부잣집으로 시집을 갔다고 한다.

❷ この店は大して料理がおいしいということでもない。
이 가게는 그다지 요리가 맛있는 것도 아니다.

❸ 呼吸が整ってきたので、いまは大して苦しくないです。
호흡이 정돈되고 있기 때문에 지금은 그다지 괴롭지 않습니다.

❹ 彼女は大して勉強もしていないのに、いつも上位圏にいるよね。
그녀는 별로 공부도 하지 않는데, 항상 상위권에 있네요.

❺ 彼は大して笑わない人です。
그는 그다지 웃지 않는 사람입니다.

Dialogue

A : 藤井君は何か不思議と人気があるよね。
후지 군은 뭔가 이상하게도 인기가 있어.

B : 大してかっこいいということもないのにね。
그다지 멋진 것도 아닌데.

A : おもしろいところがうけているのかな?
재미있는 점이 호평을 받고 있는 걸까?

B : さあ? 私は彼に特別に関心がないからわかんない。
글쎄? 나는 그에게 특별히 관심이 없어서 모르겠어.

나도 해보기

A : 期末テストはどうだった?

B : ＿＿＿＿＿＿＿＿＿＿＿＿＿＿＿。

A : 기말시험은 어땠어?

B : 그다지 어렵지 않았어.

Tip

玉の輿に乗る 부잣집으로 시집 가다
呼吸 호흡
整う 정돈되다
苦しい 괴롭다, 고통스럽다
上位圏 상위권
笑う 웃다

不思議だ 희한하다, 신기하다
かっこいい 멋지다, 근사하다
関心 관심
期末テスト 기말시험

답

大して難しくなかったよ

然して 心配することではない。
별로 걱정할 것은 아니다.

▶▶▶ **然して ～ない**　그다지 ～않다

「然して」는 부정어와 호응하여 '그다지 ～않다, 별반 ～않다'로 해석합니다.

기본 표현

❶ 売り上げが下がったことは然して重要なことではない。
매출이 떨어진 것은 그다지 중요한 것은 아니다.

❷ ライバル社が新製品をだしても然して気にすることではない。
라이벌 회사가 신제품을 내더라도 그다지 신경 쓰지 않는다.

❸ アメリカの株が下がったとしても、然して慌てることはない。
미국의 주식이 떨어졌다 해도 그다지 당황할 것은 없다.

❹ 由実が先に内定になっても、然して気にすることないよ。
유미가 먼저 내정되더라도 그다지 신경 쓸 필요 없어요.

❺ 恋人ができても、これからの芸能活動に然して影響はない。
애인이 생기더라도 지금까지 해온 연예 활동에 그다지 영향은 없다.

Tip
重要だ 중요하다
株 주식
慌てる 당황하다
恋人 애인
芸能活動 연예 활동
影響 영향

Dialogue

A : 我が社が開発した商品と同じ物をD社も売り出していると聞いたが。
우리 회사가 개발한 상품과 같은 물건을 D사도 팔기 시작했다고 들었는데.

B : 商品デザインは然して変わりがないのですが、性能は我が社の方が優秀です。
상품 디자인은 그다지 변화가 없습니다만, 성능은 우리 회사 쪽이 우수합니다.

A : ということは、商品宣伝が売り上げの鍵をにぎるな。
더 자세히 말하자면, 상품선전이 매출의 열쇠를 쥐는 거군.

B : はい、宣伝効果にも抜かりはありません。
네, 선전효과에도 소홀함은 없습니다.

Tip
性能 성능
優秀だ 우수하다
にぎる 쥐다
宣伝効果 선전효과
抜かり 소홀함

나도 해보기

A : 今の仕事に不満はないの?

B : 残業が多いことを除けば、＿＿＿＿＿＿＿＿＿＿。

　A : 지금 하는 일에 불만은 없어?
　B : 잔업이 많은 것을 빼면, 별로 불만은 없어.

답　然して不満はないよ

249

このカバンはそれほど高くなかった。

이 가방은 그다지 비싸지 않았다.

▶▶▶ **それほど〜ない** 그다지 〜않다

'그렇게, 그토록'이라는 의미를 가지고 있는 「それほど」가 부정문과 호응하면 '그다지 〜않다'라고 해석됩니다.

🐱 기본 표현

❶ このキムチは**それほど**辛く**ない**よ。
이 김치는 그다지 맵지 않아요.

❷ 田村君の彼女は**それほど**美人では**ない**よ。
타무라 군의 여자 친구는 그다지 미인이 아니야.

❸ **それほど**がっかりすることは**ない**よ。
그다지 낙심할 필요는 없어.

❹ 魚は**それほど**好きでは**ありません**。
생선은 그다지 좋아하지 않습니다.

❺ ピーマンは**それほど**嫌いでは**ない**よ。
피망은 그다지 싫어하지 않아요.

Tip

辛い 맵다
がっかりする 낙심하다. 실망하다
魚 생선
好きだ 좋아하다
ピーマン 피망
嫌いだ 싫어하다

Dialogue

A : あそこの生キャラメルがおいしいそうだね。
저곳의 생카라멜이 맛있다고 해.

B : 食べてみたけれど、**それほど**おいしく**なかった**よ。
먹어 봤지만 그다지 맛있지 않았어.

A : でも、人が列をつくって待っているよ。
하지만 사람이 줄을 서서 기다리고 있어.

B : 農場でしぼりたての牛乳を使っているから話題になっているんだよ。
농장에서 막 짜낸 우유를 쓰고 있으니까 화제가 되고 있어.

生 생, 날 것
キャラメル 카라멜
列 줄
農場 농장
しぼる (쥐어) 짜다
牛乳 우유
話題 화제
キズ 상처
痛い 아프다

나도 해보기 🐱

A : 足のキズはどう？

B : 今は＿＿＿＿＿＿＿＿＿＿＿＿。

　　A : 발의 상처는 어때?
　　B : 지금은 별로 아프지 않아.

답

それほど痛くないよ

ちっとも運転が上達しない。
전혀 운전이 늘지 않는다.

▶▶▶ **ちっとも～ない** 조금도 ~않다

「ちっとも」는 부정문과 호응하여 '조금도 ～않다, 전연 ～않다'라는 의미로 쓰입니다.

기본 표현

❶ 渋滞で**ちっとも**前に進め**ない**。
정체로 조금도 앞으로 나아갈 수 없다.

❷ このドラマは**ちっとも**おもしろく**ない**。
이 드라마는 조금도 재미있지 않다.

❸ 去年買った服をどこにしまったのか**ちっとも**思い出せ**ない**。
작년에 산 옷을 어디에 치웠는지 전혀 생각나지 않는다.

❹ 外は**ちっとも**寒く**ない**よ。
밖은 조금도 춥지 않아요.

❺ ここの生活は**ちっとも**不便なことが**ありません**。
이곳의 생활은 조금도 불편한 점이 없습니다.

Dialogue

A : 射撃ゲームをしようか?
사격 게임을 할까?

B : 私は射撃がうまくないんだよね。撃っても、**ちっとも**あたら**な**いんだもん。
나는 사격을 잘 못해. 쏴도 조금도 맞지 않는걸.

A : コツがあるんだよ。教えてあげるよ。
요령이 있어. 가르쳐 줄게.

B : じゃあ、やってみようかな。
그럼, 해 볼까.

나도 해보기

A : ストーブをつけても_____。

B : 今日は、寒すぎるよ。火をもう少し大きくしてみなよ。

　　A : 난로를 켜도 조금도 따뜻해지지 않아.
　　B : 오늘은 너무 추워. 불을 조금 더 지펴 봐.

Tip

上達 향상
渋滞 정체
進む 나아가다, 전진하다
しまう 치우다

射撃 사격
うまい 잘하다, 능란하다
撃つ (총을)쏘다
コツ 요령
ストーブ 난로
温かい 따뜻하다

답

ちっとも温かくならない

カゼで味が**まるっきり**わから**ない**。

감기 때문에 맛을 전혀 알 수 없다.

▶▶▶ **まるっきり〜ない** 전혀[전연] 〜않다

「まるっきり」역시 뒤에 부정어가 따르고, '전혀 〜않다, 전연 〜않다'로 해석합니다.

기본 표현

❶ 娘の気持が**まるっきり**わかり**ません**。
딸의 기분을 전혀 알 수 없습니다.

❷ バットに球が**まるっきり**あたら**ない**。
배트에 공이 전혀 맞지 않는다.

❸ ぼくは英語は**まるっきり**わから**ない**。
저는 영어는 전혀 모른다.

❹ うちの猫が餌を**まるっきり**食べ**なく**なっちゃったんだ。
우리 고양이가 사료를 전혀 먹지 않게 되어 버렸다.

❺ 勉強しても**まるっきり**頭に入ら**ない**。
공부해도 전혀 머리에 들어오지 않는다.

Tip

バット 배트
球 공
あたる 맞다, 부딪치다
餌 먹이

Dialogue

A : 夕べは**まるっきり**寝られ**なかった**の。
어젯밤은 전혀 못 잤어.

B : 何かあったの?
무슨 일 있었어?

A : 彼氏とケンカして、ずっと気になってて…。
남자친구랑 싸우고, 계속 신경이 쓰여서….

B : 顔色も悪いよ。大丈夫?
안색도 나빠. 괜찮아?

ケンカ 싸움
顔色 안색

나도 해보기

A : 英語は少しは話せる?

B : いいえ、_____。

　　A : 영어는 조금은 말할 수 있어?
　　B : 아니요, 전혀 말할 수 없습니다.

답

まるっきり話せないです

一向にカゼが治りません。

전혀 감기가 낫지 않습니다.

▶▶▶ **一向に〜ない** 조금도[전혀, 통] 〜않다

「一向に」는 '오로지, 완전히, 매우'라는 뜻을 가지고 있지만, 뒤에 부정문이 이어지면 '조금도, 전혀, 통 〜않다'라는 의미로 쓰입니다.

 **기본 표현**

❶ **かぜで熱が一向にさがらない。**
감기 때문에 열이 조금도 내리지 않는다.

❷ **犯人は一向に真実を吐こうとはしなかった。**
범인은 전혀 진실을 말하려고 하지 않았다.

❸ **3月だというのに一向に暖かくならない。**
3월이라고 하는데, 조금도 따뜻해지지 않는다.

❹ **生活が一向に楽にならない。**
생활이 조금도 편해지지 않는다.

❺ **部屋に閉じこもったまま一向に出てこない。**
방에 틀어박힌 채 통 나오지 않는다.

Tip

さがる (기온, 열) 내리다
吐く 토하다, 말하다
暖かい 따뜻하다
生活 생활
楽だ 편안하다, 안락하다

Dialogue

A : ジムに通っているのに一向に筋肉がつかないんだ。
체육관에 다니고 있는데 전혀 근육이 붙지 않아.

B : 通ってからどれぐらい経つんだ？
다닌 지 얼마나 됐어?

A : 1ヶ月ぐらいかな？
1개월 정도인가?

B : 3ヶ月は通わないと、筋肉はつかないよ。
3개월은 다니지 않으면, 근육은 붙지 않아.

ジム 체육관
通う 다니다
筋肉 근육
経つ (시간이) 경과하다,
　　　지나다
にきび 여드름
減る 줄다
皮膚科 피부과

나도 해보기 🐱

A : にきびが＿＿＿＿＿＿＿＿＿＿＿。

B : 皮膚科に行ってみたらどう？

　　A : 여드름이 전혀 줄지 않아.
　　B : 피부과에 가 보면 어때?

답

一向に減らない

将来に何をすればいいのかまったく考えつきません。

장래에 무엇을 하면 좋을지 전혀 생각나지 않습니다.

▶▶▶ **まったく～ない** 전혀 ～않다

「まったく」는 부정어와 함께 쓰여 '전혀 ～않다'라고 해석합니다.

기본 표현

❶ 説明を聞いてもまったく理解できない。
설명을 들어도 전혀 이해할 수 없다.

❷ 彼女の心がまったくわからない。
그녀의 마음을 전혀 알 수 없다.

❸ まったく食欲がないんだ。
전혀 식욕이 없다.

❹ お酒はまったく飲めないの。
술은 전혀 못 마셔.

❺ 英語はまったく話せません。
영어는 전혀 말할 수 없습니다.

Tip

将来 장래
理解 이해
食欲 식욕

感情的 감정적
せっかく 모처럼
バーゲン 바겐세일
目当て 목표, 노림

Dialogue

A：この間は私が言いすぎたわ。ごめんなさい。
요전엔 내가 말이 심했어. 미안해.

B：いや、俺もあのときは感情的になりすぎていた。
아냐, 나도 그때는 지나치게 감정적이었어.

A：私が言ったことをまだ気にしている?
내가 한 말을 아직 신경 쓰고 있어?

B：今はもうまったく気にしていないよ。
지금은 더 이상 신경 쓰고 있지 않아.

나도 해보기

A：せっかくバーゲンに行ったのに、すごい人でお目当ての商品
が＿＿＿＿＿＿＿＿＿＿＿＿＿＿。

B：そんなに人がたくさんいたの?

A : 모처럼 바겐세일에 갔는데, 엄청난 사람 때문에 사고 싶었던 상품을 전혀 살 수 없었어.
B : 그렇게 사람이 많았어?

답

まったく買えなかったの

패턴 254

いささかも緊張している様子もなく、堂々と司会をつとめている。

조금도 긴장하고 있는 모습 없이 당당하게 사회를 맡고 있다.

▶▶▶ **いささかも〜ない** 조금도 〜않다

「いささか」는 '조금, 다소, 약간'이란 뜻을 가진 부사로, 「いささかも〜ない」의 형태로 쓰이면 '조금도 〜않다'라고 해석합니다.

기본 표현

❶ 今までいささかも迷いなく作品を作ってきました。
지금까지 조금의 망설임도 없이 작품을 만들어 왔습니다.

❷ 課長はいささかも動揺することなくクレームに対処しました。
과장님은 조금도 동요하는 일 없이 이의 제기에 대처했습니다.

❸ いささかも希望を忘れないで頑張ってきました。
조금도 희망을 잃지 않고 노력해 왔습니다.

❹ この間のことは、いささかも気にしておりません。
요전 일은 조금도 신경 쓰지 않습니다.

❺ 彼が放った弓はいささかも狂いなく、的の中心にささった。
그가 쏜 화살은 조금도 어긋남 없이 과녁의 중심에 박혔다.

Tip

緊張 긴장
様子 모습, 상태
迷い 망설임
作品 작품
クレーム 클레임, 불만
希望 희망
放つ 쏘다, 놓아주다, 풀
　어주다
弓 화살
狂い 빗나감, 미침, 정상
　이 아님
的 과녁

Dialogue

A : 岸野先輩は後輩が先に昇進してもいささかも驚いていない感じね。
키시노 선배는 후배가 먼저 승진해도 조금도 놀라지 않는 분위기야.

B : 内心ではどうだかわからないわよ。
마음속으로는 어떨지 몰라.

A : やっぱり、ショックだよね。
역시 충격적이지.

B : それはそうよ。
그건 그래.

後輩 후배
昇進 승진
驚く 놀라다
道に迷う 길을 헤매다

나도 해보기

A : ここまで来るのに大変だったんじゃないですか。

B : いいえ、メールで送ってくださった地図のお陰で＿＿＿＿＿＿
　　　　　　　　＿＿＿＿＿＿＿来ることができました。

A : 여기까지 오는데 힘들진 않았어요?

B : 아니요, 메일로 보내 주신 지도 덕분에 조금도 길을 헤매지 않고 올 수 있었어요.

답 いささかも道に迷うことなく

決してこの箱を開けないでください。

절대 이 상자를 열지 말아 주세요.

▶▶▶ **決して~ない** 절대 ~않다

「決して」는 주로 부정어나 명령어와 호응하여 쓰이고, '절대 ~않다' 혹은 '절대로 ~마라'라고 해석합니다.

🐱 기본 표현

Tip

うそをつく 거짓말을 하다
手を触れる 손을 대다

❶ 決してウソはつきません。
절대로 거짓말하지 않습니다.

❷ これからは決して悪いことはしません。
이제부터는 절대로 나쁜 짓은 하지 않겠습니다.

❸ 決して他の人に話してはいけません。
절대로 다른 사람에게 말해서는 안 됩니다.

❹ あなたとは今後決して会いません。
당신과는 앞으로 절대로 만나지 않겠습니다.

❺ この作品に決して手を触れないでください。
이 작품에 절대로 손을 대지 말아 주세요.

Dialogue

物騒だ 위험스럽다
以降 이후, 앞으로

A : 最近は物騒だから、夜8時以降は決して一人で道を歩かないよう
にするのよ。
최근엔 위험하니까 저녁 8시 이후에는 절대 혼자서 길을 걷지 않도록 해.

B : もう、子供じゃないんだよ。
이제 아이가 아니야.

A : それでも心配よ。
그래도 걱정돼.

B : 気をつけるから、心配しないでよ。
조심할 테니까 걱정하지 마세요.

나도 해보기 🐱

답

決して食べないでね

A : 冷蔵庫の中のケーキを_____。
お客様が来たら出すんだから。

B : わかったよ。

A : 냉장고 안에 있는 케이크를 절대로 먹지 마. 손님이 오시면 낼 거니까.
B : 알았어.

▶▶▶ 必ずしも～ない　반드시 ~인 것은 아니다. 꼭 ~라고는 할 수 없다

「必ずしも」는 뒤에 부정문이 이어져서 '반드시 ~인 것은 아니다. 꼭 ~라고는 할 수 없다'라는 표현으로 쓰입니다.

기본 표현

❶ 手相をみてもらっても、必ずしも合っているとはいえない。
손금을 봐도 반드시 맞다고는 할 수 없다.

❷ 塾に行ったからと言って、必ずしも成績が上がるとはいえない。
학원에 다닌다고 해서 반드시 성적이 오른다고는 할 수 없다.

❸ 手術をしても必ずしも治るということではありません。
수술을 해도 반드시 치료되는 것은 아닙니다.

❹ 内定が決っても必ずしも入社できるということではありません。
내정이 결정되어도 반드시 입사할 수 있는 것은 아닙니다.

❺ お金があるからと言って、必ずしも幸せとは言えない。
돈이 있다고 해서 반드시 행복하다고는 할 수 없다.

Tip

手相 손금, 수상
塾 학원
治る 낫다
内定 내정
幸せだ 행복하다

Dialogue

A : 就職先は決まった?
취직할 곳은 정해졌어?

B : お父さんの知り合いの人の会社に面接に行ったんだけど…。
아버지 지인의 회사에 면접 보러 가긴 했지만….

A : それなら、大丈夫じゃない?
그렇다면 다행이지 않아?

B : まだ、必ずしも就職できるとは言えないから、不安なんだ。
아직 반드시 취직할 수 있다고는 할 수 없으니까 불안해.

面接 면접
不安だ 불안하다
クジびき 제비뽑기
当たる 당첨되다
選ぶ 고르다

나도 해보기

A : クジびきをしてみようか?

B : ＿＿＿＿＿＿＿＿＿＿＿＿＿＿、ちゃんと選んでひいてよ。

A : 제비뽑기를 해 볼까?

B : 반드시 당첨되는 것은 아니니까 잘 골라서 뽑아.

답
必ずしも当たるという
ことではないから

彼女が万引きをしたというのも強ち真実とはいえない。

그녀가 도둑질을 했다는 것도 반드시 진실이라고는 할 수 없다.

▶▶▶ 強ち〜ない   반드시 〜않다

「強ち」는「必ずしも」와 마찬가지로 부정을 나타내는 말과 호응하여 '반드시 〜않다'라는 의미로 사용됩니다.

기본 표현

❶ 彼がモデルをしていたというのは強ちウソではないかも。
그가 모델로 일했다는 말은 반드시 거짓은 아닐지도 몰라.

❷ 強ち家出をすると言ったのも、感情的に言った言葉ではないようだ。
반드시 가출을 하겠다고 말한 것도 감정적으로 한 말은 아닌 것 같다.

❸ わが社に賠償責任があるというのも強ちそうとは限らない。
반드시 우리 회사에 배상책임이 있다고는 할 수 없다.

❹ 試合相手が強豪だからといって、強ち負けるとは決まっていない。
시합상대가 강호라고 해서 반드시 패배할 것이라고 정해져 있는 것은 아니다.

❺ 不景気だから、強ちリストラされないとはいえない。
불경기이기 때문에 반드시 구조 조정당하지 않는다고는 말할 수 없다.

Tip
万引きをする 도둑질을 하다
賠償 배상
責任 책임
強豪 강호
リストラ 재편성, 재구축

Dialogue

A : 野田君はいつも冗談っぽく言うけれど、核心的なことをふと言うよね。
노다 군은 항상 농담식으로 말하지만 핵심적인 걸 문득 말하기도 해.

B : うん、人のことをよく見ているよね。
응, 다른 사람을 잘 보고 있어.

A : 強ち、いい加減な人ではないんじゃないかな。
꼭 엉성한 사람은 아닌 것 같아.

B : 私もそう思う。
나도 그렇게 생각해.

冗談 농담
核心的 핵심적
いい加減 알맞음, 적당함.
　엉성함. 엉터리임

나도 해보기

A : 明日の試験は自信がないな。

B : 難しい試験とはいえ、＿＿＿＿＿＿＿＿＿。頑張りなさい。

　　A : 내일 시험은 자신이 없어.

　　B : 어려운 시험이라고 해서 반드시 떨어진다고는 할 수 없지 않아. 힘내.

かれ が がっきゅう い いんちょう とうてい しん
彼が学級委員長なんて到底信じられない。

그가 학급위원장이라니 도저히 믿을 수 없다.

▶▶▶ **到底～ない** 도저히 ～않다, 아무리 해도 ～않다

「到底」는 뒤에 부정문이 이어져 '도저히 ～않다, 아무리 해도 ～않다'로 해석됩니다.

기본 표현

① まんえん とうてい か
50万円もするカバンなんて、到底買えない。
50만 엔이나 하는 가방이라니 도저히 살 수 없다.

② わたし とうてい はし
20kmのマラソンだなんて、私には到底走りきれない。
20km의 마라톤이라니 나는 도저히 완주할 수 없다.

③ とうてい わたし き もち
あなたには到底私の気持なんてわからないでしょう。
당신은 도저히 나의 기분 따위는 모르겠죠?

④ う あ はん とし あいだ あ とうてい
売り上げを半年の間に30%も上げるなんて、到底 ムリだ。
매출을 반 년 동안에 30%나 올리다니 도저히 무리다.

⑤ きゅうしゅう いっしょ い とうてい い
九州まで一緒に行きたくても到底行けないよ。
규슈까지 함께 가고 싶어도 도저히 갈 수 없다.

Dialogue

か あ すうがく てんすう あ
A : お母さんに数学の点数を上げなさいと言われた。
엄마가 수학 점수를 올리라고 하셨어.

がん ば
B : 頑張ればいいんじゃない。
열심히 하면 되잖아.

てん い じょう い とうてい
A : でも、90点以上とれと言うんだよ。到底ムリだよ。
하지만, 90점 이상 받으래. 도저히 무리야.

いっしょうけんめい
B : 一生懸命すれば、ムリじゃないよ。
열심히 한다면, 무리가 아니야.

나도 해보기

はしもとせんぱい し ごと
A : 橋本先輩は、きれいで、仕事ができて、そのうえやさしいよね。
あこが
憧れるな。

わたし
B : 私には＿＿＿＿＿＿＿＿＿＿＿＿＿＿。

A : 하시모토 선배는 예쁘고 일을 잘하고 게다가 상냥해. 우상이야.
B : 나는 도저히 선배처럼은 될 수 없어.

滅多に食べられない食材でつくられた料理をだすお店です。

거의 먹을 수 없는 식재료 만들어진 요리를 내는 가게입니다.

▶▶▶ **滅多に〜ない** 좀처럼 〜않다, 거의 〜않다

「滅多」는 원래 '함부로 함, 분별이 없음'이라는 의미의 な형용사지만, 「滅多に」의 형태로 부정문과 호응하면 '좀처럼 〜않다, 거의 〜않다'라는 의미의 표현으로 사용합니다.

기본 표현

❶ **息子が100点をとることなんて、滅多にない。**
아들이 100점을 받는 일 따위 좀처럼 없다.

❷ **こんな機会は滅多にない。**
이런 기회는 좀처럼 없다.

❸ **人の言うことを何でも滅多に信じちゃいけないよ。**
남이 하는 말을 뭐든지 분별없이 믿으면 안 된다.

❹ **黒木さんっていう歌手が最近滅多に見えなくなったね。**
구로키라는 가수가 최근에 좀처럼 보이지 않는다.

❺ **ここは滅多に人が入ってこない所なのです。**
여기는 좀처럼 사람이 들어오지 않는 곳입니다.

Tip

機会 기회
歌手 가수

Dialogue

A : **今日はタイ料理でも食べに行こうか?**
오늘은 태국요리라도 먹으러 갈까?

B : **タイ料理がお好きなんですか?**
태국요리를 좋아하세요?

A : **いや、滅多に食べないんだけど、最近、タイ料理が人気じゃない?**
아니, 거의 먹지 않는데, 최근 태국요리가 인기 있지 않아?

B : **私も一度タイ料理を食べてみたかったんです。案内をしてください。**
나도 한번 태국요리를 먹어 보고 싶었어요. 안내해 주세요.

타이 태국, 도미
釣る (낚시로) 잡다
へえ 어, 흐음(감탄하거나
놀랐을 때 또는 어이없
을 때 내는 소리)

나도 해보기

A : **昨日は、_____タイを釣ったんだ。**

B : **へえ、すごいですね。**

A : 어제는 좀처럼 잡기 힘든 도미를 잡았어.
B : 흐음, 대단하네요.

답
滅多に釣れない

패턴 **260**

碌に勉強をしないので、成績が悪いです。
제대로 공부하지 않아서 성적이 나쁩니다.

▶▶▶ **碌に〜ない** 제대로 〜않다

「碌に」는 부정문과 호응하여 쓰이고 '제대로 〜않다, 변변히 〜않다'라고 해석됩니다.

기본 표현

❶ 昨日は碌に眠れなかった。
어제는 제대로 못 잤다.

❷ 会場の司会をしていたら、碌に食事ができなかった。
회장의 사회를 보았더니, 제대로 식사를 못했다.

❸ 教授の質問に碌に答えられなかった。
교수님의 질문에 제대로 대답할 수 없었다.

❹ あの人は人の言うことを碌に聞かない人だ。
저 사람은 타인이 말하는 것을 제대로 듣지 않는 사람이다.

❺ 昔は碌に字も読めない人がたくさんいました。
옛날에는 제대로 글씨도 읽지 못하는 사람이 많이 있었습니다.

Tip

司会 사회
教授 교수
質問 질문
答える 대답하다

Dialogue

A: どうやって滑り下りよう…。
어떻게 내려가지….

B: 碌にスキーに乗れない人が、どうしてリフトに乗ったの?
제대로 스키도 타지 못하는 사람이 왜 리프트는 탔어?

A: こんなに高いところまで来るとは思わなかったんだもん。
이렇게 높은 곳까지 올라올 줄은 생각지도 못했어.

B: しょうがないな。私の滑り方を真似して、ゆっくり下りてきなよ。
어쩔 수 없네. 내가 타고 내려가는 것을 흉내내며 천천히 타고 내려 와.

滑る 미끄러지다
スキー 스키
リフト 리프트
真似 모방, 흉내, 시늉
水着 수영복
一丁前 1인분

나도 해보기

A: この水着を見て! かわいいでしょ?

B: ＿＿＿＿＿＿水着だけ一丁前に買ってどうするの?

A: 이 수영복을 봐! 귀엽지?
B: 제대로 수영할 수 없는 사람이 수영복만 한 벌 사서 어떻게 할 거야?

답: 碌に泳げない人が

貿易黒字になったとしても、一概に経済がいいとは言えない。

ぼうえきくろじ　　　　　　　　　　　　いちがい　けいざい　　　　　　　い

무역흑자가 되었다고 해도 무조건 경제가 좋다고는 할 수 없다.

▶▶▶ **一概に～とは言えない** 무조건 ~라고는 할 수 없다

> 「一概に」 뒤에는 흔히 부정문이 이어지고 '무조건 ~라고는 할 수 없다, 한 마디로 ~라고는 할 수 없다'라고 해석합니다.

기본 표현

❶ **日本の女性が一概におとなしいとは言えない。**
にほん　じょせい　　いちがい　　　　　　　　　　い

일본 여성이라고 해서 반드시 얌전하다고는 말할 수 없다.

❷ **今話題の本とはいえ、一概にいい本とは言えない。**
いまわだい　ほん　　　　　いちがい　　　　ほん　　とい

지금 화제의 책이라고 해도, 무조건 좋은 책이라고는 할 수 없다.

❸ **予防注射をしているとはいえ、一概に大丈夫とは言えない。**
よぼうちゅうしゃ　　　　　　　　　　いちがい　だいじょうぶ　とい

예방주사를 맞는다고는 해도, 일률적으로 괜찮다고는 할 수 없다.

❹ **学歴社会とはいえ、一概に勉強さえできればいいとは言えない。**
がくれきしゃかい　　　　　いちがい　べんきょう　　　　　　　　　　い

학력사회라고는 해도, 무조건 공부만 잘하면 된다고는 할 수 없다.

❺ **有機野菜が一概に安全とは言えない。**
ゆうきやさい　いちがい　あんぜん　とい

유기농 채소가 무조건 안전하다고 할 수는 없다.

Dialogue

A : **韓国料理とはいえ、一概に辛い料理ばかりとは言えないよね。**
かんこくりょうり　　　　　　いちがい　から　りょうり　　　　　　い

한국요리라고 해서, 무조건 매운 요리뿐이라고는 할 수 없어.

B : **チャプチェやサンゲタンなど辛くない料理もたくさんあるのにね。**
　　　　　　　　　　　　　　　から　　　りょうり

잡채와 삼계탕 등 맵지 않은 요리도 많이 있는데.

A : **韓国のいろいろな面を世界中の人に知ってもらいたいな。**
かんこく　　　　　めん　せかいじゅう　ひと　し

한국의 다양한 면을 온 세계의 사람에게 알리고 싶어.

B : **今は韓国ブームが広がっているから、もっとよく韓国のことを**
いま　かんこく　　　　　ひろ　　　　　　　　　　　　　かんこく

知ってもらえるよ。
し

지금은 한류 붐이 확산되고 있으니까, 좀 더 한국에 대해 잘 알릴 수 있을 거예요.

나도 해보기

A : **紫外線が悪いとはいえ、_____。**
しがいせん　わる

B : **そうだね。骨を強くするなど、体にいい作用もあるからね。**
　　　　　　ほね　つよ　　　　　　　からだ　　　　さよう

A : 자외선이 나쁘다고 해도, 무조건 햇빛을 쬐지 말라고는 할 수 없어.

B : 그렇지. 뼈를 튼튼하게 하는 등, 몸에 좋은 작용도 있으니까.

패턴 262

いくら電話してもつながりません。

아무리 전화해도 받지 않습니다.

▶▶▶ **いくら〜ても / でも**   아무리 ～해도

「いくら〜ても/でも」는 가정조건의 역설표현으로, 이미 일어난 일을 조건으로 하여 동작의 빈도나 정도를 강조하는 표현입니다. '아무리 ～해도'라고 해석하고 몇 번이고 해 보아도 마찬가지라는 의미를 내포하고 있습니다.

기본 표현

1 彼女はいくら食べても太らない体質だ。
그녀는 아무리 먹어도 살이 찌지 않는 체질이다.

2 いくらお金があっても、お金では買えないものもある。
아무리 돈이 있어도 돈으로는 살 수 없는 것도 있다.

3 いくら値段が高くても、必要なものは必ず買う方です。
아무리 값이 비싸더라도 필요한 물건이라면 반드시 사는 편입니다.

4 いくら料理が上手でも、世界中の料理は作れないでしょう。
아무리 요리를 잘해도, 세상의 모든 요리를 만들 수는 없겠죠.

5 いくら夫婦でも、プライバシーは守らなければならない。
아무리 부부라도 프라이버시는 지켜야 한다.

Dialogue

A : 田中さん、今週はずっと残業ですね。
다나카 씨, 이번주는 계속 잔업이네요.

B : ええ、海外出張の準備があって…。
네, 해외출장 준비가 있어서요….

A : いくら仕事が大事でも、それじゃ体を壊しますよ。
아무리 일이 중요해도 그러면 건강을 해쳐요.

B : そうですね。今日はこのへんで退勤します。
그래요. 오늘은 이쯤에서 퇴근할 거예요.

나도 해보기

A : 李さん、お酒が強いですね。

B : そうですね。＿＿＿＿＿＿、二日酔いはほとんどないですね。

A : 이 씨, 술을 잘 마시네요.

B : 맞아요. 아무리 마셔도 숙취는 거의 없어요.

たとえ負けても後悔しないように最善を尽くします。

비록 지더라도 후회하지 않도록 최선을 다하겠습니다.

▶▶▶ **たとえ～ても / でも** 설령 ～할지라도, 비록 ～해도

「たとえ～ても/でも」역시 가정조건의 역설표현이지만, 「いくら～ても」와는 달리 아직 일어나지 않은 사항을 조건으로 하여 '설령 ～할지라도, 비록 ～해도'라고 해석합니다. 주로 자신의 의지를 강조하는 문장 뒤에 이어집니다. 그리고 「たとえば」는 '① 예를 들면, ② 가령, 설령(=たとえ)' 라는 뜻을 가집니다.

기본 표현

❶ **たとえ**ひきずられ**ても**絶対行かないぞ。
설령 끌려간다 할지라도 절대로 가지 않겠다.

❷ **たとえ**浪人し**ても**東京大学受験一つで受けます。
비록 재수를 하더라도 도쿄대학 수험은 한 번 치르겠습니다.

❸ **たとえ**どんなに苦労し**ても**この人となら試練を乗り越えられます。
비록 아무리 힘들더라도 이 사람과 함께라면 시련을 극복할 수 있습니다.

❹ **たとえ**失敗し**ても**やらないよりはいい。
비록 실패하더라도 하지 않는 것보다는 낫다.

❺ **たとえば**自分の彼と親友がつきあっ**ても**平気な顔でいられる?
만약 자신의 남자친구와 친한 친구가 사귀어도 아무렇지 않은 얼굴로 있을 수 있어?

Tip

尽くす 다하다
ひきずる 억지로 끌고 가다
絶対 절대
浪人 재수생, 실업자
試練 시련
乗り越える 극복하다
失敗 실패
親友 친한 친구
つきあう 사귀다
平気だ 아무렇지 않다

Dialogue

A : やっぱり女性は美人で、スタイルがいいのがいいよな。
역시 여성은 미인이고 스타일이 좋은 것이 최고다.

B : 性格が良ければいいじゃん。
성격이 좋으면 되지 않아?

A : いや、やっぱり外見が重要だよ。**たとえば**自分の彼女がブタのように太っ**ても**好きでいられる?
아니, 역시 외모가 중요해. 만약 자기 여자친구가 돼지처럼 살쪄도 좋아할 수 있어?

B : ……「やせろ」と言う。
…… '살 빼'라고 하겠지.

やっぱり 역시
スタイル 스타일
外見 외모
ブタ 돼지
太る 살찌다
やせる 살이 빠지다

나도 해보기

A : 学校で一番人気がある谷口さんに告白するの?

B : ＿＿＿＿＿＿＿＿＿＿＿＿＿自分の気持を伝えたいんだ。

　　A : 학교에서 가장 인기 있는 타니구치 씨에게 고백할 거야?
　　B : 비록 차이더라도 자신의 마음을 전하고 싶어.

もし味が薄かったら塩を入れてください。
만약 맛이 싱거우면 소금을 넣으세요.

▶▶▶ **もし～たら**　만약 ～하면

「もし～たら」는 '만약 ～하면'이라는 의미로, 미래의 일, 즉 앞으로 어떻게 될지 모르는 일에 대한 가정을 나타내는 표현으로 반복적으로 일어나는 사건을 가정하기보다는 일회성인 사건을 가정할 때 주로 쓰입니다.

기본 표현

❶ **もし1000万円あったら何に使う？**
만약 1000만 엔이 있다면 무엇에 쓸 거야?

❷ **もしお風呂のお湯が熱かったら水を入れて加減してください。**
만약 욕조의 물이 뜨겁다면 찬물을 넣어서 조절하세요.

❸ **もしよかったらいっしょに資料室に行ってくれる？**
만약 괜찮으면 함께 자료실에 가 줄래?

❹ **もしどの国にも行ってもいいと言われたら、どの国に行きたい？**
만약 어느 나라에 가도 좋다고 들으면 어느 나라에 가고 싶어?

❺ **パーティーをするんですが、もしよかったらいらしてください。**
파티를 하는데 혹시 괜찮으면 오세요.

Tip

塩 소금
お湯 더운 물
加減 가감
危険 위험

Dialogue

A : 彼氏が男友だちを連れてくるって言っているの。人数が合わないから、いっしょに行ってくれる？
남자친구가 친구들을 데리고 온다고 해. 인원 수가 맞지 않으니까 같이 가 줄래?

B : え～, 気乗りしないな。
뭐? 내키지 않아.

A : おねがい。他に頼める人がいないの。
부탁이야. 달리 부탁할 수 있는 사람이 없어.

B : しょうがないな。もし気に入らない相手だったら、すぐに帰るからね。
어쩔 수 없지. 만약 마음에 들지 않는 상대라면 바로 돌아올 거야.

気乗り 마음이 내킴
相手 상대
宝くじ 복권
当たる 맞다, 당첨되다
豪華だ 호화롭다

나도 해보기

A : ＿＿＿＿＿＿＿＿＿＿＿＿＿＿＿、何に使う？
B : 豪華な海外旅行に行きたい。

　　A : 만약 복권에 당첨된다면 무엇에 쓸 거야?
　　B : 호화로운 해외여행을 가고 싶어.

답

もし、宝くじが当たったら

午後からたぶん雨が降るでしょう。

오후부터 아마 비가 오겠지요.

▶▶▶ **たぶん〜でしょう** 아마 〜일 것입니다

「たぶん〜でしょう」는 '아마 〜일 것입니다'라는 의미로 일상생활에서 흔히 사용되는 불확실한 추측을 나타내는 표현입니다.

기본 표현

❶ 彼はたぶん来ないでしょう。
그는 아마 오지 않겠죠.

❷ この取引はたぶんうまくいくでしょう。
이 거래는 아마 잘 되겠죠.

❸ この天気だと、明日はたぶん台風が来るでしょう。
이런 날씨라면, 내일은 아마 태풍이 오겠죠.

❹ 万全の準備をしましたから、たぶん安全でしょう。
만반의 준비를 했기 때문에 아마 안전하겠죠.

❺ 漢方薬なら味はたぶん苦いでしょう。
한방약이라면 맛은 아마 쓰겠죠.

Tip

取引 거래
うまい 잘 하다
万全の準備 만반의 준비
漢方薬 한방약
苦い 쓰다

Dialogue

A : 海外出張には誰が行くのかな?
해외출장에는 누가 갈까?

B : たぶん期待されている田中君が行くでしょう。
아마 기대받고 있는 다나카 군이겠죠.

A : 注目の新入社員だもんね。
주목받는 신입사원이니까.

B : うらやましいな。
부러워.

期待 기대
注目 주목
うらやましい 부럽다

나도 해보기

A : この学校で一番有名な人は誰ですか。

B : _____。

A : 이 학교에서 가장 유명한 사람은 누구입니까?

B : 아마 나카무라 선생님이겠죠.

답

たぶん中村先生でしょう

패턴 266

もしかしたら、怒って帰ったかもしれない。

어쩌면 화가 나서 돌아갔을지도 모른다.

▶▶▶ **もしかしたら～かもしれない** 어쩌면 ～일지도 모른다

「もしかしたら～かもしれない」는 '어쩌면 ～일지도 모른다'라는 의미로 확실하지는 않지만 그럴 가능성이 있다는 뉘앙스를 나타내는 표현입니다.

기본 표현

❶ もしかしたら、今年中に結婚できるかもしれない。
어쩌면 올해 중으로 결혼할 수 있을지도 모른다.

❷ この子、もしかしたら、お腹が空いているのかもしれない。
이 아이는 어쩌면 배고파하고 있는 것일지도 모른다.

❸ 監督はもしかしたら、期待しているから厳しく言うのかも。
감독은 어쩌면 기대하고 있는 만큼 엄하게 말하는 것일지도 몰라.

❹ もしかしたら、旅行先では寒いかもしれない。
어쩌면 여행지에서는 추울지도 모른다.

❺ もしかしたら、池田君はあなたのことを好きかもしれないよ。
어쩌면 이케다 군은 너를 좋아할지도 모른다.

Tip

怒る 화를 내다
監督 감독
旅行先 여행지

具合 상태, 형편, 건강상태
心配だ 걱정스럽다
おめでとう 축하합니다
昇進 승진

Dialogue

A : 部長、今日何か元気がなかったね。
부장님, 오늘 왠지 기운이 없었어.

B : うん、昨日の食事会でもあまり食べていなかったよ。
응, 어제 식사자리에서도 별로 먹지 않았어.

A : もしかしたら、どこか具合が悪いかもしれないね…。
어쩌면 어딘가 몸 상태가 좋지 않을지도 몰라.

B : 心配だね。
걱정이네.

나도 해보기

A : _____ 昇進できるかもしれない。

B : 本当？ おめでとう。

　　A : 어쩌면 부장으로 승진할 수 있을지도 몰라

　　B : 정말? 축하해.

답

もしかしたら、部長に

302 일본어회화 패턴으로 정복하기

いくら安全装置をしているとはいえ、落ちそうで怖い。
아무리 안전장치를 하고 있다고 해도 떨어질 것 같아 무섭다.

▶▶▶ **いくら～とはいえ** 아무리 ~라고 해도

「いくら～とはいえ」는 '아무리 ~라고 해도'라는 의미로 전문에서 예상되는 결과나 기대와는 다른 결과가 뒤따를 때 사용하는 표현입니다.

기본 표현

❶ **いくら**暑い**とはいえ**、下着でウロウロするのは見苦しいよ。
아무리 덥다고 해도 속옷 차림으로 어슬렁거리는 것은 꼴불견이야.

❷ **いくら**子供**とはいえ**、ちゃんと親のすることを見ているよ。
아무리 아이라고 해도 분명 부모가 하는 것을 보고 있다.

❸ **いくら**駅から近い**とはいえ**、歩けば二十分はかかります。
아무리 역에서 가깝다고 해도 걸으면 20분은 걸립니다.

❹ **いくら**まじめだ**とはいえ**、融通性がないと付き合いきれない。
아무리 성실하다고 해도 융통성이 없다면 사귀기 어렵다.

❺ **いくら**プロ**とはいえ**、「猿も木から落ちる」んだよ。
아무리 프로라고 해도 원숭이도 나무에서 떨어져.

安全装置 안전장치
怖い 무섭다
下着 속옷
見苦しい 꼴불견이다
ウロウロする 어슬렁거리다
ちゃんと 분명히, 똑똑히
親 부모
まじめだ 성실하다
融通性 융통성
猿 원숭이

Dialogue

A : お腹がいっぱいで動けない。
배가 너무 불러서 움직일 수 없어.

B : **いくら**おいしい**とはいえ**、カレー5杯は食べすぎでしょう。
아무리 맛있어도 카레 다섯 접시는 너무 많이 먹는 거죠.

A : 当分カレーは見たくもないな。
당분간 카레는 보고 싶지도 않아.

B : あきれた。
졌다 졌어.

動く 움직이다
あきれる 어이가 없다
ダルマ 오뚝이
着方 복장
苦手だ 싫다

나도 해보기

A : ＿＿＿＿＿＿＿＿＿＿＿＿そのダルマのような着方は何?
B : 私、寒いのが本当に苦手なの。

  A : 아무리 춥다고 해도 그 오뚝이 같은 복장은 뭐야?
  B : 나는 추운 것이 너무 싫어.

답 いくら寒いとはいえ

もう少しでお皿を割るところだった。
하마터면 접시를 깰 뻔했다.

▶▶▶ もう少しで～ところだった 하마터면 ～할 뻔했다

「もう少しで～ところだった」는 '하마터면 ～할 뻔했다'라는 의미로, 실제로 어떤 상황이 발생하지는 않았지만, 그 상황이 발생하기 직전까지 갔음을 나타내는 표현입니다.

기본 표현

① もう少しで先生に見つかるところだった。
하마터면 선생님에게 들킬 뻔했다.

② もう少しで壁にぶつかるところだった。
하마터면 벽에 부딪힐 뻔했다.

③ もう少しで池に落ちるところだった。
하마터면 연못에 빠질 뻔했다.

④ もう少しで川でおぼれるところだった。
하마터면 강에 빠져 죽을 뻔했다.

⑤ もう少しで火事になるところだった。
하마터면 불이 날 뻔했다.

Tip

割る 깨다
見つかる 들키다, 발각되다
壁 벽
ぶつかる 부딪히다
池 연못
おぼれる 익사하다

Dialogue

A : もう少しでJLPT N1に合格できるところだったのに。
거의 JLPT N1에 합격할 수 있을 뻔했는데.

B : おしかったね。
아깝네.

A : 聞き取りが苦手なんだよね。
청해가 힘들어요.

B : 次の試験では受かるよ。
다음 시험에서는 합격할 거야.

聞き取り 청해, 듣기
スリップする 미끄러지다
事故 사고

나도 해보기

A : あそこで車がスリップするとは思わなかった。

B : _____。

A : 저곳에서 차가 미끄러질 줄은 몰랐어.
B : 하마터면 사고가 날 뻔했네.

답
もう少しで事故になるところだったね

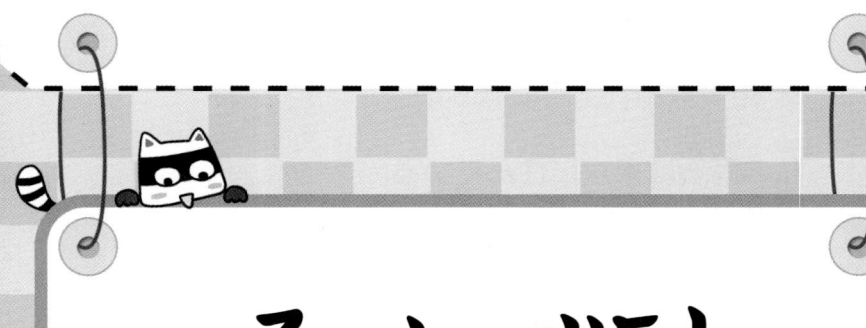

chapter 15

조사 패턴

패턴 269

毎朝8時の電車に乗る。

매일 아침 8시 전철을 탄다.

▶▶▶ ~に + 동사 ~에, ~을

조사 「に」는 우리말의 '~에, ~에게'로 해석되어 기본적으로 대상을 나타내는 역할을 하지만, 시간을 나타내는 말에 붙어 동작이 이루어지는 때를 나타내기도 하고, 「~に住んでいる(~에 거주하고 있다)」와 같이 위치적인 장소를 나타내는 말에 접속되어 장소조사로서의 역할을 하거나, 동사의 ます형이나 동작성 명사에 접속되어 이동동사와 함께 쓰일 경우, 목적을 나타내는 역할을 하기도 합니다. 또한, 「~になる(~이 되다)」처럼 '되다'라는 의미의 동사 「なる」와 함께 쓰여, 변화의 결과를 나타내는 등의 다양한 용법을 가지고 있습니다. 일본어에는 「~に乗る(~을 타다), ~に会う(~을 만나다), ~に気をつける(~을 조심하다)」와 같이 반드시 조사 「に」를 수반하는 특정 동사가 있습니다. 이 경우, 조사 「に」는 목적격 조사 「を」를 대신하는 역할을 하고, '~을/를'로 해석됩니다.

기본 표현

❶ 今週の日曜日、久しぶりに高校時代の友達に会います。
이번 주 일요일, 오랜만에 고교시절의 친구들을 만납니다.

❷ 大学卒業後、姉は小学校の教師になった。
대학졸업 후, 언니는 초등학교 선생님이 되었다.

❸ 私の両親は東京に住んでいる。
나의 부모님은 도쿄에 살고 계신다.

❹ 車に気をつけてね。
차 조심해.

❺ 早くお風呂に入りなさい。
빨리 목욕하세요.

> **Tip**
>
> 久しぶり 오래간만
> お風呂に入る 목욕하다
> 教師 교사, 선생

Dialogue

A : ミミちゃん、学校に行こう。　미미, 학교에 가자.

B : ちょっと待って。　잠깐만 기다려.

A : 早く! 遅れちゃうよ。　서둘러! 늦겠어.

B : ごめん、行こう! お母さん、行ってきます!
미안, 가자! 엄마, 다녀올게요!

> -ちゃん 친근함을 나타내는 호칭

나도 해보기

A : 田中さん、昨日は何時に＿＿＿＿＿＿＿＿。

B : 残業だったから、午後9時頃かな。

　A : 다나카 씨, 어제는 몇 시에 귀가했어요?

　B : 잔업이었기 때문에, 오후 9시쯤이요.

> **답**
> 家に帰りましたか

車の音がする。

차 소리가 난다.

▶▶▶ **〜がする** 〜이 나다(냄새 · 맛 · 소리 · 현기증 · 두통)

「〜がする」는 「味(맛) · 臭い(냄새) · 声(소리) · 音(소리) · 寒気(추위) · 光(빛) · 感じ(느낌) · 頭痛(두통) · 目眩(현기증)」 등과 같이 오감이나 감각을 나타내는 명사와 함께 쓰여 '〜이 나다, 〜이 들다'로 해석합니다.

기본 표현

① いい臭いがするね。何を作っているの?
좋은 냄새가 나네. 무엇을 만들고 있어?

② 部屋の中から妹の声がした。
방 안에서 여동생의 목소리가 난다.

③ 二日酔いで頭痛がする。
숙취로 머리가 아프다.

④ 暑い中歩き続けて目眩がする。
더위 속을 계속 걸어서 현기증이 난다.

⑤ 何となく、明日は雨が降るような気がしませんか。
어쩐지 내일은 비가 올 것 같은 기분이 들지 않아요?

Dialogue

A : (バスの中で) どうしたの? そんなにあわてて。
(버스 안에서) 어떻게 된 거야? 그렇게 허둥대다니.

B : 乗り遅れそうに なって…。息切れがする。
늦어서 못 탈 것 같아서… 아, 숨차.

A : そうなの。よかったね、間に合って。
그래? 다행이네, 시간에 맞아서.

B : うん。
응.

나도 해보기

A : 先生、昨日から _____。

B : 口を開けてください。…ふむ、風邪ですね。

A : 선생님, 어제부터 한기가 들어요.

B : 입을 벌리세요. 흠… 감기네요.

Tip

二日酔い 숙취
何となく 어쩐지

あわてる 허둥지둥하다
乗り遅れる 늦어서 못
　타다
息切れ (숨이 차) 헐떡임

답
寒気がするんです

패턴
271

日本料理が好きです。
にほんりょうり　　す

일본요리를 좋아합니다.

▶▶▶ **～が好きだ / ～が好きでは[じゃ]ない**　～을 좋아하다 / ～을 좋아하지 않다

「が」는 우리말의 '～이, ～가'라는 의미의 조사이지만, 감정을 나타내는 な형용사 앞에 올 경우, '～을, ～를'로 해석하고 조사 「を」를 사용하지 않습니다.

기본 표현

❶ 明るい歌が好きだ。
あか　　うた　　す
밝은 노래를 좋아한다.

❷ 日本人は貯金が好きだと言われています。
にほんじん　ちょきん　　す　　　い
일본인은 저금을 좋아한다고 들었습니다.

❸ どんな音楽が好きですか。
おんがく　　す
어떤 음악을 좋아합니까?

❹ 花の写真を撮るのが好きです。
はな　しゃしん　と　　　す
꽃 사진 찍는 것을 좋아합니다.

❺ 野菜が好きな人もいるし、好きではない人もいる。
やさい　す　　ひと　　　　　す　　　　　ひと
채소를 좋아하는 사람도 있고, 좋아하지 않는 사람도 있다.

Tip

貯金 저금
写真を撮る 사진을 찍다

お口に合う 입에 맞다

Dialogue

A : 李さんは、どんな日本料理が好きですか。
にほんりょうり　　す
이 씨는 어떤 일본요리를 좋아해요?

B : そうですね。私はすしが好きです。田中さんは、どんな韓国料
わたし　　　　す　　　たなか　　　　　　　かんこくりょう
理が好きですか。
り　　す
글쎄요. 저는 초밥을 좋아해요. 다나카 씨는 어떤 한국요리를 좋아해요?

A : 私は韓国料理は何でも好きですが、特に牛カルビが好きですね。
わたし　かんこくりょうり　なん　　す　　　　とく　ぎゅう　　　　す
저는 한국요리는 뭐든지 좋아하지만, 특히 소갈비를 좋아해요.

B : そうですか。韓国料理がお口に合うようでうれしいです。
かんこくりょうり　くち　あ
그래요? 한국요리가 입에 맞는 것 같아서 기쁘네요.

나도 해보기

A : 金さん、スポーツはよくしますか。

B : そうですね。野球を＿＿＿＿＿＿＿＿＿、するのはちょっと…。
やきゅう

A : 김 씨, 스포츠는 잘해요?

B : 글쎄요. 야구를 보는 것은 좋아하지만, 하는 것은 좀….

답
見るのは好きですが
み　　　す

패턴 272

チーズが嫌いです。
치즈를 싫어합니다.

▶▶▶ **〜が嫌いだ** 〜을 싫어하다

「嫌いだ」역시 감정을 나타내는 な형용사로 목적어에 대한 조사는「を」가 아닌「が」를 취하고, '〜을, 〜를'로 해석합니다.

기본 표현

❶ 私は鍋料理が嫌いなんだよ。
나는 냄비요리를 싫어해.

❷ 季節の中で、冬が一番嫌いです。
계절 중에 겨울을 가장 싫어합니다.

❸ 彼のことを嫌いだと言う人もいるが、私は好きだ。
그를 싫어한다고 말하는 사람도 있지만, 나는 좋아한다.

❹ 引っ越しをするのが嫌いです。
이사하는 것을 싫어합니다.

❺ 家事の中で一番嫌いなのは、皿洗いです。
집안일 중에서 가장 싫어하는 것은 설거지입니다.

Tip

鍋 냄비
季節 계절
家事 가사, 집안일
皿洗い 설거지

Dialogue

A : 今、ダイエットで運動をしているんです。
지금 다이어트로 운동을 하고 있습니다.

B : そうですか。調子はどうですか。
그래요? 컨디션은 어때요?

A : 始める前は運動が大嫌いでしたが、やってみると楽しいですね。
시작하기 전에는 운동을 정말 싫어했지만, 해 보니 즐거워요.
毎日1時間ぐらいプールで泳いでいます。
매일 1시간 정도 수영장에서 수영하고 있어요.

B : 楽しいなら続けられますよ。がんばってくださいね。
즐겁다면 계속할 수 있겠네요. 열심히 하세요.

ダイエット 다이어트
番組 프로그램

나도 해보기

A : テレビをよく見ますか。
B : ニュースはよく見ますが、お笑い番組は＿＿＿＿＿＿＿。

A : TV를 자주 봐요?
B : 뉴스는 자주 보지만, 개그프로는 싫어해요.

답
嫌いです

패턴 273

彼はサッカーが上手です。

그는 축구를 잘합니다.

▶▶▶ ~が上手だ / ~が得意だ ~을 잘하다

조사 「が」는 능력을 나타내는 な형용사 앞에서는 목적조사의 기능을 가지며 '~을, ~를'로 해석합니다.

기본 표현

❶ 金さんは、日本語も英語も上手だ。
김 씨는 일본어도 영어도 잘한다.

❷ 田中さんはテニスがとても上手だ。
다나카 씨는 테니스를 매우 잘한다.

❸ 料理の中でスパゲッティが得意です。
요리 중에서 스파게티를 잘합니다.

❹ 家事は得意なほうです。
집안일은 잘하는 편입니다.

❺ 女性でも料理や家事が得意ではない人もいる。
여성이라도 요리와 가사를 잘 못하는 사람도 있다.

Tip

サッカー 축구
テニス 테니스
スパゲッティ 스파게티

口に合う 입에 맞다
機会 기회

Dialogue

A : 田中さん、これ、おいしいです。料理がお上手ですね。
다나카 씨, 이거 맛있네요. 요리를 잘하시네요.

B : そうですか。お口に合うようでよかったです。
그래요? 입에 맞는 것 같아 다행이네요.

A : 今度機会があれば教えていただけますか。
다음에 기회가 있으면 가르쳐 주실래요?

B : ええ、よろこんで。
네, 기꺼이.

나도 해보기

A : イさんのお母さんはどんな人ですか。

B : やさしくて、＿＿＿＿＿＿人です。

A : 이 씨의 어머니는 어떤 사람입니까?
B : 상냥하고 요리를 잘하는 사람이에요.

답
料理が上手な

310　일본어회화 패턴으로 정복하기

私の姉は料理が下手だ。

우리 언니는 요리를 못한다.

▶▶▶ ～が下手だ / ～苦手だ   ～을 못하다

「下手だ/苦手だ」는 '서툴다, 잘 못하다'라는 의미로 능력을 나타내는 な형용사입니다. 위와 마찬가지로 조사는 「が」를 취하고 '～을, ～를'로 해석합니다.

기본 표현

❶ 彼はテニスがかなり下手です。
그는 테니스를 상당히 못합니다.

❷ 絵が下手で、何の絵だか全然わかりません。
그림을 못 그려서, 어떤 그림인지 전혀 알 수 없습니다.

❸ 金さんは、女の人と二人きりで話をするのが苦手です。
김 씨는 여자랑 단둘이서 이야기를 잘 못합니다.

❹ 泳げますが、水は苦手です。
수영할 수 있지만, 물은 질색입니다.

❺ メールのやりとりは苦手です。
메일을 주고받는 것은 서툽니다.

かなり 상당히, 꽤
全然 전혀
～きり ～뿐, ～만
やりとり 주고받음

Dialogue

A : 田中さん、エビ、食べないんですか。
다나카 씨, 새우 안 먹습니까?

B : あ…。実は海の物が苦手で…。
아…. 사실은 해산물은 질색이라….

A : そうですか。じゃ、肉料理をもう一つ注文しましょう。
그래요? 그럼 고기요리를 하나 더 주문합시다.

B : すみません。お願いします。
죄송합니다. 부탁할게요.

나도 해보기

A : 次の出張はアメリカ支店ですね。

B : はぁ。あそこの支店長、＿＿＿＿＿＿＿＿＿＿＿＿＿＿。

A : 다음 출장은 미국 지점이에요.

B : 하ㅡ. 거기 지점장, 까다로워서 싫어요.

エビ 새우
気難しい 성미가 까다롭다

답
気難しくて苦手なんですよね

営業時間は9時から5時までです。

영업시간은 9시부터 5시까지입니다.

▶▶▶ ～から～まで ～부터 ～까지

「～から～まで」는 '～부터 ～까지'라는 의미로, 시간이나 장소 등을 나타내는 말과 함께 쓰여 어떠한 동작이나 상황의 시작점과 종료시점을 나타내는 표현입니다.

기본 표현

❶ ここから駅まで遠いですか。
여기서 역까지 멉니까?

❷ このホテルから海まで歩いてどのぐらいですか。
이 호텔에서 바다까지 걸어서 어느 정도입니까?

❸ 私はいつもうちから学校まで自転車で行きます。
나는 항상 집에서 학교까지 자전거로 갑니다.

❹ 駅から家まで20分かかります。
역에서 집까지 20분 걸립니다.

❺ 大阪から東京までどのくらいかかりますか。
오사카에서 도쿄까지 어느 정도 걸립니까?

Dialogue

A : 毎日うちから駅まで自転車で行きますか。
매일 집에서 역까지 자전거로 갑니까?

B : はい。天気がいい日はいつも。
예. 날씨가 좋으면 항상.

A : 雨の日はバスですか。
비오는 날은 버스로 갑니까?

B : いいえ、歩きます。
아니요, 걸어갑니다.

나도 해보기

A : 昼休みは何時からですか。

B : ＿＿＿＿＿＿＿＿＿＿＿＿です。

A : 점심시간은 몇 시부터입니까?
B : 12시 반부터 1시 15분까지입니다.

Tip

営業 영업
歩く 걷다

昼休み 점심시간

답

12時半から1時15分まで

今日は朝まで飲みましょう。

오늘은 아침까지 마십시다.

▶▶▶ ～まで / ～までに　～까지

「まで」는 기본적으로 '～까지'라는 의미로 동작이나 장소, 시간의 끝을 나타내는 표현입니다. 시간을 나타내는 표현으로 쓰일 경우, 가장 혼동을 많이 하게 되는 부분이 「まで」와 「までに」의 구분입니다. 「まで」와 「までに」는 둘 다 시간을 나타내는 명사에 접속되어, '～까지'라는 동일한 의미로 해석되지만, 「まで」는 동작이나 상태가 계속되는 최종시점을 나타내고, 「までに」는 동작이나 사건의 완료를 의미하는 최종기한을 나타내는 표현입니다.

예를 들어, 다음의 두 문장의 뉘앙스를 비교해 봅시다.

(1) 午後2時まで宿題をしてください。　(2) 午後2時までに宿題をしてください。

이 두 문장 모두 우리말로는 '오후 2시까지 숙제를 하세요.'라고 해석됩니다. 그러나 「まで」를 사용한 (1)문장에는 '말하는 시점인 지금부터 시작해서 2시까지 계속 숙제를 하라'라는 의미가 내포되어 있고, 「までに」를 사용한 (2)문장에는 '숙제를 시작하는 시점은 상관이 없지만, 늦어도 오후 2시 전까지는 숙제를 완료하라'라는 의미를 내포하고 있는 것입니다. 다시 말해, 「まで」는 동작이 일어나는 기간을, 「までに」는 동작을 완료하는 기한을 나타내는 표현이라고 할 수 있습니다.

기본 표현

❶ 私は毎朝8時半までに会社に行っている。
나는 매일 아침 8시 반까지 회사에 간다.

❷ 電車の時間まであと40分もあります。
전철 시간까지 앞으로 40분이나 있습니다.

❸ 5時までに帰りたいです。　5시까지 돌아가고 싶습니다.

❹ 宿題はあしたまでにできますか。　숙제는 내일까지 가능합니까?

❺ 合格するまで努力します。　합격할 때까지 노력하겠습니다.

Tip

合格 합격
努力 노력

荷物 짐
あさって 모레

Dialogue

A : すみません、この荷物明日までに東京に着きますか。
죄송합니다만. 이 짐 내일까지 도쿄에 도착합니까?

B : まだ2時ですから大丈夫ですよ。
아직 2시니까 괜찮습니다.

A : 5時ごろもう一つ持ってきますが、それも大丈夫ですか。
5시경 또 한 개 가지고 오겠습니다만 그것도 괜찮습니까?

B : 4時を過ぎた荷物はあさってになります。
4시를 넘긴 짐은 모레가 됩니다.

나도 해보기

A : この仕事は＿＿＿＿＿＿＿＿＿＿＿＿。

B : ちょっと難しいですね。

A : 이 일은 10일까지 가능합니까?　　B : 좀 어렵겠네요.

답

10日までにできますか

お腹が空いた**から**、何か食べよう。

배가 고프니까 뭔가 먹자.

▶▶▶ **～から / ～だから**   ～부터 / ～이니까, ～이기 때문에

어떠한 동작이나 상황발생의 시작점을 표현하는 조사「から」가 명사·い형용사·な형용사·동사의 종지형에 접속하면「から」는 어떠한 사실에 대해서 주관적 판단이나 근거에 의한 이유를 제시하여 말하는 표현이 되어, '～때문에'로 해석됩니다.

기본 표현

❶ 今日は残業がある**から**、帰りが遅くなるよ。
오늘은 잔업이 있어서 귀가가 늦을 거야.

❷ 1週間海外旅行へ行く**から**、有給休暇をとりたいです。
1주일간 해외여행을 가기 때문에 유급휴가를 받고 싶습니다.

❸ 市場では果物が安い**から**、いつもたくさん買って帰ります。
시장에서는 과일이 싸기 때문에 항상 많이 사서 옵니다.

❹ 今週の日曜日は暇**だから**、図書館へ本を借りに行くつもりです。
이번 주 일요일은 한가하기 때문에 도서관에 책을 빌리러 갈 생각입니다.

❺ この雨、つゆ**だから**仕方がないね。
이 비, 장마라서 어쩔 수 없다.

Dialogue

A: 鈴木さん、どうしたんですか。
스즈키 씨, 왜 그래요?

B: 昨晩**から**熱があって…。さっき薬を飲ん**だから**大丈夫です。
어젯밤부터 열이 있어서…. 아까 약을 먹었기 때문에 괜찮아요.

A: そうですか。今日はゆっくり休んでくださいね。
그래요? 오늘은 푹 쉬세요.

B: はい、そうします。
네, 그럴게요.

나도 해보기

A: このケーキ、おいしいですよ。食べないんですか。

B: 今＿＿＿＿＿＿＿＿＿…。

　　A: 이 케이크 맛있어요. 안 먹어요?
　　B: 지금 다이어트 중이라서.

のどが渇いたので、水をおねがいします。

목이 마르니 물 좀 주세요.

▶▶▶ **～ので / ～なので** ～이기 때문에

「ので」는 「명사＋な/동사・い형용사의 기본형/な형용사의 명사수식형」에 접속되어, 정중하고 객관적으로 이유나 원인을 말할 때 사용합니다. 또한 「ので」는 누가 들어도 말하는 사람이 말한 이유나 원인이 타당성이 있다고 판단되는 표현으로 「から」보다 정중한 표현으로 쓰이기도 합니다.

기본 표현

❶ 会社まで地下鉄一本ですぐ行けるので、便利です。
회사까지 지하철 한 번만 타면 바로 갈 수 있어서 편리합니다.

❷ 李さんは2年間日本に住んでいたので、日本語が上手です。
이 씨는 2년 동안 일본에 살았기 때문에 일본어를 잘합니다.

❸ 時間がないので、もう行きます。
시간이 없기 때문에 이만 갈게요.

❹ かぜで頭が痛いので、今日は早退させてください。
감기로 머리가 아파서 오늘은 조퇴시켜 주세요.

❺ 彼は英語が上手なので、海外旅行も安心です。
그는 영어를 잘하기 때문에 해외여행도 안심입니다.

Dialogue

A : わあ、この写真かわいい。高橋さんの猫ですか。
와, 이 사진 귀여워. 타카하시 씨의 고양이예요?

B : はい、でも猫の世話ははじめてなのでたいへんです。
네, 하지만, 고양이를 돌보는 것이 처음이라서 힘들어요.

A : たいへんだけどかわいいでしょう。
힘들어도 귀엽죠?

B : ええ、毎日楽しいです。
네, 매일 즐거워요.

나도 해보기

A : (ホテルで) 501号室なんですが、トイレの水が＿＿＿＿＿＿

　　見に来てください。

B : はい、すぐ伺います。

　　A : (호텔에서) 501호실입니다만, 화장실 물이 나오지 않으니 보러 와 주세요.

　　B : 네, 바로 방문하겠습니다.

Tip
のどが渇く 목이 마르다
早退 조퇴

かわいい 귀엽다
猫 고양이
世話 돌봄, 도움
流れる 흐르다
伺う 방문하다

답
流れないので

패턴 279

サイズが合うかどうか、着てみます。

사이즈가 맞는지 안 맞는지 입어 볼게요.

▶▶▶ **～かどうか** ～인지 아닌지

'～인가, ～인지'라는 의미를 갖는 조사 「か」는 대개 의문사에 접속하여 불확실함을 나타내는 표현이나 수량을 나타내는 말에 붙어 대강의 수량을 말할 때 쓰이지만, 「～かどうか」의 형태로 쓰일 경우, '～일지 아닐지'로 해석되어, 선택을 나타내는 용법으로 쓰입니다. 그러나 「～かどうか」는 일의 실현 여부나 적합성의 여부를 묻는 표현이므로 우리말의 '무엇, 누구, 언제' 등과 같은 의문사와 함께 쓰일 수 없습니다.

기본 표현

❶ 勤めているかどうかは知らない。
근무하고 있을지 아닐지 모른다.

❷ 卒業できるかどうかは、弟さんの努力次第ですね。
졸업할 수 있을지 없을지는 동생분의 노력에 달려 있어요.

❸ 山本さんがまだ本社にいるかどうか、聞いてみます。
야마모토 씨가 아직 본사에 있는지 없는지 물어보겠습니다.

❹ 彼女の料理がおいしいかどうかは、食べたらわかります。
그녀의 요리가 맛있을지 없을지는 먹어 보면 압니다.

❺ サイズが合うかどうか、この帽子をかぶってみてください。
사이즈가 맞는지 어떤지 이 모자를 써 보세요.

Tip

勤める 근무하다
명사+次第 ～에 따라 결정됨
本社 본사
帽子をかぶる 모자를 쓰다

Dialogue

A : (くつ屋で) いらっしゃいませ。
(구두가게에서) 어서 오세요.

B : この靴、かわいいですね。サイズが合うかどうか、ちょっと
はいてみてもいいですか。
이 구두, 예쁘네요. 사이즈가 맞을지 안 맞을지, 잠깐 신어 봐도 돼요?

A : はい、もちろんです。どうぞ。
네, 물론이죠. 신어 보세요.

B : ありがとう。あ、ピッタリ！ これ、ください。
고마워요. 아, 딱 맞네! 이거 주세요.

ピッタリ 꽉, 꼭, 딱
給料 급료

나도 해보기

A : 来月から給料が_____知っていますか。

B : たぶん上がるはずですよ。

　　A : 다음 달부터 급료가 오를지 안 오를지 알고 있습니까?
　　B : 아마 오를 것입니다.

답
上がるかどうか

外国生活は大変なこともあるけど楽しいです。

외국 생활은 힘든 일도 있지만 즐겁습니다.

▶▶▶ **～けど / ～だけど** ～지만

「～けど/～だけど」는 '～지만'이란 뜻으로 앞 문장에서 예상되는 것과 반대되는 결과가 뒤 문장에 이어져 역접을 나타내는 표현입니다. 그러나 그것에 대한 놀라움이나 불만 등의 표현은 함께 쓰이지 않습니다.

기본 표현

❶ 友達と3時に会う約束をしたけど、まだ来ない。
친구와 3시에 만날 약속을 했지만, 아직 오지 않는다.

❷ 彼女とつきあっているけど、結婚するかどうかはわからない。
그녀와 사귀고 있지만, 결혼할지 어떨지는 모른다.

❸ この家は駅から遠いけど、日当たりはいい。
이 집은 역에서 멀지만 채광은 좋다.

❹ 韓国語の勉強は難しいけど、おもしろいです。
한국어 공부는 어렵지만 재미있습니다.

❺ 彼は外国人だけど、日本文化についてよく理解している。
그는 외국인이지만 일본문화에 대해서 잘 이해하고 있다.

Tip

つきあう 사귀다
日当たり 볕이 듦, 양지 바름
理解 이해

召し上がる 드시다
研修会 연수회

Dialogue

A : このお茶、おいしいですね。
이 차, 맛있네요.

B : そうでしょう？中国のお茶ですよ。
그렇죠? 중국차예요.

A : 日本のお茶もおいしいけど、中国にこんなにおいしいお茶があるとは知りませんでした。
일본차도 맛있지만, 중국에 이렇게 맛있는 차가 있다는 것은 몰랐습니다.

B : よろしければこちらも召し上がってください。
괜찮으면 이것도 드셔 보세요.

나도 해보기

A : 明日の研修会、＿＿＿＿＿＿＿＿李さんはどうしますか。
B : 私も行きますよ。

　　A : 내일 연수회, 저는 갑니다만, 이 씨는 어떻게 합니까?
　　B : 저도 가요.

답

私は行きますけど

君さえいれば、何もいらない。
너만 있으면 아무것도 필요 없다.

▶▶▶ **～さえ～ば** ～만 ～하면

극단적인 사항을 내세워 말하는 사람의 의외의 기분을 나타내는 표현으로, 우리말의 '～조차'에 해당하는 부조사 「さえ」와 가정을 나타내는 조사 「ば」가 함께 쓰이며 '～만 ～하면'이란 의미를 나타냅니다. 뒤에 오는 내용이 성립하기 위한 유일한 조건을 나타내는 표현입니다.

기본 표현

❶ 暇さえあれば漢字を覚えました。
틈만 나면 한자를 외웠습니다.

❷ 自分がしたい仕事さえできれば、後は何も望まない。
자신이 하고 싶은 일만 할 수 있다면, 앞으로는 아무것도 바랄 게 없다.

❸ お金にさえ困らなければ、外国に住むのもいい。
돈만 궁하지 않으면, 외국에서 사는 것도 좋다.

❹ あなたさえよければ、いつでも遊びに来てください。
당신만 좋으시면, 언제라도 놀러 오세요.

❺ 家族さえ安全ならば、どこへ引っ越ししてもかまいません。
가족만 안전하다면, 어디에 이사해도 상관없습니다.

Tip

覚える 기억하다, 익히다
望む 바라다
困る 곤란하다, 궁해지다

ゴルフ 골프

답
暇さえあれば

Dialogue

A : 急に子供が熱を出して…。先生、大丈夫でしょうか。
갑자기 아이가 열이 나서… 선생님 괜찮을까요?

B : 風邪ですね。薬さえ飲めば、すぐよくなりますよ。
감기네요. 약만 먹으면 금방 좋아질 거예요.

A : よかった。安心しました。
다행이네요. 안심입니다.

B : では、お大事に。
그럼, 몸조리 잘하세요.

나도 해보기

A : お母さん、お父さんは？ またゴルフ？

B : そうなのよ。最近は＿＿＿＿＿＿＿ゴルフをしてるわ。

　　A : 엄마, 아빠는? 또 골프?
　　B : 응. 요즘은 틈만 나면 골프를 쳐.

やってみるしかない。

해 볼 수밖에 없다.

▶▶▶ **～しかない / ～しか～ない** ～할 수밖에 없다 / ～밖에 ～(지) 않다

「しかない」는 앞에 오는 내용 이외에는 모든 것은 부정함으로써, 가능한 방법 및 수단을 한정하는 표현으로 '～할 수밖에 없다'로 해석합니다. 「しか」는 한정을 나타내는 부조사로, 항상 부정문과 호응하여 쓰이고, '～밖에 ～(지) 않다'로 해석합니다.

기본 표현

❶ **タクシーで行くしかない。**
택시로 갈 수밖에 없다.

❷ **これ以上やせるには、もっと運動するしかない。**
이 이상 살을 빼려면 더 운동할 수밖에 없다.

❸ **私の学校に外国人は4人しかいません。**
저의 학교에 외국인은 4명밖에 없습니다.

❹ **この不況を乗り越えるには新製品の開発しかないわね。**
이 불경기를 극복하려면 신제품을 개발하는 수밖에 없다.

❺ **妹はごはんを少ししか食べない。**
여동생은 밥을 조금밖에 먹지 않는다.

Tip

やせる 여위다
不況 불황, 불경기
乗り越える 극복하다
新製品 신제품
開発 개발

Dialogue

A : **どうしたんですか。体の調子がよくないみたいですね。**
무슨 일이에요? 컨디션이 좋지 않은 것 같네요.

B : **昨日、夜遅くまで出張の報告書を書いていて、三時間しか寝ていないんです。**
어젯밤 늦게까지 출장 보고서를 써서, 3시간밖에 못 잤어요.

A : **昼休みに、休憩室で少し仮眠を取ったらどうですか。**
점심시간에 휴게실에서 조금 눈 좀 붙이는 건 어때요?

B : **ええ、そうします。**
네, 그럴게요.

報告書 보고서
休憩室 휴게실
仮眠を取る 잠시 동안 자다
最寄り 근처
バス停 버스정류장

나도 해보기

A : **家から最寄りの駅はどこですか。**
B : **家の近くには_____。**

　　A : 집에서 가장 가까운 역이 어디예요?
　　B : 집 근처에는 버스정류장밖에 없어요.

답

バス停しかないんですよ

韓国の夏はインドの夏ほど暑くないです。
한국의 여름은 인도의 여름만큼 덥지 않습니다.

▶▶▶ **〜ほど〜ない** 〜만큼 〜않다

「ほど」는 기본적으로 시간이나 수량을 나타내는 말에 붙어 '〜정도, 〜쯤'으로 해석되는 상태의 알맞은 정도를 나타낼 때 사용하는 표현입니다. 「ほど」가 「〜ほど〜ない」의 형태로 쓰일 경우, 어떠한 기준이나 대상을 제시하고, 제시한 기준이나 대상보다 정도가 심하지 않음을 나타내는 비교표현으로 쓰여 '〜만큼 〜지 않다'로 해석됩니다.

기본 표현

❶ **このかばんは、そのかばんほど高くないです。**
이 가방은 그 가방만큼 비싸지 않습니다.

❷ **ここの料理は昔ほどおいしくなくなった。**
여기 요리는 옛날만큼 맛있지 않았다.

❸ **私は母ほど料理が上手ではありません。**
나는 엄마만큼 요리를 잘하지 않습니다.

❹ **兄は弟ほど器用ではない。**
형은 남동생만큼 손재주가 좋지 않다.

❺ **食べられないほど辛くはありません。**
먹을 수 없을 만큼 맵지는 않습니다.

Dialogue

A : **お部屋は寒くないですか。**
방은 춥지 않아요?

B : **寝られないほど寒くはないですが、少しひんやりします。**
잘 수 없을 만큼 춥지는 않지만, 조금 싸늘해요.

A : **そうですか。ただいま毛布をお持ちしますね。**
그래요? 당장 담요를 가지고 갈게요.

B : **はい。お願いします。**
네. 부탁해요.

나도 해보기

A : **韓国の夏は日本と比べてどうですか。**

B : **そうですね。日本の_____と思います。**

A : 한국의 여름은 일본과 비교하면 어때요?

B : 글쎄요. 일본의 여름만큼 습도가 높지는 않은 것 같아요.

世の中にはお金持ちもいれば、貧乏な人もいる。

세상에는 부자도 있고, 가난한 사람도 있다.

▶▶▶ ~も~ば(なら)、~も ~도 ~하고, ~도

유사한 사항을 열거하여 강조하는 경우나 대조적인 사항을 늘어놓고 여러 가지가 있음을 나타낼 때 사용하는 문형으로 '~도 ~하고, ~도'라고 해석합니다.

기본 표현

❶ 勉強がよくできる生徒もいれば、運動がよくできる生徒もいる。
공부를 잘하는 학생도 있고, 운동을 잘하는 학생도 있다.

❷ 安くて質がよくない製品もあれば、安くて質がいい製品もある。
싸서 질이 좋지 않은 제품도 있고, 싸면서 질이 좋은 제품도 있다.

❸ 退社後は家へそのまま帰ることもあれば、一杯飲むこともある。
퇴근 후에는 집에 그대로 가는 경우도 있고, 한잔 마시는 경우도 있다.

❹ 休みの日は家にいることもあれば、外出することもある。
휴일에는 집에 있는 경우도 있고 외출하는 경우도 있다.

❺ 私の会社は日勤もあれば、夜勤もあります。
저의 회사는 주간 근무도 있고 야근도 있습니다.

Dialogue

A : (ファミリーレストランで)何にしようかな?
(패밀리 레스토랑에서) 뭘로 할까?

B : ねえ、ドリンクバーにしようよ。ジュースもあれば、コーヒー
やスープもあるよ。
있잖아. 드링크바로 하자. 주스도 있고 커피랑 스프도 있어.

A : いいね、それ。じゃあ、私はスパゲッティとドリンクバーにする。
그거 좋네. 그러면 나는 스파게티와 드링크바로 할래.

B : 私は、ハンバーグとドリンクバー。
나는 함박스테이크랑 드링크바.

나도 해보기

A : 前の取引先の営業担当だった山田さん、先日独立したそうですよ。

B : そうか。独立して＿＿＿＿＿＿、＿＿＿＿＿＿からな。

　A : 전에 거래처의 영업담당이었던 야마다 씨, 얼마 전 독립했다고 합니다.

　B : 그래? 독립해서 성공하는 사람도 있는가 하면, 실패하는 사람도 있으니 말이야.

Tip

お金持ち 부자
貧乏 가난
質 품질
製品 제품
退社 퇴사, 퇴근
日勤 주간 근무
夜勤 야근

営業担当 영업담당
独立 독립
成功 성공
失敗 실패

답
成功する人もいれば /
失敗する人もいる

뿌려 먹는 가루 음식 '후리카케'

ふりかけ

요즘은 우리나라 마트에서도 쉽게 볼 수 있는 후리카케.
예전에 TV를 볼 때, '일본사람들은 밥에 뭘 저렇게 뿌려 먹나~' 하고 궁금해했었습니다.

일본의 후리카케는 다이쇼시대(大正時代 たいしょうじだい)에 칼슘을 보충하기 위해 생선의 뼈를 건조시켜 가루를 낸 후, 깨나 김 등 다양한 조미료를 더해서 만들어낸 것입니다.

즉, 건강을 위해 만들어 먹던 지혜의 음식이 다양한 재료와 방법으로 지금까지 이어져온 것이지요. 원래 후리카케는 집에서 재료를 직접 건조시켜 만들어 먹는 것이 대부분이었지만, 지금은 다양한 종류의 후리카케를 손쉽게 구매해서 먹을 수 있답니다.

후리카케는 단순히 밥에 뿌려 먹기도 하고, 주먹밥을 만들 때 사용하기도 하고, 후리카케를 뿌린 밥에 뜨거운 녹차를 부어 오차즈케를 만들어 먹기도 합니다.

요즘에는 스프나 스파게티, 샐러드 등에도 넣어서 먹기도 한답니다.

chapter 16

열거, 나열 패턴

休みの日は掃除をしたり、買い物に行ったりします。

휴일은 청소하기도 하고, 쇼핑하러 가기도 합니다.

▶▶▶ ～たり～たりする ～하기도 하고 ～하기도 하다

동사의 과거형에 접속하는 「～たり～たりする」는 다수의 동작 중 몇 가지를 예를 들어 대등하게 열거하여 나타낼 때 사용하는 표현입니다. 한 가지 동작만을 예를 들어 「～たりする」로 표현하기도 하는데, 이 역시 문장에 나타난 동작 외에 다른 동작들이 더 있음을 완곡하게 나타냅니다.

기본 표현

❶ 食べ物を売ったり、買ったりしている人がいます。
음식을 팔거나 사거나 하고 있는 사람이 있습니다.

❷ 週末には本を読んだり、テレビを見たりしています。
주말에는 책을 읽거나 텔레비전을 보거나 하고 있습니다.

❸ 先週は友だちと映画を見たり、食事をしたりしました。
지난 주는 친구들과 영화를 보거나 식사를 하거나 했습니다.

❹ 本を読んだり音楽を聞いたりしています。
책을 읽거나 음악을 듣거나 하고 있습니다.

❺ 今日は買い物をしたり、料理をしたりして忙しいです。
오늘은 쇼핑을 하거나 요리를 하거나 해서 바쁩니다.

Tip
買い物 쇼핑
売る 팔다
買う 사다
先週 지난 주
映画 영화
音楽 음악

Dialogue

A : 毎日、晩ごはんを食べてから何をしますか。
매일, 저녁밥을 먹은 후에 무엇을 합니까?

B : 本を読んだり、テレビを見たりします。
책을 읽거나 텔레비전을 보거나 합니다.

A : 私は毎日、公園まで走っています。
저는 매일 공원까지 달립니다.

B : 私は朝、ときどき公園を散歩します。
저는 아침에 가끔 공원을 산책합니다.

毎日 매일
晩ごはん 저녁밥
公園 공원
走る 뛰다
散歩 산책

나도 해보기

A : 昨日、何をしましたか。
B : 友だちの家で＿＿＿＿＿＿＿＿＿＿＿＿＿。

A : 어제 무엇을 했어요?
B : 친구 집에서 이야기하거나 비디오를 보거나 했어요.

답
話をしたり、ビデオを見たりしました

かばんの中に財布や携帯電話などが入っています。

가방 속에 지갑과 휴대전화 등이 들어 있습니다.

▶▶▶ **～や～など / ～や～や～など** ~랑 ~등

「～や～など/～や～や～など」는 명사에 접속하여 부분열거를 나타내는 표현입니다. 복수의 사물 중에 예를 들어 열거하는 표현으로, 문장에서 언급된 사물 외에 여러 가지가 더 있다는 뉘앙스를 가지고 있습니다.

기본 표현

❶ **女の人は飲み物や食べ物などを売っています。**
여자는 음료수와 음식 등을 팔고 있습니다.

❷ **いつもテレビや雑誌などを見ます。**
항상 텔레비전이나 잡지 등을 봅니다.

❸ **テーブルの上に皿やコップなどがあります。**
테이블 위에 접시나 컵 등이 있습니다.

❹ **休憩時間にコーヒーや紅茶などを飲みます。**
휴식시간에 커피나 홍차 등을 마십니다.

❺ **週末は、ゆっくり新聞や本などを読みます。**
주말은 느긋하게 신문이나 책 등을 읽습니다.

Tip

雑誌 잡지
皿 접시
コップ 컵
休憩 휴식
紅茶 홍차

Dialogue

A : **朝はいつも何を食べますか。**
아침은 항상 무엇을 먹어요?

B : **朝は何も食べないでコーヒーだけ飲みます。**
아침은 아무것도 먹지 않고 커피만 마셔요.

A : **そうですか。私はパンや果物などを食べます。**
그래요? 저는 빵이나 과일 등을 먹어요.

B : **私は夜遅く帰ってご飯を食べますから、朝は何も食べたくありません。**
저는 밤늦게 돌아와서 밥을 먹기 때문에 아침에는 아무것도 먹고 싶지 않아요.

夜遅く 밤늦게
特に 특히
すし 초밥
てんぷら 튀김

나도 해보기

A : **李さんは、どんな日本料理が好きですか。**

B : **そうですね。何でも食べますが、特に_____。**

A : 이 씨는 어떤 일본요리를 좋아해요?

B : 글쎄요. 뭐든 먹지만, 특히 초밥이나 튀김 등이 좋아요.

답

すしやてんぷらなどが好きです。

広くて駅から近い部屋がいいです。

넓고 역에서 가까운 방이 좋습니다.

▶▶▶ **～くて / ～くて～くて / ～で、～で** ～(하)고

「～くて/～で」는 어떤 대상에 대한 성질이나 특징을 열거하는 표현으로 '～(하)고'라는 의미를 나타냅니다. 「～くて」는 い형용사의 어간에 접속되고, 「で」는 명사나 な형용사의 어간에 접속됩니다.

기본 표현

① このかばんは大きくて重いです。
이 가방은 크고 무겁습니다.

② おいしくて安くて いいですね。
맛있고 싸고 좋네요.

③ この靴は革が柔らかくて履きやすいですよ。
이 구두는 가죽이 부드럽고, 신기 편합니다.

④ 田中先生は、とてもきれいで料理も上手な先生です。
다나카 선생님은 매우 예쁘고, 요리도 잘하는 선생님입니다.

⑤ 私の彼はハンサムで、頭がよくて、その上背も高いです。
내 남자친구는 잘생기고, 머리가 좋고, 게다가 키도 큽니다.

Tip
靴 구두
革 가죽
柔らかい 부드럽다
履きやすい 신기 편하다
ハンサム 핸섬, 잘생기다
頭 머리
その上 게다가

Dialogue

A : 今日から新しい英語の先生が来ますね。
오늘부터 새로운 영어 선생님이 와요.

B : どんな人でしょうか。
어떤 사람일까요?

A : やさしくて若い先生がいいですね。
상냥하고 젊은 선생님이 좋아요.

B : 私は教え方が上手な先生が一番だと思います。
저는 가르치는 방법이 능숙한 선생님이 제일 좋다고 생각해요.

若い 젊다
教え方 가르치는 방법
優しい 다정하다
明るい 밝다

나도 해보기

A : 上原さんはどんな方ですか。

B : _____。

A : 우에하라 씨는 어떤 분이에요?
B : 다정하고 밝은 사람이에요.

답
優しくて明るい人です

教室に机といすがあります。

교실에 책상과 의자가 있습니다.

▶▶▶ ～と～と ～와, ~과

「～と」는 우리말의 '～와, ～과'라는 의미로 대등한 관계의 사물을 열거할 때 사용하는 표현입니다. 의미상으로 「や」와 같지만, 「や」는 다수의 사물 중에서 몇 가지를 예를 들어 나열하는 부분열거 표현이고, 「と」는 술부에 서술된 내용에 해당하는 것을 전부 나열하여 표현하는 전부열거 표현입니다.

기본 표현

❶ 私は母と弟と一緒に住んでいます。
저는 엄마와 남동생과 함께 살고 있습니다.

❷ 仕事の後で、友だちと映画を見に行きます。
일을 마친 후에 친구와 영화를 보러 갑니다.

❸ コーヒーとサンドイッチをお願いします。
커피와 샌드위치를 주세요.

❹ 李さんは、自転車とバスで通勤しています。
이 씨는 자전거와 버스로 통근하고 있습니다.

❺ 私の部屋から山と海が見えます。
내 방에서 산과 바다가 보입니다.

Tip

弟 남동생
一緒に 함께
住む 살다, 거주하다
サンドイッチ 샌드위치
自転車 자전거
通勤 통근
海 바다
見える 보이다

Dialogue

A: 山田さん、朝ごはんを食べましたか。
야마다 씨, 아침밥은 먹었어요?

B: はい。ごはんとみそ汁を食べてきましたよ。李さんは?
네. 밥과 된장국을 먹고 왔어요. 이 씨는요?

A: 私はサンドイッチとサラダとりんごを少し。でも少しお腹が空きましたね。
저는 샌드위치와 샐러드와 사과를 조금. 하지만 배가 조금 고프네요.

B: あ、これ、ゆでたまごです。よかったらどうぞ。
아, 이거 삶은 계란이에요. 괜찮으면 드세요.

サンドイッチ 샌드위치
みそ汁 된장국
サラダ 샐러드
りんご 사과
お腹が空く 배가 고프다
ゆでたまご 삶은 계란
財布 지갑
うらやましい 부럽다, 샘나다

나도 해보기

A: 誕生日プレゼントに彼から＿＿＿＿＿＿＿＿＿＿＿。

B: まぁ、いいわね。うらやましい!

　A: 생일 선물로 그에게 지갑과 시계를 받았어요.

　B: 와~ 좋겠네요. 부러워요.

답

財布と時計をもらったのよ

패턴 **289**

雨も降っているし、荷物も多いし、今日はタクシーで帰ります。

비도 오고 있고, 짐도 많고, 오늘은 택시로 갈래요.

▶▶▶ ～し～し ～(이)고

「～し」는 「명사＋だ/い형용사・な형용사・동사의 기본형」에 접속하여, 복수의 어떤 사항을 열거하여 표현하는 접속조사입니다. 「～し」의 형태로 단독으로 쓰일 경우, 「～」 외에도 다른 이유가 있다는 뉘앙스를 내포하고, 「Aし、Bし、C」의 형태로 사용될 경우, A와 B가 C의 이유 및 근거를 나타내는 표현이 되기도 합니다.

기본 표현

Tip

❶ ここのお弁当はおいしいし、値段もやすい。
여기 도시락은 맛있고 값도 싸다.

❷ 駅の前のスーパーまでは遠いし、大きな店がなくて不便です。
역 앞의 슈퍼까지는 멀고 큰 가게가 없어서 불편합니다.

❸ 時間も遅いし、女の人がひとりでは危ないし、家まで送りますよ。
시간도 늦었고 여자 혼자서는 위험하기도 하고, 집까지 데려다 줄게요.

❹ あそこの美容室は店員も親切だし、髪を切るのも上手です。
저기 미용실은 점원도 친절하고, 머리를 자르는 것도 능숙합니다.

❺ 姉はクラブ活動もしているし、アルバイトもしています。
누나는 클럽활동도 하고 있고, 아르바이트도 하고 있습니다.

お弁当 도시락
値段 가격, 값
不便だ 불편하다
遅い 늦다
危ない 위험하다
送る 보내다, 배웅하다
美容室 미용실
店員 점원
親切だ 친절하다
髪を切る 머리를 자르다
クラブ 클럽
アルバイト 아르바이트

Dialogue

A : 土曜日、田村さんが泊まったホテル、どうでしたか。
토요일, 다무라 씨가 머문 호텔, 어땠어요?

B : へやも広いし、きれいだし、良かったですよ。
방도 넓고 깨끗하고 좋았어요.

A : サービスはどうでしたか。
서비스는 어땠어요?

B : 良かったですよ。でも高かったです。次は違うホテルにしようと思っています。
좋았어요. 하지만 비쌌어요. 다음에는 다른 호텔로 하려고요.

泊まる 머물다, 숙박하다
ホテル 호텔
サービス 서비스
高い 비싸다

나도 해보기

A : 金さん、今晩 いっぱいどうですか。

B : すみません。今日は残業もあるし、＿＿＿＿＿＿＿＿＿＿＿、
やめておきます。

　　A : 김 씨, 오늘 밤에 한잔 어때요?
　　B : 죄송해요. 오늘은 잔업도 있고 컨디션도 안 좋고, 사양할게요.

답

体の調子も悪いし

328 일본어회화 패턴으로 정복하기

chapter 17

경어 패턴

社長はもうお帰りになりました。

사장님은 이미 집으로 돌아가셨습니다.

▶▶▶ お + 동사 ます형 + になる
ご + 동작성 명사 + になる　　~하시다

> 존경어는 듣는 사람이나 화제의 등장인물의 동작이나 상태, 이들에 속한 물건이나 관련된 것을 직접적으로 높여 존중하는 표현입니다.

기본 표현

① 校長先生は毎朝一番に新聞をお読みになります。
교장 선생님은 매일 아침 가장 먼저 신문을 읽으십니다.

② 当社の移転について、お話をお聞きになりましたか。
저희 회사의 이전에 대해서 이야기를 들으셨습니까?

③ 部長は今取引先の担当者とお会いになっています。
부장님은 지금 거래처의 담당자와 만나고 계십니다.

④ 社長は今お電話で取引先の田中様とお話しになっています。
사장님은 지금 전화로 거래처의 다나카 씨와 이야기하고 계십니다.

⑤ 山田さんは昨年5月にお引っ越しになりました。
야마다 씨는 작년 5월에 이사하셨습니다.

Tip
毎朝 매일 아침
移転 이전
引っ越し 이사

Dialogue

A : お客様、お待ちください。赤いかばんをお持ちのお客様！
손님, 기다려 주십시오. 빨간 가방을 든 손님!

B : あ、私ですか。
아, 저 말입니까?

A : はい。先ほどお支払いの際にこちらのカードをお忘れになりましたよ。
네. 방금 전 지불하고 이 카드를 잊어버리셨어요.

B : あら、ありがとうございます。
어머, 고맙습니다.

赤い 빨갛다
かばん 가방
先ほど 아까, 조금 전(さっき보다 공손한 표현)
支払い 지불
際 때, 즈음, 기회

나도 해보기

A : この料理、おいしいですね。
B : そうでしょう。社長の奥様が＿＿＿＿＿＿＿＿＿＿＿。

이 요리, 맛있네요.
그렇죠? 사장님 댁 사모님께서 만드셨어요.

답
お作りになったんですよ

お酒にお強いですか。

술을 잘하십니까?

▶▶▶ お + い형용사 / な형용사 / 명사 + です
ご + い형용사 / な형용사 / 명사 + です ~하시다

동사 ます형 외에 일부 い형용사, な형용사, 명사에 존경을 나타내는 접두어「お/ご」와「です」를 접속시켜 존경어 표현으로 사용할 수 있습니다.

기본 표현

❶ 週末はお暇ですか。
주말은 한가하십니까?

❷ 韓国料理はお好きですか。
한국요리는 좋아하십니까?

❸ 歌が本当にお上手ですね。
노래를 정말 잘하시네요.

❹ 娘さんはおやさしいんですね。
따님은 상냥하시네요.

❺ 毎日お忙しいんですね。
매일 바쁘시네요.

Dialogue

A : うなぎはお好きですか。
장어는 좋아하십니까?

B : うな重ならときどき食べるよ。
장어 도시락이라면 가끔 먹네.

A : おいしいと評判されているお店を知っているのですが、ご案内しましょうか。
맛있다고 소문난 가게를 알고 있습니다만, 안내해 드릴까요?

B : いいね。久しぶりにうなぎ料理を楽しもうか。
좋네. 오랜만에 장어 요리를 즐겨 볼까.

나도 해보기

A : ＿＿＿＿＿＿＿＿＿＿＿＿＿＿＿。

B : いやあ、ゴルフは練習してもなかなかうまくできなくてね。

A : 골프는 잘 치십니까?
B : 아니, 골프는 연습해도 좀처럼 잘되지 않아서.

Tip

強い 세다, 강하다
暇 (한가한) 짬, 시간
忙しい 바쁘다

うなぎ 장어
うな重 장어도시락
ときどき 가끔, 때때로
評判 평판, 소문
案内 안내
楽しむ 즐기다
ゴルフ 골프
練習 연습
なかなか 상당히, 꽤, 좀
　　　 처럼(부정문과 호응)

답

ゴルフはお得意ですか

패턴 292

こちらのお車にお乗りください。

이쪽 차를 타 주십시오.

▶▶▶ お + 동사 ます형 + ください
ご + 동작성 명사 + ください

~해 주십시오

위의 표현은 「~てください」보다 정중한 느낌으로 상대방에게 권유하는 표현이라고 할 수 있습니다.

기본 표현

❶ 私どもの演奏をどうぞお聞きください。
저희들의 연주를 부디 들어 주십시오.

❷ こちらのペンをお使いください。
이쪽의 펜을 사용해 주십시오.

❸ 今日はかさをお持ちください。
오늘은 우산을 가져가 주십시오.

❹ お風呂にお入りください。
목욕해 주십시오.

❺ 夜10時までにお戻りください。
밤 10시까지는 돌아와 주십시오.

Tip

乗る 타다
演奏 연주
お風呂に入る 목욕하다
戻る 돌아가(오)다

Dialogue

A : 会議が長引くかもしれないな。
회의가 길어질지도 몰라.

B : 社長、午後3時に取引先との面会がございますが。
사장님, 오후 3시에 거래처와의 면회가 있습니다만.

A : それには間に合うと思うよ。
거기에는 시간이 맞을 거야.

B : わかりました。会議が終りしだいご連絡ください。
알겠습니다. 회의가 끝나는 대로 연락 주십시오.

長引く 오래 걸리다, 지
연되다
面会 면회
間に合う 제 시간에 맞
추다
終る 끝나다
連絡 연락

나도 해보기

A : 田中さんに_____。

B : はい、では失礼します。

A : 다나카 씨에게 안부 전해 주세요.
B : 네, 그럼 실례하겠습니다.

답

よろしくお伝えください

その荷物、お持ちしましょうか。

그 짐, 들어다 드릴까요?

▶▶▶ お + 동사 ます형 + する
ご + 동작성 명사 + する ~해 드리다

일본어의 경어표현에는 자신을 낮추어 상대방을 높이는 겸양어라는 표현이 있습니다. 말하는 사람이나 말하는 사람 쪽의 범위 내의 사람들의 동작이나 상태를 낮추어 말함으로써, 자연스럽게 상대방을 존중하는 표현입니다. 겸양어의 표현방식은 동사의 경우, 동사 ます형에 접두어 「お」와 「する」를 접속시킨 「お+동사 ます형+する」의 형태로 나타내고 동작을 나타내는 동작성 명사(한자어)의 경우, 접두어 「ご」를 붙여 나타냅니다.

기본 표현

❶ すぐ、救急車をお願いします。
즉시 구급차를 부탁합니다.

❷ 予定が決まり次第、お知らせします。
예정이 정해지는 대로 알려 드리겠습니다.

❸ ダイエット商品のサンプルをお送りします。
다이어트 상품 샘플을 보내 드리겠습니다.

❹ 後ほどこちらからメールでご連絡します。
나중에 제가 메일로 연락 드리겠습니다.

❺ 係の者がご案内しますので、こちらでお待ちください。
담당자가 안내해 드릴 테니 이쪽에서 기다려 주십시오.

Dialogue

A : このたびは当社の商品をお買い上げいただき、誠にありがとう
ございます。 이번에는 저희 회사의 상품을 매입해 주셔서, 진심으로 감사드립니다.

B : あの、使い方がよくわからないんですが。
저, 사용 방법을 잘 모르겠습니다만.

A : はい、今からご説明します。本製品の説明書はお持ちでしょうか。
네, 지금부터 설명해 드리겠습니다. 본 제품의 설명서는 가지고 계십니까?

B : これですね。
이거 말이죠?

나도 해보기

A : すみません、ここから最寄りの駅までどうやって行けばいいですか。
B : 少し複雑なので、簡単な地図を ＿＿＿＿＿＿＿＿＿＿＿。

　A : 실례합니다. 여기에서 가장 가까운 역까지 어떻게 가면 됩니까?
　B : 약간 복잡하니까, 간단한 지도를 그려 드릴게요.

Tip

荷物 짐, 화물
救急車 구급차
次第 ~하는 대로
知らせる 알리다(知る의 사역형)
後ほど 나중에, 뒤에
メール 메일
連絡 연락
係の者 담당자

買い上げる 사들이다
誠に 참으로, 정말로
使い方 사용 방법
製品 제품
説明 설명
最寄り 가장 가까움
複雑だ 복잡하다
描く 그리다

답
お描きしますね

私が代わりに発表させていただきます。

제가 대신해서 발표하겠습니다.

▶▶▶ 동사사역형 + いただく　~하겠습니다

「いただく」가 동사의 사역형에 접속되면 상대방에게 부탁하여 자기가 어떤 일을 처리하거나 임무를 맡도록 허가를 받을 때 사용하는 정중한 표현입니다.

기본 표현

❶ 販売促進プロジェクトについて私の方から説明させていただきます。
판매 촉진 프로젝트에 대해서 제가 설명하겠습니다.

❷ 私も一曲、歌わせていただきます。
저도 한 곡 부르겠습니다.

❸ 私にも一言言わせていただいてもよろしいでしょうか。
제가 한 말씀 드려도 괜찮겠습니까?

❹ この企画を私にやらせていただけないでしょうか。
이 기획을 저에게 시켜 주시지 않겠습니까?

❺ 今日は早く帰らせていただけないでしょうか。
오늘은 빨리 돌아가도 되겠습니까?

Dialogue

A : C商事との交渉に誰を行かせようかな…。
C상사와의 교섭에 누구를 보낼까….

B : 部長、私に行かせていただけないでしょうか。
부장님, 제가 가도 되겠습니까?

A : 何か、いい策でもあるのかい?
뭔가 좋은 대책이라도 있는 건가?

B : はい、実はC商事に知り合いがおりまして、彼を通して交渉がうまくできると思います。
네, 사실은 C상사에 지인이 있어서 그를 통해서 교섭을 잘할 수 있을 거라고 생각합니다.

나도 해보기

A : 僭越ながら、私が乾杯の音頭を＿＿＿＿＿＿＿＿＿＿。乾杯!

B : かんぱーい!

　A : 외람되지만, 제가 건배 선창을 하겠습니다. 건배!

　B : 건배!

chapter 18

문말 패턴

あの人、日本人かしら？

저 사람, 일본인일지 몰라.

▶▶▶ ～かしら   ～일까, ～일지 몰라, ～지 않으려나

「かしら」는 여성어로서 앞에 오는 내용에 대한 말하는 사람의 의문을 나타내는 표현으로 동사와 い형용사의 기본형, な형용사의 어간, 명사의 기본형에 접속하여 '～일까, ～일지도 몰라' 등으로 해석하고, 대화의 상대방이 있는 경우, 상대방에게 묻는 표현으로 쓰입니다. 또한 「ないかしら」의 형태로 부정형에 접속되어 쓰일 경우, 희망이나 부탁의 뉘앙스를 포함하고 있으며 '～지 않으려나' 정도로 해석할 수 있습니다.

기본 표현

❶ はさみはどこに片づけたかしら？
가위는 어디에 정리했을까?

❷ 会議室の準備を頼んでもいいかしら？
회의실 준비를 부탁해도 괜찮을까?

❸ この辺に駐車場はないかしら？
이 주변에 주차장은 없으려나?

❹ 新しい社長はどんな人かしら？
새로운 사장님은 어떤 사람일까?

❺ おすしを作ってみたんだけど、味はどうかしら？
초밥을 만들어 보았는데, 맛은 어떨지?

Dialogue

A : いらっしゃいませ。
어서 오세요.

B : こちらのセーター、すてきね。いくらかしら？
이 스웨터, 멋지네. 얼마죠?

A : 4200円でございます。
4200엔입니다.

B : そう。着てみてもいいかしら？
그래요? 입어 봐도 될까요?

나도 해보기

A : この小包、＿＿＿＿＿＿＿＿＿？

B : さっき君が買い物に行っている間だよ。

　　A : 이 소포 언제 도착한 거지?
　　B : 좀 전, 네가 쇼핑하러 갔던 사이에 왔어.

Tip
はさみ 가위
片づける 정리하다
準備 준비
頼む 부탁하다
駐車場 주차장
味 맛

セーター 스웨터
すてきだ 멋지다
届く 도착하다

답
いつ届いたのかしら

がくせい
学生かもしれない。
학생일지도 모른다.

▶▶▶ 〜かもしれない　〜일지도 모른다

「かもしれない」는 '〜일지도 모른다'에 해당하는 표현으로, '확실하지는 않지만, 하나의 가능성으로서 그렇게 생각할 수도 있다'는 기분으로 말할 때 주로 사용됩니다.

기본 표현

❶ 肉を焼きすぎたかもしれない。
고기를 너무 구웠는지도 모른다.

❷ 学校から帰る頃、雨が降るかもしれません。
학교에서 돌아갈 때쯤, 비가 올지도 모릅니다.

❸ 田舎道のハイキングもいいかもしれないね。
시골길의 하이킹도 좋을지도 모른다.

❹ 電車に遅れて遅刻するかもしれません。
전철이 늦어서 지각할지도 모릅니다.

❺ 幼稚園よりおもしろいかもしれないよ。
유치원보다 재미있을지도 몰라.

Tip

焼く 굽다
雨が降る 비가 오다
ハイキング 하이킹
電車 전철
遅刻 지각
幼稚園 유치원

Dialogue

A : 明日天気が良かったら、テニスでもしない？
내일 날씨가 좋으면 테니스라도 하지 않을래?

B : 昨夜から熱があって風邪かもしれないんだ。
어젯밤부터 열이 있어서 감기일지도 몰라.

A : そう。病院へ行ったの？
그래. 병원은 가 봤어?

B : 明日、行こうと思ってるんだ。
내일 가려고 생각하고 있어.

昨夜 어젯밤

나도 해보기

A : どうしたの？ 何かあったの？
B : うん…。彼が来月から海外出張に＿＿＿＿＿＿＿＿＿。

　　A : 왜 그래? 무슨 일 있었어?
　　B : 응…. 그가 다음 달부터 해외출장을 갈지도 몰라.

답

行くかもしれないの

패턴 297

隣の家に泥棒が入ったんだって。

옆집에 도둑이 들었대.

▶▶▶ **～だって** ～라고

「だって」는 전문과 인용의 기능을 가지고 있는 표현으로 문장 끝에 이어져 쓰일 경우, 제3자로부터 들은 이야기를 듣는 사람에게 전달하거나, 이미 전달된 정보를 물은 뒤 확인하거나 한층 더 정보를 전달하고자 함을 나타낼 때 쓰입니다. 또한, 자신의 의견을 주장하여 그것을 인정받고자 하는 경우에도 사용됩니다.

기본 표현

❶ ひさしぶり。聞いたわよ。結婚したんだって？
오랜만이야. 들었어. 결혼했다고?

❷ 隣に20階建てのマンションができるんだって。
근처에 20층 건물 아파트가 생긴다고 해.

❸ この計画がうまくいけば、ボーナスが出るんだって。
이 계획이 잘 진행되어 가면 보너스가 나온대.

❹ これからはスーパーの袋にもお金がかかるんだって。
앞으로는 슈퍼의 봉투에도 돈이 든대.

❺ この頃、食事の後で毎回歯を磨く人が増えているんだって。
요즘, 식사 후에 매번 이를 닦는 사람이 증가하고 있대.

Tip

～階 ～층
計画 계획
袋 봉투
毎回 매회, 매번
歯を磨く 이를 닦다

博物館 박물관
文化 문화

Dialogue

A : アメリカからのお客様が大学を案内してほしいんだって。
미국에서 온 손님이 대학을 안내해 줬으면 한대.

B : あら、博物館に行くんじゃなかったの？
어, 박물관에 가는 거 아니었어?

A : 新しい文化や若い人の生活が知りたいんだって。
새로운 문화와 젊은이의 생활을 알고 싶대.

B : 早く聞いておけばよかったね。
일찍 들었으면 좋았을 텐데.

나도 해보기

A : このお茶、日本のものですか。

B : ううん。田中さんに聞いたんだけど、＿＿＿＿＿＿＿。

A : 이 차, 일본 거예요?

B : 아니, 다나카 씨에게 들었는데, 중국 거라고 해.

답

中国のものだって

会社に遅刻しちゃったのよ。

会사에 지각해 버렸다.

▶▶▶ **〜ちゃった** ~해 버렸다

「〜ちゃう」는 동작의 완료를 나타내는 「しまう」의 축약표현으로 주로 회화체에서 사용되고, 의미는 「しまう」와 동일하게 '~해 버리다'라고 해석합니다. 「ちゃった」는 「ちゃう」의 과거형 표현입니다. 「しまう」나 「ちゃう」는 어떠한 동작을 완료함으로써, 유감이나 후회의 기분을 나타내는 뉘앙스를 담고 있습니다.

기본 표현

❶ さっき課長に注意されちゃった。
아까 과장님에게 주의를 받고 말았다.

❷ 洗濯機が壊れちゃったんだ。
세탁기가 고장나 버렸다.

❸ 5キロも太っちゃった。
5키로나 살쪄 버렸다.

❹ 駅のホームで駅員にぶつかっちゃった。
역의 홈에서 역무원과 부딪혀 버렸다.

❺ 今朝バスに乗り遅れちゃった。
오늘 아침 버스를 놓쳐 버렸다.

Dialogue

A : あ、間違えて他の人のコートを着て来ちゃった。
아, 착각해서 다른 사람의 코트를 입고 와 버렸어.

B : え、色も形も同じようだけど。
뭐? 색도 모양도 같은데.

A : ううん。ほら、ポケットにタバコが入っている。
응. 봐, 주머니에 담배가 들어 있어.

B : 本当だ。
진짜네.

나도 해보기

A : 自転車が_____。

B : もう古いから新しく買ったら？

　A : 자전거가 고장나 버렸다.

　B : 이미 낡았으니까 새로 사는 게 어때?

패턴 299

日本の新学期は4月からだったっけ？
일본의 신학기는 4월부터였지?

▶▶▶ 〜っけ　〜지?, 〜던가?

「っけ」는 '〜지?, 〜던가?'라고 해석되고, 불확실한 사실에 대해 묻거나 확인을 할 때 사용하는 표현입니다. 말하는 사람이 알고 있는 사실에 대한 확신이 없기 때문에 상대방에게 확인 및 동조를 구하는 뉘앙스가 포함되어 있습니다.

기본 표현

❶ 明日の会議は、2時からだったっけ？
내일 회의는 2시부터였던가?

❷ 今頃のシンガポールも暑いんだっけ？
요즘 싱가포르도 덥겠지?

❸ 資料は何枚コピーすればいいんだっけ？
자료는 몇 장 복사하면 되지?

❹ この人は地元では有名なんだっけ？
이 사람은 고향에서 유명한가?

❺ ディズニーランドは夕方のほうが料金が安いんだったっけ？
디즈니랜드는 저녁이 요금이 쌌던가?

Tip

新学期 신학기
資料 자료
コピー 복사
地元 고향
夕方 저녁
料金 요금

Dialogue

A : テグからソウルまで、バスでどれぐらいかかったっけ？
대구에서 서울까지 버스로 어느 정도 걸렸지?

B : 時間のこと？ 4時間ぐらいかな。
시간? 4시간 정도일려나.

A : もしKTXに乗ったらどれぐらいだっけ？
만약 KTX를 타면 어느 정도지?

B : 1時間半ぐらいだよ。
1시간 반 정도야.

ピザ 피자
出前 배달

나도 해보기

A : ピザはどこが_____？

B : お昼はピザの出前を頼むの？

　　A : 피자는 어디가 맛있지?

　　B : 점심은 피자 배달을 주문할 거야?

답

おいしいんだっけ

夏休みに日本へ行くんですか。

여름휴가에 일본으로 갑니까?

▶▶▶ **〜んです** 〜입니다

「んです」는 「のです」의 회화체로 '〜입니다'로 해석할 수 있습니다. 「んです」는 어떤 이유나 원인, 사정에 대하여 묻고 싶을 때나 설명하고 싶을 때 주로 쓰이고, 혹은 새로운 사실을 알게 되었을 때 감탄의 뉘앙스를 담아 사용하기도 합니다. 「んですが」의 형태로 쓰여 의뢰나 권유, 허가를 구할 때, 이야기를 꺼내는 기능으로 쓰이기도 합니다.

기본 표현

❶ **それで何時に出発するんですか。**
그래서 몇 시에 출발하는 겁니까?

❷ **やっと修理が終わったんですよ。**
겨우 수리가 끝났습니다.

❸ **どうしようか。迷っているんです。**
어떻게 할까? 고민하고 있습니다.

❹ **今日は早く帰りたいんですが。**
오늘은 일찍 가고 싶습니다만.

❺ **そんなにひどい風邪をひいたんですか。**
그렇게 심한 감기에 걸렸습니까?

出発 출발
修理 수리
迷う 고민하다, 헤매다

Dialogue

A : **おなかが痛いんですが、何か薬を持っていませんか。**
배가 아픕니다만, 뭔가 약을 가지고 계십니까?

B : **どうしたんですか。**
왜 그런 거예요?

A : **ゆうベラーメンを3杯食べたんです。**
어제 저녁에 라면을 세 그릇 먹었어요.

B : **そんなに食べたら誰でも痛くなりますよ。**
그렇게 먹으면 누구라도 아파요.

痛い 아프다
薬 약
ゆうべ 어제 저녁
めったに 거의, 좀처럼

나도 해보기

A : **よくお酒を飲みに_____。**

B : **あまり好きじゃないので、めったに行きません。**

A : 자주 술을 마시러 갑니까?
B : 그다지 좋아하지 않기 때문에 좀처럼 가지 않습니다.

답
行くんですか

일본인의 축제 '마쓰리'

まつり

　일본은 1년 내내 크고 작은 축제가 끊이지 않으며 큰 축제는 물론 마을 단위의 작은 축제까지 정말로 많은 축제들이 전국 곳곳에서 행해집니다.

　대표적인 3대 마쓰리로는 도쿄의 간다마쓰리(神田祭 かんだまつり, 5월 14~15일), 오사카의 텐진마쓰리(天神祭 てんじんまつり, 7월 24~25일), 교토의 기온마쓰리(祇園祭 ぎおんまつり, 7월 16~17일)가 있으며, 그 외에도 2월에 하는 홋카이도 삿포로의 유키마쓰리(雪祭 ゆきまつり)와 8월 초에 하는 아오모리의 네부타마쓰리(ねぶたまつり)가 유명합니다.

　마쓰리의 상징 중의 하나가 오미코시(お神輿 おみこし)라 불리는 수레인데, 크기가 작은 것에서부터 커다란 것까지 종류도 다양합니다. 특히 네부타마쓰리 같은 경우는 수레의 규모가 워낙 크기 때문에 한 가마에 수백 명이 붙어서 끌어야 겨우 움직일 정도입니다.

　이런 거대한 수레를 끌기 위하여 마을 사람들 전체가 모두 합심하여 몇 달 전부터 연습하는데, 이러한 모습에서 일본인들의 집단주의적 성향을 엿볼 수 있습니다.

■**저자 박재욱**

국립 경상대학교 사범대학 일어교육과 졸업
국립 경상대학교 일반대학원 일본학 전공
한국기술교육대학교 원격훈련 일본어 심사위원
한국 일본어 교육학회 정회원
관광 통역 안내원
현 고등학교 교사

■**저서**

첫걸음보다 먼저 시작하는 일본어
일본어문법 기초부터 JLPT까지
일본어문법 이것만 알면 된다
JPT 보카 한권으로 끝내기
일본 상용한자 일촌맺기

■**감수**

土江美香子(도에미카코)　　경북대학교　국제문화학과 한국문화학전공(석사 과정)
정지은　　일본어 강사
이예슬　　서강대학교

(Pattern Japanese 300)

일본어회화 패턴으로 정복하기

초판 1쇄 발행　2014년 7월 10일
　　4쇄 발행　2024년 2월 27일

발행인　박해성
발행처　정진출판사
지은이　박재욱
감수　土江美香子, 정지은, 이예슬
편집　김양섭, 박유미
기획마케팅　이훈, 박상훈, 이민희
디자인　허다경
출판등록　1989년 12월 20일　제 6-95호
주소　02752 서울시 성북구 화랑로 119-8
전화　02-917-9900
팩스　02-917-9907
홈페이지　www.jeongjinpub.co.kr

ISBN　978-89-5700-124-0　　*13730